ÉTHIQUE ET
CULTURE RELIGIEUSE

Tisser des liens

MANUEL DE L'ÉLÈVE A
VOLUME 2

2e année du 2e cycle du secondaire

Simon Deraspe
Pierre Després
Isabelle Fournier-Courcy
Sylvie Tardif

Jean Dansereau
Directeur de collection

Avis aux lectrices et aux lecteurs

- Il existe d'autres façons d'écrire certains termes propres à chaque tradition religieuse et certains titres d'œuvres d'art.

LES ÉDITIONS
CEC
Une compagnie de Quebecor Media

9001, boul. Louis-H.-La Fontaine, Anjou (Québec) Canada H1J 2C5

Téléphone : 514-351-6010 • Télécopieur : 514-351-3534

Direction de l'édition
Diane De Santis
Ginette Sabourin

Direction de la production
Danielle Latendresse

Direction de la coordination
Rodolphe Courcy

Charge de projet
Alice Bergeron
Philippe-André Brière
Albane Marret

Révision linguistique
Françoise Le Grand
Mélanie Trudeau

Correction d'épreuves
Jacinthe Caron

Conception et réalisation graphique

Illustrations
François Thisdale

Réalisation des cartes
Claude Bernard

Recherche iconographique
Monique Rosevear

Les auteurs et l'Éditeur tiennent à remercier les personnes suivantes qui ont participé au projet :

Directrice adjointe à l'édition
Sylvie Richard

Rédacteurs
Philippe-André Brière
Marie-Dominique Cousineau

Consultants scientifiques
Marc Debanné, Ph.D. en sciences religieuses, Université McGill

Benoit Mercier, professeur de philosophie, Collège Montmorency

Monelle Parent, philosophe-éthicienne, Université de Sherbrooke

Karine Boivin, enseignante en arts plastiques, Collège de Lévis

Consultants pédagogiques
Berthin Badiambile, enseignant,
C. S. des Trois-Lacs

Sylvie Lauzon, enseignante,
C. S. des Affluents

Jonathan Pierre, enseignant,
C. S. des Affluents

Annie Turbide, enseignante,
C. S. de la Capitale

Les Éditions CEC inc. remercient le gouvernement du Québec de l'aide financière accordée à l'édition de cet ouvrage par l'entremise du Programme de crédit d'impôt pour l'édition de livres, administré par la SODEC.

*Ti*sser des **liens**, manuel de l'élève A, volume 2
© 2011, Les Éditions CEC inc.
9001, boul. Louis-H.-La Fontaine
Anjou (Québec) H1J 2C5

Dépôt légal : 2011
Bibliothèque et Archives nationales du Québec
Bibliothèque et Archives Canada

ISBN 978-2-7617-2914-7

Imprimé au Canada
1 2 3 4 5 15 14 13 12 11

Tisser des liens

La société québécoise est aujourd'hui une société plurielle et diversifiée. Cette diversité se vit sur plusieurs plans, tant dans la cellule familiale que dans les échanges interculturels.

Pour vivre en harmonie quand des gens ont des valeurs, des normes, des croyances et des habitudes de vie différentes, il est essentiel de se connaître et de s'ouvrir à l'autre en respectant la liberté de conscience et de religion de chacun. C'est dans cet esprit, et dans le but de favoriser la reconnaissance de l'autre et la poursuite du bien commun, que l'éthique, la culture religieuse et le dialogue sont réunis dans un même programme.

En effet, le programme Éthique et culture religieuse s'articule autour de trois compétences :

- Réfléchir sur des questions éthiques
- Manifester une compréhension du phénomène religieux
- Pratiquer le dialogue

Dans le manuel Tisser des **liens**, l'information est organisée en trois volets, qui présentent les thèmes et les contenus de chacune de ces trois compétences. Cet ouvrage sera donc l'outil privilégié qui servira d'appui aux situations d'apprentissage et d'évaluation et aux autres activités en classe.

Table des matières

Volet
Éthique

2

Table des matières (suite)

NOTIONS ET CONCEPTS

Voici un rappel des notions et concepts tels qu'énoncés dans le programme Éthique et culture religieuse.

NOTIONS ET CONCEPTS	
DESCRIPTIONS	REMARQUES ET EXEMPLES
ENJEU ÉTHIQUE	
Valeur ou norme qui est l'objet d'une question éthique.	La question *Faut-il toujours dire la vérité ?* soulève l'enjeu éthique de l'honnêteté.
EXPRESSION DU RELIGIEUX	
Élément (signe, objet, geste, rite, récit, croyance, règle, etc.) manifestant une ou plusieurs dimensions d'une religion.	La Torah, la Bible, la suerie, le minaret, le puja, la fête de Noël, les temples bouddhistes, les lieux qui portent des noms de saints.
NORME	
Exigence morale qui balise un comportement.	Un principe moral est une norme qui répond à la question *Quoi ?* Une règle morale est une norme qui répond à la question *Comment ?*
PRINCIPE MORAL Norme qui définit ce qu'il est nécessaire de faire ou de ne pas faire pour atteindre ce qui est tenu pour le bien.	▪ *Tous les hommes sont égaux.* ▪ *Aimez-vous les uns les autres.*
RÈGLE MORALE Norme morale qui précise comment un principe moral devrait s'appliquer dans une situation donnée.	**Principe moral** ➡ **Règle morale** *On ne peut voler son prochain.* ➡ *Il est interdit de pirater des logiciels.*
QUESTION ÉTHIQUE	
Question portant sur un sujet de réflexion ou un problème à résoudre concernant des valeurs et des normes que se donnent les membres d'une société.	▪ *L'avortement* ▪ *Le clonage humain* ▪ *La peine de mort*
REPÈRE	
Ressource de l'environnement social et culturel à laquelle on se réfère pour alimenter et éclairer une réflexion éthique.	Repère : ▪ moral → les règles de politesse ▪ littéraire → l'œuvre de Victor Hugo ▪ religieux → les fêtes religieuses ▪ scientifique → les biotechnologies ▪ artistique → le théâtre de Michel Tremblay
VALEUR	
Caractère attribué à des choses, à des attitudes ou à des comportements qui sont plus ou moins estimés ou désirés par des personnes ou des groupes de personnes.	Valeurs : ▪ sociales → la richesse, la solidarité ▪ religieuses → la piété, la sincérité ▪ familiales → l'autonomie, l'entraide, le partage
SYSTÈME DE VALEURS Ensemble cohérent et hiérarchisé de valeurs.	
VISION DU MONDE	
Regard qu'on porte sur soi et sur son entourage. Ce regard forme les pensées, les sentiments et les comportements de chaque individu et se façonne à partir des expériences de vie, des relations humaines, de valeurs, de normes, de croyances ou de convictions.	La vision du monde de chaque individu est appelée à se transformer au fil du temps et des expériences.

Présentation du manuel

Le manuel de l'élève de la collection Tisser des **liens** est un ouvrage de référence qui comporte:

- deux volumes;
- trois volets;
- huit chapitres;
- vingt outils;
- une section Annexes;
- un glossaire;
- un index.

AU FIL DES VOLETS

Les **trois volets** du manuel correspondent aux compétences disciplinaires du programme d'Éthique et culture religieuse.

1. Réfléchir sur des questions éthiques
2. Manifester une compréhension du phénomène religieux
3. Pratiquer le dialogue

Une couleur particulière est attribuée à chaque volet, ce qui facilite le repérage

Libellé du volet et de la compétence

Présentation du volet

Sommaire des thèmes vus au 1er cycle

AU FIL DES CHAPITRES

Les **huit chapitres** du manuel correspondent aux différents
thèmes abordés dans le programme.

Questions de réflexion qui présentent
le thème à l'étude

Texte d'introduction qui présente l'angle
sous lequel le sujet sera abordé

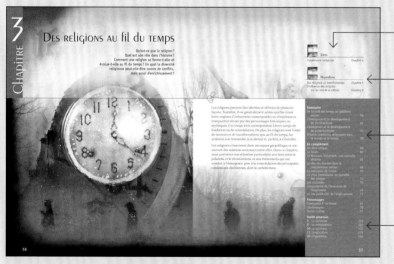

Liens à établir avec d'autres chapitres
du manuel

Concepts approfondis
en 3e année du 2e cycle

Portrait du chapitre comprenant
les principales divisions et les
différentes rubriques

Outils de dialogue proposés
pour le chapitre

AU FIL DES PAGES

Chacun des chapitres est divisé en sections et ponctué de plusieurs éléments.

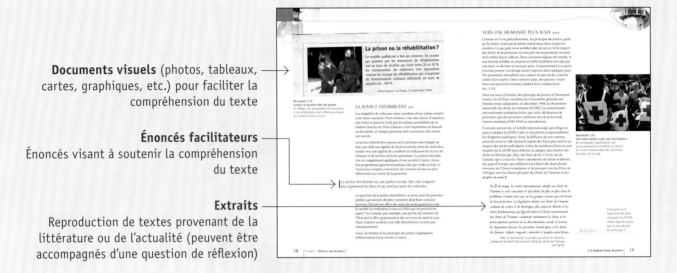

Documents visuels (photos, tableaux, cartes, graphiques, etc.) pour faciliter la compréhension du texte

Énoncés facilitateurs
Énoncés visant à soutenir la compréhension du texte

Extraits
Reproduction de textes provenant de la littérature ou de l'actualité (peuvent être accompagnés d'une question de réflexion)

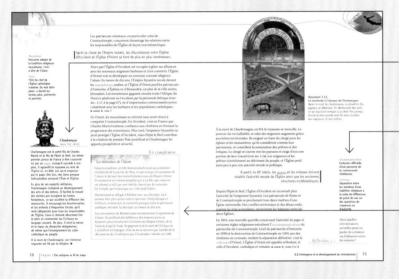

Rubrique *Personnage*
Rubrique présentant un personnage en lien avec le thème abordé

Définition des expressions et mots difficiles (et des notions et concepts prescrits) en bleu gras dans le texte et repris dans le glossaire

En complément
Rubrique fournissant des informations supplémentaires sur un sujet abordé dans le texte

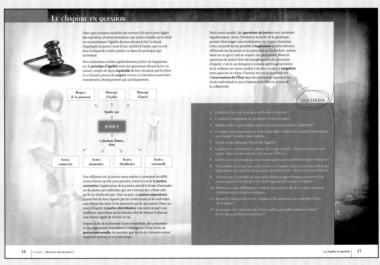

Le chapitre en question
Synthèse du chapitre accompagnée de questions de complexité variable, favorisant la compréhension des concepts abordés

AU FIL DES OUTILS

Les **vingt outils** du manuel correspondent aux différents
éléments de contenu nécessaires à la pratique du dialogue.
Regroupés en **trois sections**, ils présentent chacun un
exemple et une marche à suivre.

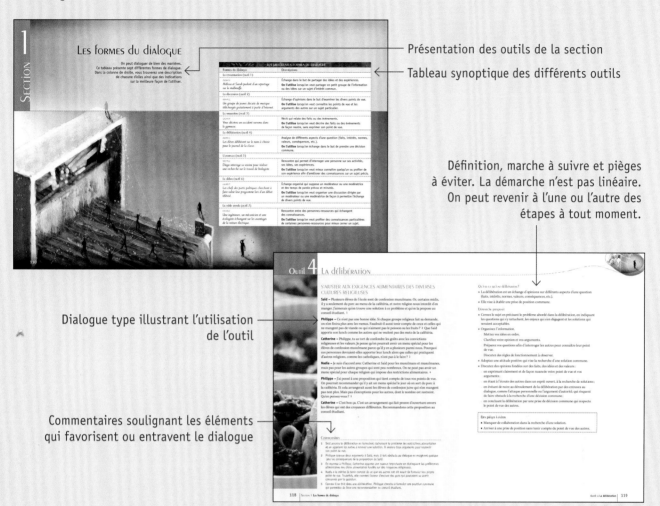

Présentation des outils de la section

Tableau synoptique des différents outils

Définition, marche à suivre et pièges
à éviter. La démarche n'est pas linéaire.
On peut revenir à l'une ou l'autre des
étapes à tout moment.

Dialogue type illustrant l'utilisation
de l'outil

Commentaires soulignant les éléments
qui favorisent ou entravent le dialogue

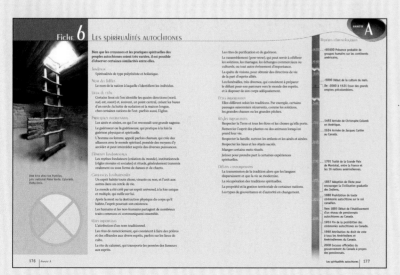

AU FIL DES ANNEXES

Les **annexes** regroupent une série de
fiches signalétiques sur les principales
traditions religieuses, la *Déclaration
universelle des droits de l'homme,* la
*Charte québécoise des droits et libertés de
la personne* ainsi que la *Charte canadienne
des droits et libertés.*

Éthique

On voit souvent l'éthique comme une discipline ayant pour but de diriger la conduite des individus en leur imposant des règles morales. Pourtant, l'éthique s'intéresse plutôt à la signification des règles et des normes que se donnent les individus et les sociétés pour guider leurs actions, et aux problèmes moraux soulevés par certaines pratiques. La réflexion critique que cela entraîne a pour avantage de guider nos choix et de favoriser le bien commun et la reconnaissance de l'autre.

Au 1er cycle, vous avez vu :

☐ que la façon d'aborder la liberté peut varier
selon les situations, et que cette liberté doit s'exercer
en tenant compte de contraintes et d'obligations,
tant pour les individus que pour les groupes ;

☐ que la perception de l'autonomie et de la dépendance
varie selon les personnes, et que cela influence leur
comportement à cet égard, individuellement et
comme société ;

☐ que les valeurs et les normes influencent les personnes
ou les groupes dans leurs diverses manières de
percevoir l'ordre social et les lois.

Chapitre 5

Qu'est-ce que la tolérance ?

En quoi consiste la tolérance ? Est-il juste de tolérer ce qui paraît inacceptable ? Sur quels principes éthiques peut-on se baser pour faire preuve de tolérance ? Jusqu'où faut-il aller ? Est-on tenu de tolérer les manifestations d'intolérance ?

Liens

Hyperliens

Dans les sociétés, de tout temps, des individus ayant des valeurs, des croyances ou des opinions différentes se côtoient, ce qui entraîne parfois de l'intolérance et des conflits. Ainsi, des changements de tout ordre dans la société peuvent nous amener à réévaluer notre niveau de tolérance face à des manières d'agir et de penser différentes des nôtres. D'ailleurs, au fil du temps, la notion de tolérance se transforme. Le Québec, comme d'autres nations, navigue entre des périodes de tolérance et d'intolérance, et doit constamment revoir les moyens qu'il prend pour favoriser le vivre-ensemble.

L'intolérance et la tolérance

Les problèmes de tolérance et d'intolérance ne datent pas d'hier. Mais, aujourd'hui, dans le contexte de la mondialisation, de la diversification des modes de vie, de l'accroissement des migrations des populations et de l'accès facile et rapide à l'information, ces problèmes se posent avec plus d'intensité et, parfois, d'urgence.

DE LA MÉFIANCE DE L'AUTRE AU RESPECT DES DIFFÉRENCES ▪

De façon générale, l'être humain a tendance à faire preuve de méfiance devant ce qu'il ne connaît pas, ce qui lui est étranger ou ce qui lui semble différent. Si, de manière générale, les différences sont acceptées, il arrive qu'elles suscitent de l'inconfort, qu'elles dérangent des idées ou des croyances généralement admises, ou encore qu'elles réveillent des peurs ancestrales. Quand cela se produit, les valeurs fondamentales acquises par un individu au cours de sa vie peuvent être ébranlées, ce qui alimente des attitudes d'intolérance.

L'intolérance entraîne souvent de la **discrimination**, mais on ne peut pas conclure que celle-ci est nécessairement une manifestation d'intolérance. Il y a des formes de discrimination qui reposent sur une certaine indifférence au sort d'autrui. Par exemple, il arrive que des personnes âgées soient exclues d'un processus d'embauche sans pour autant être confrontées à une attitude d'hostilité à leur égard. Elles sont alors victimes de discrimination, mais pas d'intolérance.

Le droit de vote des femmes

Au début du XXe siècle, selon le Code civil, les femmes québécoises mariées sont considérées comme «incapables» du point de vue juridique, comme les personnes mineures, les déficients mentaux, les hérétiques et les excommuniés. Cela veut dire qu'elles ne peuvent pas être les gardiennes légales de leurs enfants, se défendre ou intenter une action devant les tribunaux, recevoir un héritage, ni avoir droit au produit de leur travail.

L'opposition au droit de vote des femmes, jusque dans les années 1920 dans la plupart des provinces canadiennes, et jusqu'en 1940 au Québec, illustre l'institutionnalisation d'une mesure discriminatoire dans une société démocratique. En démocratie, le droit de vote est un droit légitime et fondamental. Or, les femmes canadiennes en ont longtemps été privées. La lutte des **suffragettes** (1920-1940) pour l'obtenir vise à changer le statut des femmes dans la société, mais

Discrimination
Séparation ou exclusion d'une personne ou d'un groupe fondée sur un critère comme l'origine ethnique, les croyances, le sexe, un handicap, etc.

Suffragette
De *suffrage*, acte par lequel on exprime son opinion, un vote. Femme qui militait pour le droit de vote féminin.

aussi à l'intérieur même de la famille. Une grande partie de la société ne souscrit pas à l'idée de voir des femmes devenir des citoyennes à part entière (voir **doc. 5.1**). Si l'opposition au droit de vote des femmes est basée en grande partie sur des préjugés, de nombreux enjeux économiques et sociaux sont également en cause. Les adversaires des suffragettes pressentent que l'obtention du droit de vote par les femmes entraînera de nombreux changements : droit au travail et à l'équité salariale, demandes de garderies et de congés parentaux, etc. Cependant, ces changements ne font pas peur à tout le monde et les suffragettes reçoivent de nombreux appuis sur le plan politique, au sein de l'Église et dans la population.

[...] la femme-électeur, qui engendrera bientôt la femme-cabaleur, la femme-télégraphe, la femme-souteneur d'élections, puis la femme-député, la femme-sénateur, la femme-avocat, enfin, pour tout dire en un mot : la femme-homme, le monstre hybride et répugnant qui tuera la femme-mère et la femme-femme.

Henri Bourrassa, « Désarroi des cerveaux – triomphe de la démocratie », *Le Devoir*, 28 mars 1918, p. 1.

[...] quand ces devoirs sont accomplis, quand l'éducation des enfants est finie, et après qu'elle a vu s'accomplir les résultats de son amour et de son dévouement, n'y aurait-il pas une place pour la femme qui, ayant fait son devoir, ayant très bien servi dans le grand rôle féminin, voudra étendre son intelligence et son expérience au bien-être des intérêts plus généraux de son pays ?

Discours de Henry Miles, séance de l'Assemblée législative, Cahier n° 40, 9 mars 1922, p. 469-473.

J'ai enseigné, parce que je crois que c'est la vérité, que dans le système de démocratie actuelle, basée sur le suffrage, la femme comme l'homme a droit au suffrage ; que, mariée ou non mariée, elle soutient les charges de l'État ; qu'elle a de grands et de multiples intérêts à défendre ; que la priver du droit de vote, c'est lui enlever son moyen le plus puissant de défense ; que la femme est une personne et que comme telle elle jouit de l'inviolabilité en ce qui concerne la pensée politique aussi bien que lorsqu'il s'agit de morale ou de religion.

Abbé L. Perrin, « Le suffrage des femmes », *La Semaine religieuse de Montréal*, 19 décembre 1921, p. 386.

Nous ne sommes pas favorable au suffrage politique féminin.

1 - Parce qu'il va à l'encontre de l'unité et de la hiérarchie familiale ;

2 - Parce que son exercice expose la femme à toutes les passions et à toutes les aventures de l'électoralisme ;

3 - Parce que, en fait, il nous apparaît que la très grande majorité des femmes de la province ne le désirent pas ; [...]

« S.E. le cardinal Villeneuve se prononce contre le vote des femmes aux élections provinciales. », déclaration transcrite par Christina Duong, *Le Devoir*, 2 mars 1940, p. 1.

Document 5.1
Le droit de vote des femmes controversé
Les nombreux débats entre les courants progressistes et traditionalistes, quelquefois cinglants mais toujours pacifiques, mènent finalement au consensus : en 1940, les femmes obtiennent le droit de vote au Québec.

La discrimination à l'endroit des personnes handicapées

À l'instar des femmes, les personnes présentant un handicap physique ou mental ont fait, et font encore, l'objet de discrimination et d'intolérance. Jusqu'à tout récemment, celles présentant un handicap auditif ou visuel pouvaient être généralement mises à l'écart ou enfermées. Déjà, dans sa *Lettre sur les aveugles à l'usage de ceux qui voient* (1749), l'écrivain et philosophe Diderot (1713-1784) explique que les personnes privées d'un sens ne sont pas pour autant dépourvues d'intelligence. Cependant, il ne suffit pas toujours de reconnaître le droit à la différence. Il faut aussi donner aux exclus les moyens de joindre les rangs de la société. À partir des XVIIIe et XIXe siècles, de nombreuses personnes, dont Louis Braille, créent des écoles et des systèmes d'écriture et de communication afin que les personnes handicapées puissent avoir accès à la connaissance et participer à la vie sociale. Encore de nos jours, beaucoup de gens luttent afin de favoriser l'intégration des personnes handicapées.

Helen Keller
(1880-1968)

Helen Keller est née en Alabama, aux États-Unis. À l'âge d'un an et demi, elle contracte une maladie et devient sourde, aveugle et muette. Afin d'aider leur fille, ses parents font appel à un professeur ayant développé un moyen de communication pour une élève qui souffrait du même handicap qu'Helen. Il forme une jeune institutrice, Ann Sullivan, qui vient s'installer chez les Keller en 1887.

Pour communiquer avec Helen, Ann lui présente d'abord un objet, puis trace des lettres dans sa main. Rapidement, Helen fait le lien entre l'objet qu'on lui présente et les lettres tracées dans sa paume. Elle apprend 600 mots en 6 mois, de même que le braille et le fonctionnement d'une machine à écrire; elle exprime même le désir d'apprendre à parler.

Malgré ses handicaps, Helen entre en 1900 au Radcliffe College, une université du Massachusetts. Grâce au soutien d'Ann Sullivan, qui lui épelle les manuels dans la main, elle obtient son diplôme. Par la suite, Helen Keller défend plusieurs causes, dont le droit de vote des femmes, les droits des ouvriers et le socialisme. Elle fait partie de nombreux organismes voués à l'amélioration du sort des personnes handicapées dans la société et écrit de nombreux livres, dont *L'histoire de ma vie*, traduit en une cinquantaine de langues.

Helen Keller reçoit de nombreuses distinctions et diplômes honorifiques. Son dynamisme et son engagement social ont contribué à faire évoluer les mentalités et à repousser les préjugés alors communément répandus sur les personnes handicapées. ∎

Être une personne handicapée au Québec

Selon l'Organisation mondiale de la Santé (OMS), l'incapacité est une conséquence d'une déficience dans le fonctionnement normal d'un organe ou d'un système. Au Québec, est considérée comme handicapée « toute personne ayant une déficience entraînant une incapacité significative et persistante et qui est sujette à rencontrer des obstacles dans l'accomplissement d'activités courantes ».

Il n'y a pas si longtemps, les personnes souffrant d'incapacités vivaient dans des institutions. La désinstitutionnalisation les rend maintenant plus visibles, mais leur intégration dans la société peut se révéler difficile. Du fait de leur différence, ces personnes sont souvent perçues négativement : on a tendance à sous-estimer leurs aptitudes. Mais une personne qui a des incapacités n'est pas nécessairement handicapée. Il y a handicap lorsque quelqu'un n'a pas les ressources personnelles, matérielles et sociales pour pallier ses incapacités. Si l'on réduit les obstacles dans l'environnement, on peut faciliter grandement la vie des personnes handicapées.

Dans les années 1970, des mouvements de défense font campagne pour adapter les environnements publics aux personnes handicapées en éliminant les obstacles physiques. Ces mouvements contribuent à faire inscrire le droit à l'égalité pour les personnes handicapées dans les chartes des droits et libertés. C'est dans ce contexte qu'est mis sur pied, en 1978, l'Office des personnes handicapées du Québec (OPHQ),

dont la mission est de veiller au respect des droits des personnes handicapées et de favoriser leur participation à la société québécoise. L'Office coordonne les ressources et les services répondant aux besoins des personnes handicapées, et veille à la mise en place de solutions visant l'abolition des obstacles à leur intégration scolaire, professionnelle et sociale. En outre, l'OPHQ travaille en partenariat avec Emploi-Québec ainsi qu'avec certaines entreprises afin de créer des emplois de qualité, à long terme, adaptés aux besoins des personnes handicapées. ➡ ANNEXES **C** ET **D**

Malgré les progrès réalisés et les chartes de droits, des manifestations d'intolérance à l'endroit des femmes, des personnes handicapées et d'autres groupes de personnes qui se voient **marginalisés** ont encore cours. Serait-ce que la tolérance, tout comme l'intolérance, varie selon les époques et le contexte politique, économique ou culturel d'une société ?

Marginaliser
Mettre une personne ou un groupe à l'écart, l'exclure ou ne pas l'accepter dans la société.

VERS UNE DÉFINITION DE LA TOLÉRANCE ■■

La différence n'entraîne pas automatiquement de l'intolérance et des mesures hostiles. S'il semble facile de déterminer des manifestations d'intolérance, il est un peu plus difficile de comprendre en quoi consiste la tolérance.

Le mot *tolérance* est apparu en français à la Renaissance, une période marquée par des découvertes géographiques, l'apparition de nouveaux courants de pensée et les débuts de la science moderne. Mais c'est aussi au XVIe siècle que survient la Réforme au sein de la chrétienté européenne. Cette grande crise religieuse entraîne des conflits, puis des guerres entre catholiques et protestants. Parallèlement à l'intolérance religieuse exacerbée par la Réforme, des courants de pensée défendant la liberté d'expression, d'opinion, de conscience et de religion se développent et contribuent à l'émergence de l'idée de tolérance.

Repère
Ressource de l'environnement social et culturel à laquelle on se réfère pour alimenter et éclairer une réflexion éthique.

EN COMPLÉMENT

Instaurer un climat de tolérance

En 1598, le roi de France Henri IV promulgue l'*Édit de Nantes*, aussi appelé l'« Édit de Tolérance ». Par ce texte, l'autorité représentée par le roi reconnaît la liberté de culte et de conscience aux protestants français, et impose ainsi des principes de tolérance pour apaiser les tensions. Cette décision est sans précédent dans un pays qui considère qu'un État ne doit avoir qu'une seule religion, celle du roi, la religion catholique. L'*Édit de Nantes* est révoqué en 1685 par Louis XIV, un monarque qui se pose en ardent défenseur du catholicisme. Celui-ci fait démolir les écoles et les lieux de culte protestants, impose le baptême catholique et interdit aux fidèles protestants de quitter le pays, sous menace de les envoyer aux galères. Dans les faits, ces derniers fuient la France par milliers.

Malgré sa révocation, l'*Édit de Nantes* reflète le souhait d'un nombre croissant de personnes de voir officialisés des principes de tolérance. Cet édit ouvre la voie à des textes fondateurs, qui seront écrits quelques années plus tard, tels que la *Déclaration d'indépendance des États-Unis d'Amérique* (1776) ou, en France, la *Déclaration des droits de l'homme et du citoyen* (1789). Ce sont les premiers textes officiels qui institutionnalisent les libertés individuelles.

Des États et des sociétés démocratiques se donnent ainsi des **repères** permettant de définir les droits de la personne et d'énoncer les principes qui doivent être défendus : chartes nationales des droits et libertés, énoncés et politiques en matière d'immigration, législations pour garantir l'égalité et le respect des personnes.
➡ ANNEXES **C** ET **D**

PASSANT SOUVIENS-TOI

EN CETTE VILLE DE NANTES
HENRY IV ROY DE FRANCE
SIGNA LE 13 AVRIL 1598
L'EDIT DE TOLERANCE
PERPETUEL & IRREVOCABLE
ACCORDANT LA LIBERTE
DE RELIGION AUX PROTESTANTS

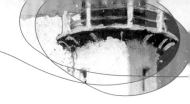

> L'idée de tolérance s'est d'abord développée en réaction à l'intolérance religieuse.

L'intolérance se manifeste généralement à l'endroit de ce qu'on considère comme étranger à soi, à son groupe, de ce qui constitue un « autre » ou les « autres », par opposition à « soi ». De nos jours, la tolérance est souvent associée à un état d'ouverture à l'autre ou à l'acceptation de manières de penser ou d'agir différentes de celles qu'on a soi-même. Or, le concept de tolérance renvoie aussi au fait de permettre qu'une chose qu'on pourrait empêcher d'exister ou de se produire puisse exister ou se produire. Pour cette raison, faire preuve de tolérance relève souvent d'une décision, d'un choix délibéré d'agir dans un esprit d'ouverture.

La tolérance est un exercice et une conquête sur soi.

Albert Memmi

Il est d'autant plus difficile de se situer par rapport à un éventuel « autre » du fait que chaque être humain est différent. De même, chaque société présente des caractéristiques qui lui sont propres. Comment en vient-on alors à mettre à l'écart des personnes en se basant sur leurs différences ?

Document 5.2
Le rapprochement des cultures
Le rapprochement de deux cultures peut être source d'échanges et amener les personnes à faire preuve d'ouverture d'esprit et à faire place à d'autres façons de voir le monde.

UNE VÉRITÉ TOUTE RELATIVE ■■■

Les différences se perçoivent dans les **valeurs**, le mode de vie, les structures de pensée, l'apparence physique et les coutumes, les objets culturels, etc. Cet ensemble d'éléments forme la base à partir de laquelle se bâtit la **vision du monde** que chaque individu possède et partage, dans une plus ou moins grande mesure, avec une communauté.

Quand un individu ou un groupe s'oppose à notre vision du monde, qu'il heurte nos valeurs, il arrive que nous nous sentions remis en question et ébranlés dans nos convictions. Parfois, même, cela suscite des tensions. Celles-ci ne s'accompagnent pas toujours de violence ou de guerres. Les tensions entre des individus ou des communautés dont fait état l'histoire suscitent parfois de l'étonnement. Or, s'il entraîne quelquefois la peur et le rejet, cet étonnement peut aussi favoriser les échanges et les découvertes (voir **doc. 5.2**).

Valeur
Caractère attribué à des choses, à des attitudes ou à des comportements qui sont plus ou moins estimés ou désirés par des personnes ou des groupes de personnes.

Vision du monde
Regard qu'on porte sur soi et sur son entourage. Ce regard forme les pensées, les sentiments et les comportements de chaque individu et se façonne à partir des expériences de vie, des relations humaines, de valeurs, de normes, de croyances ou de convictions.

Document 5.3
La « tyrannie du vrai »
Lorsqu'une vérité est érigée en seule vérité admise dans une société, une communauté ou un groupe, on peut assister à des dérives qui mènent parfois à des actes de violence contre les personnes qui pensent ou agissent différemment.

RÉflexion

Comment expliquer que tous les êtres humains ne s'entendent pas sur la vérité ?

Fanatisme
Croyance excessive en une doctrine, une cause, et zèle absolu pour la défendre.

Intégrisme
Attitude qui consiste à refuser toute évolution d'une tradition religieuse et qui impose le respect intégral de son système de croyances.

À l'origine des tensions, voire des conflits, il y a souvent le fait que nous pouvons avoir tendance à ériger nos propres valeurs et croyances en vérités absolues. Ainsi, ce qui est perçu comme une vérité absolue peut entraîner des raisonnements tels que : « si j'ai raison, l'autre a tort », « si j'ai raison, mon opinion est bonne et ma façon de faire est bien ; l'opinion de l'autre est donc fausse et sa façon d'agir est incorrecte ». Du coup, ce que nous percevons comme le bien en vient à se confondre avec le vrai. Le passage d'une valeur subjective à une vérité absolue se fait alors aisément. Dans ce cas, notre opinion ne vient aucunement d'une connaissance du sujet dont il est question ou d'une réflexion, mais plutôt d'une croyance, d'un jugement subjectif.

Le fait d'imposer, au nom d'une vérité, ses valeurs et ses règles peut entraîner l'uniformisation des manières d'être, de penser et d'agir. Dans les domaines politique et religieux, cela peut mener au **fanatisme**. C'est ainsi que la « tyrannie du vrai » peut favoriser les excès (voir **doc. 5.3**). C'est le cas, par exemple, quand des pouvoirs totalitaires n'acceptent aucune opposition politique et répriment sévèrement toute personne contestant leur pouvoir, quand des groupes militants en viennent à avoir recours à la violence pour atteindre un but qu'ils jugent inattaquable ou incontestable, ou encore, quand des responsables religieux font preuve d'intransigeance en matière de pratiques religieuses et favorisent l'**intégrisme**.

> [...] *quand bien même nous aurions accès à une vérité absolue, en effet, cela ne saurait obliger tout le monde à respecter les mêmes valeurs, ni donc à vivre de la même façon.*
>
> André Comte-Sponville, *Petit traité des grandes vertus*, Paris, PUF, 1995, p. 224.

De la même façon, une découverte scientifique peut être perçue comme une aberration par les autorités scientifiques ou religieuses d'une société, surtout si elle vient bouleverser les idées reçues. C'est ce qui se produit au début du XVIe siècle quand certains scientifiques émettent une idée qui va révolutionner la vision du monde de l'époque : la Terre tourne autour du Soleil et non l'inverse (voir **doc. 5.4**). Parce que cette nouvelle représentation du monde ébranle les croyances et remet en cause les connaissances scientifiques généralement admises, l'idée est condamnable.

Des idées et des comportements qui semblaient inacceptables
à une époque peuvent être tolérés, puis acceptés avec le temps.

Les valeurs, les croyances, les connaissances et les vérités ne
sont donc pas figées. Elles peuvent changer, avec le temps, au
contact d'une réalité différente ou encore à la suite de certaines
découvertes scientifiques.

EN COMPLÉMENT

Des théories qui ébranlent des convictions

La théorie de l'astronome polonais Nicolas Copernic (1473-1543)
est **mise à l'index** par l'Église catholique romaine en 1616.
En 1633, Galilée (1564-1642), un astronome italien se posant
en fervent défenseur de la théorie copernicienne, est condamné
pour hérésie par un tribunal ecclésiastique. Il est contraint de
renier ses dires et **assigné à résidence** jusqu'à sa mort. Sur le
plan scientifique, la théorie de Copernic est progressivement
tolérée, puis finalement acceptée. Vers la fin du XVIIe siècle,
la plupart des savants d'Europe se réconcilient, grâce à la mise
en place de la mécanique céleste d'Isaac Newton (1643-1727).
C'est vers 1820 que l'Église catholique accepte définitivement
et complètement l'idée que la Terre tourne autour du Soleil.

Mise à l'index
Interdiction décrétée
par les autorités
religieuses de lire des
ouvrages jugés
hérétiques, obscènes
ou portant sur la
sorcellerie.

Assigner à résidence
Obliger une personne
à résider en un lieu
précis, dont elle ne
peut s'éloigner.

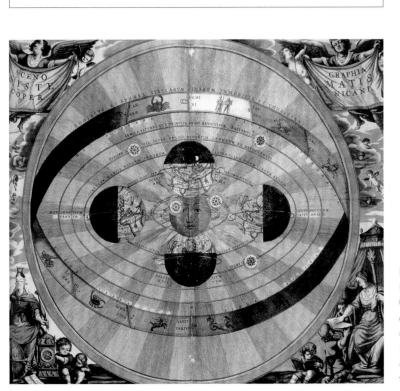

Document 5.4
L'héliocentrisme : une théorie contestée
Craignant d'être jugé et emprisonné pour hérésie,
et redoutant le rejet par ses pairs, Copernic
demande qu'on attende le jour de sa mort pour
publier sa découverte : le Soleil se trouve au
centre de l'Univers (héliocentrisme) et la Terre
tourne autour de lui.

5.2
FAIRE PREUVE
DE TOLÉRANCE

Document 5.5
Exposition universelle de 1967
En 1967, l'Exposition universelle de Montréal, qui a pour thème « Terre des Hommes », a permis la rencontre de différentes cultures. Dans les pavillons, des hôtesses de différentes nationalités guidaient les visiteurs dans leurs découvertes.

Il n'est pas toujours facile d'accepter l'existence d'idées, de croyances et de valeurs parfois éloignées de nos propres convictions, ou encore de reconnaître à chaque personne le droit de penser et de vivre autrement, particulièrement quand cela nous choque.

LA TOLÉRANCE : UNE QUESTION DE POUVOIR ? ▪

Toute personne détenant l'autorité, qu'il s'agisse des parents, d'un enseignant, d'une policière, d'un guide spirituel, ou bien qui est appuyée par la force du nombre ou de la majorité peut se trouver, un jour ou l'autre, devant des choix relevant de la tolérance.

En règle générale, l'exercice du pouvoir confère à ceux et celles qui le détiennent la possibilité d'inscrire la tolérance dans les fondements mêmes de la société ou du groupe, ou encore de prôner des doctrines hostiles telles que le racisme, l'homophobie ou l'antisémitisme dans des mesures et des lois discriminatoires. Dans le premier cas, on favorise l'ouverture aux idées différentes et l'évolution de la vision du monde, ce qui peut donner à cette société un certain dynamisme (voir **doc. 5.5**). Dans le second cas, on peut propager plus facilement des préjugés, des généralisations abusives, du mépris au sein de la population, et réunir peu à peu les conditions qui rendent une société intolérante.

> Par le pouvoir de décision dont il dispose, un État peut généraliser la notion de tolérance à toute une société, ou encore favoriser des manifestations d'intolérance.

Ainsi, les autorités jouent un rôle important en matière de tolérance ou d'intolérance, car ce sont elles qui, en grande partie, déterminent ce qui est acceptable dans un groupe ou une société. Que se passe-t-il alors quand une ou plusieurs personnes sont en position de faiblesse, de minorité ou de dépendance ? Que font-elles si elles ne peuvent agir ou influencer les lois et les règlements de leur société ? C'est la position dans laquelle se trouvent les jeunes enfants par rapport à leurs parents, les esclaves, les peuples conquis ou colonisés, par exemple. Quel est le sens, dans de telles circonstances, de l'expression « faire preuve de tolérance » ?

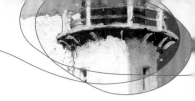

Sans pouvoir ni autorité, il est souvent très difficile de favoriser la tolérance ou encore de lutter contre l'intolérance, d'où le fait que des personnes se regroupent afin d'exprimer leur point de vue et de susciter des changements. Or, les changements se font souvent lentement ou difficilement.

Par exemple, après l'abolition de l'esclavage aux États-Unis, en 1865, la situation des Afro-Américains ne s'améliore pas beaucoup. Des lois et des mesures discriminatoires demeurent en place, permettant le maintien du racisme : c'est la **ségrégation raciale**. Les lieux publics, les écoles, les magasins, les salles d'attente dans les gares, les wagons de trains, les places dans les autobus demeurent divisés, avec des espaces pour les Blancs et d'autres pour les Noirs (voir **doc. 5.6**). Les mariages mixtes sont interdits. Les personnes qui dérogent à ces règles sont souvent frappées d'**ostracisme**. L'extrait qui suit illustre la douleur et le cynisme que peut ressentir un individu victime de racisme.

Document 5.6
Un exemple de ségrégation raciale au Canada
Entre 1941 et 1949, des milliers de Canadiens-Japonais ont été transférés dans des camps de détention. En 1988, le gouvernement canadien s'en est excusé et leur a offert des compensations.

> *De grands espaces de vie [...] ont toujours été interdits [à Delia Daley]. À présent, ses aspirations les plus simples sont hors de portée. Elle aimerait marcher dans la rue avec son mari sans avoir à jouer la domestique. Elle aimerait pouvoir lui prendre le bras en public. Elle aimerait qu'ils puissent aller au cinéma ensemble, ou aller dîner quelque part, sans se faire expulser comme des malotrus. Elle aimerait pouvoir asseoir son bébé sur ses épaules, l'emmener faire des courses sans pour autant que tout le magasin en soit pétrifié. Elle aimerait pouvoir rentrer à la maison sans être couverte de venin. Cela n'arrivera pas de son vivant. Mais il faudra bien que cela se produise du vivant de son fils. La rage l'agrippe chaque fois qu'elle quitte la maison. Il n'y a que l'instinct maternel pour contenir toute cette rage.*
>
> *Naguère, elle avait estimé que le fanatisme était une aberration. Maintenant qu'elle a uni sa vie à celle d'un Blanc, elle se rend compte que c'est le fondement même de l'espèce.*

> Richard Powers, *Le temps où nous chantions*,
> Paris, le cherche midi éditeur, 2006, p. 551.

De nombreux citoyens et militants américains engagés dans une lutte non violente contre la ségrégation raciale contribuent à l'évolution des mentalités sur cette question. Cependant, il faut attendre les années 1950 pour que les droits civiques des Noirs soient reconnus aux États-Unis.

Réflexion

En quoi les préjugés et les interdits que subit une personne ou une communauté peuvent-ils à leur tour les amener à faire preuve d'intolérance ?

Ségrégation raciale
Séparation absolue, organisée et réglementée de la population de couleur d'avec les Blancs. Par extension, *ségrégation* peut renvoyer à toute mesure d'exclusion sociale.

Ostracisme
Exclusion, rejet hostile par une communauté d'un de ses membres.

ROSA PARKS
(1913-2005)

La jeune Rosa Louise McCauley reçoit une bonne éducation scolaire, malgré qu'elle grandisse en Alabama, un État américain ségrégationniste. Son éducation lui permet d'obtenir de bons emplois, mais aussi de s'engager dans divers mouvements de lutte contre la ségrégation avec son mari, Raymond Parks, un militant pour les droits civiques des Noirs.

En 1896 et en 1908, la Cour suprême des États-Unis officialise la ségrégation raciale dans la majorité des lieux publics et privés. Par exemple, dans les autobus, bien qu'ils en soient les principaux utilisateurs, les Afro-Américains doivent céder leur place aux Blancs qui le requièrent. En 1955, Rosa Parks entre dans l'histoire en refusant de céder sa place dans un autobus. Elle est arrêtée, jugée et inculpée de désordre public. Elle n'est pas la première Noire à qui cela arrive, mais cette fois-ci, un avocat blanc, Clifford Dunn, accepte de contester avec elle la loi sur la ségrégation. Rosa Parks reçoit l'appui du pasteur Martin Luther King Jr, et, après une année de luttes non violentes, la Cour suprême des États-Unis déclare inconstitutionnelle la loi sur la ségrégation.

L'engagement politique de Rosa Parks lui vaut de nombreux honneurs. À sa mort, le révérend Jesse Jackson lui rend hommage en déclarant: « Elle s'est assise pour que nous puissions nous lever. » ■

Le mouvement pour la défense des droits civiques aux États-Unis inspire, dans les années 1960 et 1970, d'autres luttes contre l'intolérance. Ces mouvements entraînent peu à peu des changements dans les mentalités: de nombreuses personnes en viennent à penser que la haine et le mépris ne sont pas inscrits dans les gènes de l'être humain, et que ces comportements sont appris. De ce fait, il est possible de les changer et d'apprendre d'autres façons d'être et d'agir. Des individus et des États chercheront à faire appliquer les principes du respect de la personne, de l'égalité et de l'équité afin de favoriser un climat d'harmonie entre les nations, les ethnies, les peuples et les personnes. Les **règles morales** précisent comment de tels principes devraient s'appliquer dans une situation donnée.

Règle morale
Norme morale qui précise comment un principe moral devrait s'appliquer dans une situation donnée.

Spoliation
Action de déposséder, par la violence et par l'abus de pouvoir, une personne ou un groupe de personnes de ce qui lui revient.

De même, nous élirons une femme. Et un beau jour, un musulman. Puis un président ouvertement homosexuel. Cela dit, l'obstacle racial était sans doute le plus difficile à surmonter, parce qu'il renvoyait les Blancs à leur culpabilité pour tous les crimes commis par le passé: l'esclavage, la spoliation [des Amérindiens] et le nettoyage ethnique qui a suivi, les lynchages, la ségrégation et j'en passe. Certes, nous avons encore du mal à assumer ce passé, mais l'élection d'Obama prouve à tous les Américains blancs que c'est la condition nécessaire pour être de vrais Américains.

« Où en est le rêve Obama ? Entretien avec Russell Banks »,
François Armanet © 2009 *Le Nouvel Observateur.*

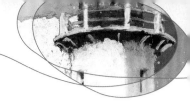

Document 5.7
Des luttes à poursuivre
La lutte contre le racisme et les préjugés de toutes sortes n'est pas achevée. Si on reconnaît qu'un des objectifs de la tolérance est de promouvoir l'égalité des droits en matière de liberté de culte, de pensée, d'opinion et d'expression, on peut se demander jusqu'où une société peut aller pour faire appliquer ces principes.

De nos jours, malgré de nombreux changements, il existe encore de par le monde des organisations prônant la suprématie blanche, l'intolérance ou encore la violence à l'endroit des adeptes de certaines traditions religieuses ou de personnes qui ont des idées ou des modes de vie différents (voir **doc. 5.7**).

La haine et le mépris auxquels font face de nombreuses personnes s'apprennent de notre entourage ou de la société dans laquelle nous évoluons. Ces « apprentissages » sont souvent la source de nos attitudes intolérantes. Dans sa *Déclaration de principes sur la tolérance*, l'UNESCO affirme que l'éducation est le moyen le plus efficace pour prévenir l'intolérance (voir **doc. 5.8**). L'éducation passe par la connaissance de soi et la reconnaissance de l'autre, de ses valeurs et de ses convictions, et par le respect du principe selon lequel toutes les personnes sont égales en valeur et en dignité. Cette éducation demande donc le développement du jugement autonome, de l'ouverture d'esprit et de la réflexion éthique.

Des efforts individuels et collectifs peuvent être nécessaires pour accepter les différences. Ces efforts peuvent mener à un changement de perception de l'autre. Tant que nous sommes séparés de l'autre, nous ne pouvons le percevoir autrement qu'à travers le filtre de notre éducation et des préjugés qui nous sont parfois transmis.

Document 5.8
La Journée internationale de la tolérance
Depuis 1996, le 16 novembre est la Journée internationale de la tolérance. Au cours de cette journée, plusieurs activités sont proposées afin de mobiliser l'opinion publique, de souligner les dangers de l'intolérance et de promouvoir la tolérance et l'éducation à la tolérance.

COEXISTENCE

Il peut parfois être difficile, voire dangereux, de militer pour un changement des mentalités, ou contre des attitudes d'intolérance. Il faut alors faire face à des attitudes de peur, de rejet ou de fanatisme susceptibles d'engendrer des actes violents. Ainsi, Harvey Milk connaissait les risques qu'il prenait en militant ouvertement pour la cause homosexuelle dans les années 1970.

> *J'ai pleinement conscience qu'une personne qui défend ce que je défends, un activiste, un activiste gay, devient la cible ou la cible potentielle de personnes troublées qui ont peur ou se sentent menacées.*
>
> *[...] Si une balle devait traverser mon cerveau, qu'elle brise aussi toutes les portes des placards.*
>
> Randy Shilts (1951-1994), *The Mayor of Castro Street: The Life and Times of Harvey Milk*, New York, St. Martin's Press, 1982, p. 275 et 372.

Harvey Milk
(1930-1978)

L'Américain Harvey Bernard Milk occupe des postes de statisticien et de recherchiste à New York avant de s'engager dans le mouvement **hippie**. À 42 ans, il déménage à San Francisco et y ouvre un commerce d'appareils photographiques. Son engagement dans son quartier, ses talents d'orateur, de rassembleur et de meneur le conduisent naturellement à faire de la politique. Comme il ne cache pas son homosexualité, il est rapidement perçu comme un porte-parole de la communauté homosexuelle. Il se présente aux élections du conseil municipal en 1973 et en 1975, sans être élu. Cependant, chaque campagne lui apporte un soutien de plus en plus grand de la communauté gaie. En 1977, il est élu au poste de conseiller municipal de son district.

Au cours de son mandat, Harvey Milk s'allie au maire et défend les droits des gais et des lesbiennes en faisant adopter un projet de loi rendant illégale la discrimination fondée sur l'orientation sexuelle. Il se préoccupe également de problèmes d'intérêt général, comme le développement immobilier irréfléchi et le soutien aux garderies. Moins d'un an après son élection, Milk et le maire de San Francisco sont assassinés par un de leurs collègues. ■

Réflexion

Pourquoi l'expression « sortir du placard » est-elle associée au mode de vie homosexuel ?

Hippie
Dans les années 1970, jeune adepte d'un mouvement contestant la société de consommation et les valeurs sociales et morales traditionnelles.

ENTRE LIBERTÉ ET SOUMISSION ■■

Faut-il faire preuve de tolérance en tout temps, en toutes circonstances ? Que peut-on accepter au nom de la tolérance ? Si, au nom du respect de la liberté d'expression, une société tolère des actes d'intolérance, sans imposer de limites, des comportements hostiles pourraient se normaliser et fragiliser la structure de la société. On se retrouve ici devant ce que le philosophe Karl Popper (1902-1994) appelle le *paradoxe de la tolérance* :

> *Si l'on est d'une tolérance absolue, même envers les intolérants, et qu'on ne défende pas la société tolérante contre leurs assauts, les tolérants seront anéantis, et avec eux la tolérance.*

> Karl Popper, *La société ouverte et ses ennemis*, tome 1 « L'Ascendant de Platon », Éditions du Seuil pour la traduction française, 1979, p. 222.

Paradoxe
Proposition qui contient ou semble contenir une contradiction logique, ou qui aboutit à une absurdité.

Pour cette raison, la plupart des partisans de la tolérance estiment qu'il y a des limites à la tolérance. Ces limites contribuent à maintenir un climat propice à la tolérance. Si une nation prône le racisme ou si un groupe de personnes diffuse de la propagande méprisante et haineuse, doit-on respecter leur liberté de pensée et leur liberté d'agir ? On entend souvent dire que « la liberté d'une personne s'arrête là où commence celle des autres ». De la même façon, la tolérance devrait donc s'arrêter quand l'exercice d'un droit menace la vie ou viole les droits des individus.

> On peut tolérer les intolérants tout en refusant de tolérer l'intolérable.

D'une façon générale, on peut dire que l'intolérable, c'est ce qui est moralement ou éthiquement inacceptable, ce qui menace la vie, les droits fondamentaux des personnes, des sociétés, mais également ce qui menace l'existence même d'un climat de tolérance et des personnes qui la pratiquent. D'ailleurs, il est important de faire la distinction entre le respect de la personne et le respect de ses opinions, de ses valeurs ou de ses convictions. L'idée de tolérance implique toujours le respect de la personne, mais pas nécessairement celui de ce qu'elle exprime, vit, fait ou croit.

Document 5.9
L'indifférence dans la vie de tous les jours
Il arrive qu'on proteste contre des injustices ou des événements à l'échelle internationale tout en faisant preuve d'indifférence devant des situations présentes dans la vie de tous les jours.

Il n'en demeure pas moins qu'il est souvent difficile de situer les limites de la tolérance. C'est peut-être l'une des raisons pour lesquelles nous confondons parfois tolérance et indifférence. Nous éprouvons de l'indifférence devant des choses qui ne nous touchent pas, qui n'occasionnent ni douleur ni plaisir, qui ne représentent rien pour nous : nous n'avons nullement besoin de faire preuve de tolérance à l'endroit de personnes ou de situations qui ne nous dérangent pas ou ne nous affectent pas (voir **doc. 5.9**, à la page précédente).

RÉflexion

En quoi le respect de la liberté d'autrui peut-il être associé à de l'indifférence ?

Tolérer la souffrance des autres, tolérer l'injustice dont on n'est pas soi-même victime, tolérer l'horreur qui nous épargne, ce n'est plus de la tolérance : c'est de l'égoïsme, c'est de l'indifférence, ou pire.

André Comte-Sponville, *Petit traité des grandes vertus*, Paris, PUF, 1995, p. 212.

EN COMPLÉMENT

L'évolution des idées et des comportements

Jusqu'à la moitié du XXe siècle, le port du pantalon par les femmes était perçu comme dérangeant en Occident ; il était même décrié. Ainsi, dans la France du XIXe siècle, les femmes désirant porter un pantalon doivent obtenir une *Permission de travestissement* auprès des autorités municipales, permission renouvelable tous les six mois. La loi stipule en effet que la femme ne peut porter le pantalon que si elle « tient par la main un guidon de bicyclette ou les rênes d'un cheval ». Il ne faut pas oublier qu'à cette époque, les femmes ne sont pas libres de disposer de leur corps comme elles l'entendent : les hommes décident pour elles ce qui est correct et ce qui ne l'est pas.

Avec les luttes pour les droits des femmes et l'évolution de leur statut, le port du pantalon a d'abord été toléré, puis est devenu si courant que ce choix vestimentaire n'est pas remis en question dans les sociétés occidentales contemporaines. Par exemple, aujourd'hui au Canada, peu de personnes oseraient interdire le port du pantalon aux femmes ou y voir un mal. La liberté des femmes de disposer de leur corps comme elles l'entendent semble acquise. De même, il est possible d'imaginer qu'un jour, le port de la robe ou de la jupe, courant dans certaines sociétés, redevienne une habitude vestimentaire normale pour les hommes occidentaux, sans qu'on l'associe à une loufoquerie ou à une anomalie.

Une personne fait preuve de tolérance lorsqu'elle s'efforce d'accepter ce qui, chez l'autre, la dérange tout en reconnaissant que ces éléments n'en déterminent pas la valeur, l'intelligence ou les capacités. Ces éléments peuvent être liés à l'apparence physique, à l'appartenance ethnique ou au mode de vie d'une personne ou d'un groupe de personnes. Ces mêmes éléments peuvent entraîner, chez d'autres, un sentiment d'incompréhension, un malaise, du dégoût, voire de la haine. La tolérance, c'est la possibilité de voir notre opinion évoluer jusqu'à accepter une idée qui nous était auparavant étrangère ou inconfortable, mais sans pour autant faire preuve de **complaisance**. Par ailleurs, une personne dont l'opinion change à la suite d'une rencontre ou d'un cheminement personnel ne fait pas forcément preuve de tolérance ; il se peut qu'elle ait changé d'idée, tout simplement. À différents moments de nos vies, des événements, des rencontres, des personnes et des attitudes nous amènent à renégocier notre rapport à ce qui nous dérange, plus particulièrement dans notre relation à l'autre.

Complaisance
Fait de se montrer en accord avec une personne, des idées ou des événements par politesse ou pour éviter une confrontation, sans que cet accord soit nécessairement sincère.

Système de valeurs
Ensemble cohérent et hiérarchisé de valeurs.

> Avec l'évolution des mentalités et les événements de l'actualité, les individus de même que les sociétés sont amenés à réévaluer leur degré de tolérance.

DES LIMITES À LA TOLÉRANCE ■■■

Du point de vue des rapports entre les nations, il est souvent plus difficile encore de situer les limites de la tolérance. Est-il tolérable qu'un État intervienne dans les affaires d'un autre sous prétexte que les principes de liberté de culte, de pensée, d'opinion et d'expression sont bafoués ? Est-il éthiquement acceptable qu'un État demeure indifférent et laisse des atrocités ou des massacres avoir lieu en invoquant la non-ingérence ? Bien souvent, il s'agit de réfléchir pour déterminer dans quelle mesure un État doit faire preuve de tolérance à l'endroit d'un autre qui n'applique pas le même **système de valeurs** que lui.

La tolérance n'est pas un état ou un comportement figé, fixé par la seule volonté. La mondialisation des sociétés modernes et le mélange des communautés dans les mêmes espaces de vie font en sorte qu'il est de plus en plus nécessaire de faire preuve de tolérance (voir **doc. 5.10**). C'est le défi que de nombreuses nations et communautés cherchent à relever. La tolérance est un processus actif de résolution des tensions et des incompréhensions. Elle ne doit pas être confondue avec un comportement paternaliste ou d'indifférence.

Document 5.10
Vers des sociétés multiethniques
Dans le contexte actuel de la mondialisation, chaque personne peut être amenée à évoluer dans un monde fait d'échanges interculturels permanents. Cette nouvelle réalité suscite des questions sur les thèmes de la différence et du vivre-ensemble.

DES MANIFESTATIONS CONTEMPORAINES DE LA TOLÉRANCE

La diversification des modes de vie et les déplacements de plus en plus fréquents des personnes à l'échelle planétaire font en sorte qu'on observe davantage de manifestations tant d'intolérance que de tolérance dans la plupart des sociétés modernes.

DES RÉPONSES COLLECTIVES À DES REQUÊTES PARTICULIÈRES ■

Souvent, des requêtes particulières de personnes ou de groupes dont les coutumes, les pratiques et les besoins sont très différents de ceux de la majorité peuvent être sources de tensions, mais aussi de réflexions. C'est souvent le cas dans les États où le droit à l'égalité est inscrit dans la constitution ou dans des chartes des droits et libertés, comme au Canada et au Québec.
➡ ANNEXES **C** ET **D**

> Dans toute société, les droits d'une personne entreront inévitablement en conflit avec les droits d'autrui. Il est alors évident que tous les droits doivent être limités afin de préserver la structure sociale dans laquelle chaque droit peut être protégé sans porter atteinte indûment aux autres.
>
> Commission ontarienne des droits de la personne (O'Malley) c. Simpsons-Sears, [1985] 2 R.C.S. 536, p. 554-555.

De telles requêtes peuvent concerner tout élément qui porte atteinte au droit à l'égalité ou qui fait en sorte qu'il y a discrimination en raison de la grossesse, de l'orientation sexuelle, de l'état civil, de la langue, d'un handicap, de l'origine ethnique ou de la nationalité (voir **doc. 5.11**). Par exemple, sur le plan individuel, une personne handicapée pourrait demander à son employeur d'aménager son poste de travail pour le rendre plus facilement accessible.

De nos jours, il existe de nombreuses mesures visant l'accessibilité, mais cela n'a pas toujours été le cas. La mise en place d'espaces de stationnement réservés fait partie, quant à elle, des réponses collectives à des requêtes particulières de groupes de défense des droits des personnes handicapées. De tels espaces sont maintenant prévus et obligatoires dans plusieurs contextes. Au moment de leur implantation, et c'est encore sans doute le cas aujourd'hui, de telles places réservées pouvaient être source de frustrations pour certains automobilistes.

Document 5.11
Des motifs de discrimination
Il n'y a pas si longtemps, au Québec, la grossesse pouvait être un motif de discrimination. Il arrivait aussi qu'on congédie une femme qui se mariait ou encore qu'on refuse de lui louer un logement si elle était chef de famille monoparentale.

Les pratiques d'accommodement visent à faire certains
aménagements dans des situations particulières.

Un peu de la même façon, le gouvernement du Canada a
instauré des « prestations de compassion », offertes aux
personnes qui doivent s'absenter de leur travail pour prendre
soin d'un membre de leur famille atteint d'une maladie grave.
Par ailleurs, des accommodements particuliers ont souvent été
accordés dans des contextes de travail : un salarié qui demande
de quitter son travail pour aller assister à l'accouchement de sa
conjointe, une étudiante qui demande de changer son horaire
de travail en période d'examens, un parent qui s'absente parce
que son enfant est malade et qui rattrape ses heures plus tard
n'en sont que quelques exemples. Ces aménagements particuliers dérogent des façons de faire habituelles sans qu'on sente
le besoin de les inscrire dans des règlements ou des lois.

Généralement, ces pratiques sont bien acceptées si elles sont
attribuées de façon équitable. Mais il peut arriver que certaines
personnes jugent que les accommodements favorisent des
minorités au détriment de la majorité, et qu'ils sont parfois la
source de discriminations. C'est d'ailleurs pour entendre les
craintes et les malaises exprimés par la population québécoise
au regard de certaines requêtes d'accommodement faites
par des groupes religieux que la Commission *Échanger pour
s'entendre*, communément appelée « Commission Bouchard-
Taylor », a été mise sur pied en 2007 par le gouvernement
du Québec. Cette commission voulait favoriser le débat public
et la participation citoyenne à ce phénomène qui occupait
alors beaucoup l'espace médiatique (voir **doc. 5.12**).

Document 5.12
Des accommodements raisonnables
Le rapport remis par les commissaires Bouchard
et Taylor a établi que la vision négative des
accommodements qui s'est propagée dans la
population reposait souvent sur une perception
erronée ou partielle des pratiques ayant cours
sur le terrain.

**Accommodement
raisonnable**
Notion juridique
canadienne qui
désigne l'assouplis-
sement d'une norme
afin de contrer la
discrimination qu'elle
pourrait engendrer.

*Quand le thème d'un débat touche à l'ethnicité, à la question
identitaire, au symbolique, il y a toujours un risque de glissement
vers l'émotivité, voire l'irrationnel. En outre, l'orientation qu'emprun-
tera désormais le cours des choses dépend de nombreux acteurs et
de facteurs en grande partie imprévisibles. Les choix que feront les
Québécois seront ici déterminants. Enfin, notre rapport ne mettra
évidemment pas fin au débat, lequel devra se poursuivre dans
plusieurs directions.*

Gérard Bouchard et Charles Taylor,
Commission de consultation sur les pratiques d'accommodement
reliées aux différences culturelles, Rapport officiel,
© Gouvernement du Québec, 2008, p. 35.

 Réflexion

Pourquoi dit-on
que l'émotivité
peut engendrer des
comportements
irrationnels ?

Émile Ollivier
(1940-2002)

Né à Port-au-Prince, en Haïti, Émile Ollivier est contraint à l'exil en 1965, car il écrit et milite contre la dictature du régime Duvalier. Après un séjour en France, il s'installe à Amos, au Québec. Dès son arrivée, il participe à la vie culturelle et s'engage auprès de la communauté haïtienne et d'autres groupes d'immigrants.

Émile Ollivier poursuit ses études et obtient un doctorat en sociologie. Il enseigne près de 25 ans à l'Université de Montréal, tout en publiant de nombreux ouvrages. Ses essais, nouvelles et romans témoignent de son intérêt pour les populations immigrées et leur intégration dans la société d'accueil.

Émile Ollivier est fait Chevalier de l'Ordre national du Québec en 1993, puis Chevalier de l'Ordre des arts et des lettres en France. En 2002, un mois avant sa mort, l'Université de Montréal le nomme professeur émérite, et, en 2007, il reçoit le prix Diversité culturelle de l'Université de Montréal à titre posthume. Deux prix ont été créés en son honneur : en 2004, le Conseil supérieur de la langue française crée le prix Émile-Ollivier en collaboration avec le Secrétariat aux affaires intergouvernementales canadiennes, et l'Institut de coopération pour l'éducation des adultes (ICÉA) lance le prix Émile-Ollivier en partenariat avec la Commission canadienne pour l'UNESCO. ■

LA TRADITION D'ACCUEIL DU QUÉBEC ■■

On entend souvent dire que le Québec est traditionnellement une terre d'accueil (voir **doc 5.13**). L'a-t-il toujours été ? Comment s'exprime cette tradition aujourd'hui ? Est-il toujours facile de l'appliquer ? Quel est le visage du Québec en matière de tolérance ? Un retour en arrière peut éclairer la question.

Le Canada d'avant la Conquête est peuplé de nations amérindiennes. Puis, à partir de 1608, la France établit, au Québec, une colonie permanente où les colons développent une culture propre, synthèse de l'apport français, des mœurs amérindiennes ainsi que de l'acclimatation au nouveau territoire. Enfin, en 1759, l'Angleterre fait du Québec une colonie britannique.

Ce changement de gouvernance implique désormais que la communauté de culture et de langue francophones, auparavant majoritaire et gestionnaire de ses terres, change de statut et devient dépendante des autorités anglaises. Néanmoins, très peu de Canadiens retournent en France : ils sont nés ici et choisissent d'y rester malgré les difficultés.

Cela explique peut-être le caractère ambivalent du Québec, qui revient souvent dans son histoire. D'un côté, la méfiance ; de l'autre, une propension à l'ouverture ; et, entre les deux, une terre d'accueil qui se referme quelquefois sur elle-même.

Document 5.13
Des immigrants espagnols
De nombreuses communautés émigrent au Québec. Ces nouveaux arrivants sont accueillis à Grosse-Île avant de pouvoir s'installer dans la province.

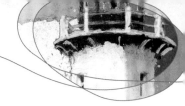

Ces faits sont à la base de la création d'une société francophone unique en Amérique: majoritaire au Québec et minoritaire au Canada, comme dans tout le continent nord-américain.

La société québécoise apprend à se définir au sein de la majorité canadienne-anglaise. La lutte pour la reconnaissance de ses particularités devient un enjeu politique, surtout à partir de la Révolution tranquille des années 1960. Cette reconnaissance passe par la volonté de donner un statut officiel à la langue française, qui fait partie intégrante du patrimoine culturel québécois. Afin de conserver cet acquis, l'Assemblée nationale du Québec adopte en 1977 la *Charte de la langue française*, plus communément appelée la «loi 101». Plusieurs Québécois anglophones, de même que des entreprises, y voient alors un motif de discrimination et déménagent en Ontario.

> Toute nation a connu et connaît, au cours de son histoire, des périodes d'intolérance.

Le Québec, qui se qualifie de terre d'accueil, maintient un certain équilibre pendant des années. Mais qu'arrive-t-il lorsque d'autres communautés culturelles viennent s'installer dans la province? Comment le peuple québécois, qui, par son statut et son histoire, prône traditionnellement la tolérance et l'ouverture d'esprit, perçoit-il et intègre-t-il ces nouvelles communautés?

La province n'est pas différente des autres nations en matière de relations ethniques et culturelles, comme le démontrent certains épisodes de son histoire. Comme dans toute l'Amérique, il y a eu des esclaves au Québec. Il s'agissait surtout de domestiques, qui donnaient du prestige à leur propriétaire. Plusieurs Amérindiens, surtout les Pawnees, ainsi que des Africains arrivant des Antilles françaises puis des colonies britanniques furent soumis à l'esclavage. Le mouvement contre l'esclavage débute dès 1787, mais ce n'est qu'en 1834 qu'une loi anglaise y met un terme dans tout l'Empire britannique, et donc au Canada. Plus tard, au début du XXe siècle, plusieurs communautés, dont les Noirs, les Chinois et les juifs, se plaignent d'attitudes racistes au Québec (voir **doc. 5.14**).

Document 5.14
Une affiche antisémite au Québec
Cette affiche, qui date de 1939 et sur laquelle il y avait l'inscription suivante: «Les Juifs ne sont pas désirés ici, [ce village] est un village canadien français et nous le garderons ainsi», témoigne de la discrimination à l'endroit des juifs au Québec, courante dans les années 1930.

[Dans les années 1930] les Canadiens français n'ont jamais été en aussi bonne position pour faire tort aux Juifs que l'élite canadienne-anglaise, y compris celle de Montréal. Les Juifs étaient exclus des emplois dans les banques, les compagnies d'assurances et les grands magasins à rayons. La discrimination contre eux fut constante dans les milieux professionnels et d'affaires. On les empêcha aussi d'enseigner dans les écoles : même si la grande majorité des étudiants de l'école secondaire Strathcona à Montréal et du collège Harbord à Toronto étaient Juifs, il n'y avait aucun professeur juif.

Compte rendu de Joseph Levitt (1920-1995), *Revue d'histoire de l'Amérique française*, vol. 33, n° 3, 1979, p. 476-478.

Réflexion

À l'heure actuelle, comment se manifeste la discrimination à l'endroit de certains groupes minoritaires ?

Pourtant, la société québécoise a de la difficulté à accepter ces manifestations d'intolérance, surtout quand elles véhiculent des idées racistes, sexistes, des préjugés et du mépris. Malgré cela, ici, comme partout en Amérique, les peuples amérindiens sont isolés dans des réserves. Ce phénomène prend ses racines dans l'intolérance du XIXe siècle. La plupart des Amérindiens veulent alors continuer à vivre comme des cueilleurs-chasseurs, alors que la société québécoise s'engage dans l'ère industrielle et veut bâtir des villes modernes. Leur mode de vie devient incompatible avec ces nouvelles ambitions : il faut isoler les Amérindiens ou les assimiler. Pour agir de la sorte, il est utile que la société croie l'autre inférieur, le qualifie de « sauvage ».

Si les Indiens ne paient pas de taxes, ce n'est pas par privilège, ce n'est pas par négociation, c'est en fait interdit par la loi canadienne qui est une loi raciste. C'est le Canada qui a interdit aux Indiens les impôts et les taxes parce qu'ils étaient considérés comme des enfants, comme des mineurs, comme des irresponsables devant la loi, et comme non-citoyens canadiens. Est-ce que ça vous tente d'être considérée comme une non-citoyenne par l'État, de la naissance à la mort, pour avoir des privilèges fiscaux ? On est gêné de dire qu'on n'aime pas les Noirs, mais avec les Indiens on se permet des jugements à l'emporte-pièce. On a toujours considéré les Indiens comme inférieurs intellectuellement. Encore aujourd'hui, on les considère souvent comme des gens non productifs et non capables. On apprécie les Indiens plus spectaculaires de l'Arizona, mais on trouve que nos Indiens font dur !

Serge Bouchard, anthropologue et historien. Propos recueillis par Paule Lebrun, *Réseau*, le magazine de l'Université du Québec, hiver 2005, vol. 36, n° 2.

Réflexion

Comment peut-on en venir à penser d'un être humain qu'il est un « autre », qu'il n'a pas le droit à la citoyenneté ?

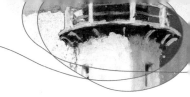

Ces quelques exemples nous montrent que le Québec n'a pas échappé à l'histoire humaine. Il a dû et doit faire face à ses peurs et à ses préjugés. Il a connu et connaît des épisodes d'intolérance, sans trop de violence, il est vrai, et a aussi ses idées progressistes et ses luttes pour les droits humains.

Ainsi, aujourd'hui, le Québec est une société démocratique, libérale, qui s'est dotée d'une *Charte des droits et des libertés de la personne* (1976), et d'un *Énoncé de politique en matière d'immigration et d'intégration* (1990) visant à établir les éléments constitutifs d'un « contrat moral » où les engagements respectifs de la société d'accueil et des nouveaux arrivants se vivraient dans un esprit de réciprocité. ➡ ANNEXE **C**

> La tolérance peut entraîner l'acceptation et le respect, et permettre l'évolution de notre vision du monde.

La société québécoise est-elle tolérante pour autant ? Pas nécessairement. La tolérance n'est jamais complètement acquise. Elle est à redéfinir au quotidien. Hubert Reeves, à qui l'on demandait ce qu'il pensait des progrès de l'humanité sur le plan moral, dit ceci :

> *Il y a certes des points positifs : la reconnaissance des droits de l'homme, la préservation des espèces végétales et animales menacées sont autant d'acquis récents, d'une valeur indéniable. Rien de cela n'existait au temps de l'Empire romain. [...]*
>
> *Le plus étonnant, me semble-t-il, n'est pas que certaines ethnies hostiles sortent systématiquement la mitrailleuse (Hutus-Tutsis, Serbes-Croates), mais que d'autres ne la sortent pas (Flamands-Wallons en Belgique, francophones-anglophones au Québec, Noirs-Blancs aux États-Unis). C'est peut-être là qu'il faut voir le progrès.*
>
> Hubert Reeves, *Intimes convictions*,
> Les Éditions internationales Alain Stanké, 2001, p. 78.

Ainsi, la société québécoise connaît les mêmes problèmes que les autres nations ; elle est constamment ébranlée dans ses convictions sur la tolérance, et doit régulièrement redéfinir et réaffirmer ses ambitions de vivre-ensemble.

Les êtres humains vivent en **communauté**. Or, depuis les dernières décennies, il est devenu plus facile de se déplacer et les mouvements de populations s'accélèrent. Les situations où les êtres humains font face à de **nouvelles réalités** peuvent susciter l'intérêt, la curiosité, mais aussi l'incompréhension, la méfiance et la peur de l'autre. Dans certains cas, ces situations se traduiront par des **comportements de tolérance**, alors que dans d'autres, il sera plutôt question d'**intolérance**.

Par contre, la **tolérance** n'est pas un phénomène nouveau. Un des premiers textes de loi sur la tolérance est le résultat des guerres de religions au XVIᵉ siècle en Europe. **Les expressions de la tolérance évoluent au fil du temps et des sociétés.** Ainsi, notre conception du monde, nos idées peuvent changer et, avec elles, notre degré de tolérance devant des opinions ou des façons de faire. Des situations qui apparaissaient tolérables il y a quelques décennies ne le sont plus nécessairement aujourd'hui, et d'autres qui sont largement acceptées de nos jours suscitaient de l'indignation il n'y a pas si longtemps.

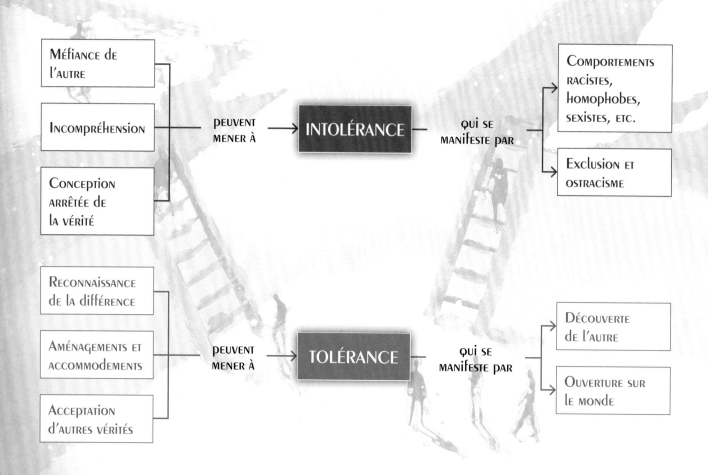

De tout temps, des luttes ont été menées par des individus opposés à la condamnation et à la violence faites aux personnes du fait de leur différence. Malgré cela, plusieurs groupes ont subi, à différentes époques, du rejet ou de la **discrimination** : les immigrants, les femmes, les homosexuels, les personnes handicapées n'en sont que quelques exemples.

Aujourd'hui encore, de nombreux cas de discrimination persistent dans les sociétés modernes. En même temps, de plus en plus de **manifestations de tolérance et d'ouverture** à l'autre s'expriment tous les jours. Quelquefois, ce sera par des **réponses collectives**, alors que d'autres fois, ce sera par des **réponses individuelles**. Ultimement, une chose demeure : si les principes de respect de la personne et de libertés fondamentales sont maintenant inscrits dans des textes légaux, la tolérance envers l'autre demeure parfois difficile à appliquer au quotidien.

QUESTIONS

1. Dans quel contexte est apparu le mot *tolérance* ?

2. Donnez un exemple d'ostracisme tiré de l'histoire ou de l'actualité.

3. Pourquoi peut-on dire que la tolérance est associée au pouvoir ?

4. Que pouvaient craindre les personnes s'opposant au droit de vote des femmes ?

5. Les sujets d'intolérance changent selon les époques. Nommez des situations qui, jadis, suscitaient de l'intolérance au Québec et qui ont été acceptées depuis.

6. En quoi consistait l'« Édit de Tolérance » ?

7. Qu'est-ce qui distingue la tolérance de l'indifférence ?

8. Selon vous, ce qui est toléré dans une société l'est-il nécessairement dans une autre ? Utilisez l'outil 15, *Le jugement de réalité*, pour justifier votre réponse.

9. Pourquoi remarque-t-on plus facilement les actes d'intolérance que les actes de tolérance ?

10. Selon vous, pourquoi des personnes qualifient-elles d'injustes des accommodements accordés dans certains cas ?

11. Comment peut-on expliquer que la peur soit parfois à l'origine de l'intolérance ?

12. Commentez l'affirmation suivante : « L'intolérance n'est pas innée. Elle est acquise. »

L'AVENIR DE L'HUMANITÉ

L'être humain est-il une espèce comme les autres ?
L'humanité a-t-elle des responsabilités envers le milieu
naturel ? Envers les générations futures ? Si tel est le cas,
de quelles manières peut-elle assumer cette responsabilité ?
Devrait-on réglementer le comportement des êtres humains
face à l'environnement ? Si oui, à qui incomberait
cette tâche ?

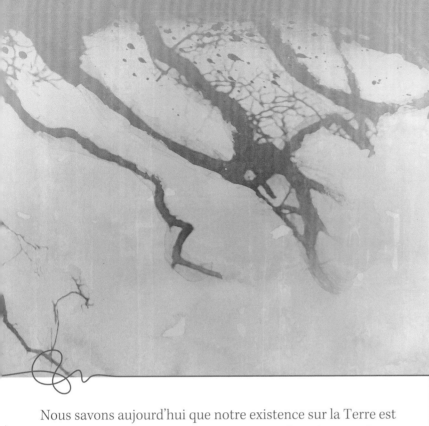

Liens

Hyperliens

Nous savons aujourd'hui que notre existence sur la Terre est inscrite dans une aventure cosmique qui dure depuis très longtemps. L'intelligence de l'être humain lui a donné le pouvoir d'agir sur son environnement et sur les autres espèces vivantes. Or, depuis le début du XXe siècle, notre environnement se détériore rapidement. Les causes du mal dont souffre la planète sont multiples, complexes et interdépendantes. Plusieurs personnes considèrent que l'activité humaine est en grande partie responsable de cette dégradation. Il devient difficile de concevoir l'avenir de l'humanité sans parler de celui de la Terre, ce lieu unique qui nous fournit tout ce dont nous avons besoin pour vivre. L'être humain doit réfléchir à son avenir, aux défis qu'il doit relever et aux choix qui s'offrent à lui pour freiner la dégradation de la seule planète qui, pour l'instant, semble habitable.

6.1

La relation de l'être humain à la Terre

Les êtres vivants, tant végétaux qu'animaux, ont besoin d'un milieu naturel pour vivre, se nourrir et se reproduire. Par l'usage de la raison, l'être humain a la capacité de comprendre son environnement et de le transformer selon ses besoins. Sa raison lui permet aussi de prendre conscience qu'il a des responsabilités envers le monde dans lequel il vit.

DE LA TERRE-MÈRE À LA TERRE UTILITAIRE ■

De nombreuses fouilles archéologiques ont mis au jour des vestiges témoignant du culte rendu il y a très longtemps par les êtres humains à la planète Terre. Celle-ci est souvent représentée comme une grande Déesse, une Mère vénérée, à la fois aimée et crainte. Cette figure de la Terre-Mère nourricière, qui donne la vie et qui maîtrise le rythme des saisons, est représentée dans plusieurs cultures différentes. Toutefois, parce qu'elle porte les mystères de la régénération, c'est aussi elle qui accueille les morts dans son sein. Certains peuples, notamment les Amérindiens et les Inuits, conservent des traces de cet attachement profond à la Terre (voir **doc. 6.1**).

Au fil du temps, une compréhension plus approfondie du fonctionnement de l'Univers fait que l'être humain, conscient de pouvoir agir sur son environnement, en vient à le moduler selon ses convenances. De puissance supérieure vénérée, la Terre devient peu à peu au service de l'humanité.

> *C'est aux hommes [que la nature] destine les animaux eux-mêmes ; [...] La nature n'a rien fait d'imparfait ni d'inutile ; elle a fait tout pour nous.*
>
> Aristote (de -384 à -322), *La Politique*, trad. M. Prélot, Paris, Gonthier, 1964, p. 29.

Document 6.1
La Terre n'appartient pas à l'être humain, c'est l'être humain qui appartient à la Terre
Dans la culture amérindienne, la Terre est considérée comme source de toute vie. Elle est la Terre-Mère, la Terre nourricière. Il faut donc la respecter, de même que tous les êtres et les choses qu'elle porte.

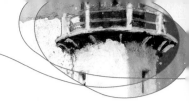

Cette vision de la nature sera reprise plusieurs siècles plus tard par le philosophe et théologien Thomas d'Aquin (vers 1225-1274), puis par d'autres penseurs, notamment Francis Bacon (1561-1626), qui développent progressivement une **vision instrumentale de la nature**.

Avec le développement des sciences et la diffusion des connaissances, la nature devient de plus en plus un objet d'études. René Descartes, un philosophe du XVIIe siècle, établit une distinction fondamentale entre le sujet pensant (l'être humain) et le non pensant (les animaux, le monde végétal, l'environnement). Selon lui, seuls les sujets pensants peuvent juger et donner une valeur aux choses.

Ainsi, l'être humain développe des technologies qui lui permettent de dominer la nature et d'en exploiter les richesses, sans nécessairement réaliser que celles-ci pourraient s'épuiser un jour (voir **doc. 6.2**).

De nos jours, la vision instrumentale de la nature est remise en question.

DES AVANCÉES QUI CHANGENT LA RELATION À LA TERRE ■■

À partir du XIXe siècle, les progrès scientifiques et technologiques deviennent un idéal répandu en Occident. Des populations entières voient leurs conditions de vie s'améliorer :

- de la nourriture et des biens sont produits en grande quantité et deviennent accessibles ;
- des travaux sont allégés ;
- la communication à distance entre les êtres humains devient plus facile ;
- le rehaussement des conditions d'hygiène et le développement de la médecine favorisent une meilleure santé des populations.

Vision instrumentale de la nature
Conception selon laquelle la nature est considérée ou analysée d'un point de vue strictement utilitaire.

Document 6.2
Les dangers de la domination de l'être humain
Le généticien Albert Jacquard compare l'humanité à un être qui a découvert son pouvoir et qui joue avec les richesses de la Terre comme un enfant ébloui. Selon lui, à moins que nous ne devenions adultes, nos « jeux » seront suicidaires.

La transmission des responsabilités

Contrairement à ce qu'on pourrait croire, le principe de responsabilité d'une génération à l'endroit des générations suivantes n'est pas une idée moderne. Selon la Grande loi de l'unité de la Confédération iroquoise établie au XIIe siècle, un nouveau chef doit s'assurer du bien-être du peuple, sans perdre de vue non seulement le présent, mais aussi les générations à venir. Cette valeur, qui s'est transmise sous l'appellation de *septième génération*, est aujourd'hui encore l'un des piliers de la culture amérindienne. Un proverbe amérindien reprend cette pensée: *La Terre n'est pas un don de nos parents. Ce sont nos enfants qui nous la prêtent.* De plus en plus, nos sociétés modernes se réapproprient cette notion face aux problèmes sociaux et environnementaux grandissants.

Le respect de la Terre-Mère
Des autochtones manifestent au Guatemala pour protester contre l'exploitation d'une mine. Sur l'affiche, un appel au respect de la Terre-Mère (*madre tierra*).

Anthropocentrisme
Vision du monde qui place l'être humain au centre de l'Univers.

Biocentrisme
Vision du monde qui place toutes les formes de vie au centre de l'Univers.

© Musée McCord

THE COAL DELIVERY NUISANCE.

Anonyme, *La salissante livraison de charbon*, 18 novembre 1871, M982.530.5036, Musée McCord, Montréal, Canada.

Document 6.3
La qualité de l'air réglementée dès 1872
Au Canada, les premières réglementations visent essentiellement à réduire la nuisance et l'inconfort que la pollution de l'air provoque. Ce n'est qu'à partir des années 1970 qu'on se penche sur ses effets néfastes sur la santé.

Cependant, jusqu'au milieu du XXe siècle, peu d'êtres humains sont conscients des conséquences sur la nature d'un mode de vie axé sur le développement industriel et technologique (voir **doc. 6.3**). Ceux qui osent parler de pollution ou de l'utilisation abusive des ressources sont rapidement accusés d'être contre le progrès. Pourtant, l'épuisement des ressources naturelles, l'accumulation de déchets et la pollution feront de plus en plus souvent les manchettes.

À la fin des années 1950, les premiers constats alarmants surgissent: certaines ressources disparaissent ou ne se régénèrent que lentement après leur exploitation, des espèces vivantes s'éteignent ou sont menacées d'extinction, des milieux fertiles ne produisent plus. Ces constats suscitent des interrogations sur notre rapport à la nature et donnent naissance, entre autres, à l'éthique de l'environnement, également connue sous le nom d'*éthique de la Terre* ou d'*éthique écologique*. Divers courants de pensée vont alors s'opposer dont l'**anthropocentrisme**, qui considère que c'est pour satisfaire les besoins de l'être humain qu'il faut protéger l'environnement, et le **biocentrisme**, qui vise avant tout la préservation de la vie sous toutes ses formes, même si cela peut parfois aller contre les intérêts des êtres humains.

Pour les anthropocentristes, les êtres humains n'ont d'obligations morales qu'envers les autres humains, et la nature a une valeur instrumentale. Certains d'entre eux pousseront le raisonnement très loin.

Des pingouins et des gens

Mes critères sont fondés sur les gens, non sur les pingouins. Les dommages faits aux pingouins, aux pins de sucre ou aux merveilles géologiques sont, tout au plus, simplement non pertinents. On doit aller plus loin, à mon avis, et dire que les pingouins sont importants parce que les gens aiment les voir marcher sur les rochers [...]. Je n'ai aucun intérêt à préserver les pingouins pour eux-mêmes.

William F. Baxter, « People or Penguins: The Case for Optimal Pollution », © 1974 Columbia University Press, dans *Éthique de l'environnement*, Joseph R. Des Jardins, Québec, Presses de l'Université du Québec, 1995, p. 67.

Il peut être facile de condamner une telle attitude quand on sait, par exemple, que le DDT, un pesticide, s'accumule dans la chaîne alimentaire et a des effets néfastes sur de nombreuses espèces vivantes, dont les pingouins. Par contre, quand on sait que ce pesticide est utilisé en Afrique pour lutter contre le paludisme, une maladie transmise par un moustique et qui tue près de 2,5 millions de personnes par année, principalement des femmes enceintes et des enfants de moins de 5 ans, il peut devenir moins facile de condamner son utilisation. Quelle est la meilleure solution dans les circonstances ? La plus raisonnable ?

Les biocentristes, pour leur part, considèrent que nous avons des obligations morales envers tout le règne du vivant, car toute vie possède une valeur **intrinsèque**.

> **Intrinsèque**
> Qui est propre à quelque chose, qui lui est caractéristique.

L'homme, qui est devenu un être pensant, éprouve le désir compulsif de donner à toute volonté-de-vivre la même vénération qu'à sa propre volonté-de-vivre. [...] Il considère qu'il est bien de préserver la vie, de la promouvoir, d'élever à la plus haute valeur toute vie qui est capable de se développer, et qu'il est mal de la détruire, de lui nuire, de la réprimer.

Albert Schweitzer, « Out of My Life and Thought », © 1933 by Henry Holt and company inc., dans *Éthique de l'environnement*, Joseph R. Des Jardins, Québec, Presses de l'Université du Québec, 1995, p. 171.

De nos jours, de nombreuses autres façons de concevoir l'environnement coexistent, avec différentes nuances. Les questions qui reviennent sans cesse n'entraînent pas de réponses unanimes. Jusqu'où faut-il aller pour sauvegarder notre planète ? Quelles concessions sommes-nous prêts à faire ?

Aujourd'hui, grâce aux moyens de communication, il n'est pas rare de voir presque en direct les dommages que subit la Terre. Cela engendre des réflexions sur les risques que nous courons si nous détruisons les ressources de notre environnement. Cette prise de conscience amène les êtres humains à réaliser qu'ils ne peuvent pas se comporter comme s'ils évoluaient en parallèle de ce monde.

Des décennies avant l'apparition des mouvements écologiques, de nombreux scientifiques plaident en faveur de la sauvegarde de l'environnement pour les générations futures. Au début des années 1990, en partenariat avec l'UNESCO, Jacques-Yves Cousteau met sur pied la campagne *Déclaration des droits des générations futures*, dont l'un des articles était :

> *Chaque homme a le droit d'hériter d'une planète non contaminée où toutes les formes de vie puissent s'épanouir.*

En 1997, à sa 29ᵉ session, la Conférence générale de l'UNESCO adopte la *Déclaration sur les responsabilités des générations présentes envers les générations futures*, dont les articles 4 et 5 traitent spécifiquement de la nécessité de préserver la vie sur Terre et de protéger l'environnement.

JACQUES-YVES COUSTEAU
(1910-1997)

Natif de la région de Bordeaux, en France, Jacques-Yves Cousteau entre à l'École navale en 1930. Lors d'un séjour en mer Méditerranée, il se découvre une passion pour le monde sous-marin. En 1949, il quitte la marine et, un an plus tard, il fait l'acquisition de la *Calypso*, un bateau qu'il transforme en navire de recherche océanographique. Avec son équipage composé de spécialistes en biologie marine, en chimie, en géologie et en volcano-logie, le commandant Cousteau fait plus de 50 expéditions à travers le monde. Il utilise la première caméra de télévision sous-marine et fait découvrir au grand public des images en couleur de la faune et de la flore sous-marines. Ses documentaires remportent un vif succès dans de nombreux pays.

Au fil de ses expéditions, il découvre les effets dévastateurs de l'industrialisation sur l'environnement. Par ses documentaires, il suscite une prise de conscience planétaire sur la fragilité du milieu marin et alimente une réflexion sur la responsabilité de chacun quant à la protection de l'environnement. En 1990, le commandant Cousteau réussit à faire décréter un moratoire de 50 ans sur l'exploitation minière en Antarctique.

Jacques-Yves Cousteau a reçu de nombreux titres honorifiques de diverses universités. Sa plus grande œuvre demeure sa contribution à l'éveil d'une conscience environnementale planétaire. ■

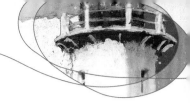

Le mal de Terre

J'ai mal à la terre
Mal aux océans
Mal à mes artères
Aux poissons dedans
Mon ventre n'est plus qu'un cratère géant béant
J'ai mal à la terre

Le fond du pétrolier est sale
Il faudra nettoyer la cale
Et puis le capitaine est saoul
On s'en fout
Il ira vider sa poubelle
Au secret de la mer si belle
Et les dauphins qui sont dessous
Les sous, les sous
L'albatros en a plein les ailes

Mon règne animal m'interroge
On me détraque mes horloges
Je fais mes étés de travers dans l'hiver
Et pour grossir quelques fortunes
On vend le sable de la dune
On vend le sel, on vend le fer
Et l'eau et l'air
Avec les rayons de la lune
[…]

Réflexion

Dans quelles circonstances les êtres humains favorisent-ils leur bien-être au détriment des autres espèces ?

L'éthique de l'environnement confronte différents systèmes de valeurs. Il faut cependant reconnaître qu'au-delà des divergences, une inquiétude semble partagée par plusieurs : il faut comprendre la crise environnementale et tenter d'en réduire les conséquences de telle sorte que les êtres humains aient une vie saine, productive et créatrice, mais en harmonie avec la nature plutôt qu'à son détriment.

Il semble que nous soyons aujourd'hui arrivés à un carrefour. La route de l'humanité, qu'on a longtemps cru toute tracée d'avance, fait maintenant face à plusieurs voies possibles.

Dans le choix d'une voie, il faut se demander où nous voulons aller, pour bâtir quelle société, pour préserver quel type de vie.

6.2

AGIR AUTREMENT

Charles Chaplin (1889-1977), *Modern Times*, Charles Chaplin Productions, Hollywood, États-Unis.

Document 6.4
L'être humain dans les engrenages du progrès
Certaines personnes se demandent si le progrès est au service des êtres humains ou si nous en sommes venus à valoriser la rentabilité au détriment de la dignité humaine.

Utopie
Mot inventé par Thomas More en 1516, et qui signifie « en aucun lieu ». Ce mot évoque aujourd'hui un idéal politique ou social qui ne tient pas compte de la réalité.

 *Réflexion*

Dans quelle mesure certains progrès technologiques comportent-ils des risques ?

Les problèmes éthiques liés au développement planétaire existaient auparavant, mais, depuis quelques décennies, l'être humain est devenu particulièrement préoccupé de son action sur le milieu naturel. Les gestes individuels pour sauvegarder l'environnement sont nécessaires, mais la situation exige des actions concertées.

DES RÉALITÉS ET DES CONSÉQUENCES ▪

Depuis le début de l'ère industrielle, l'évolution rapide de la technologie et de la science affecte l'être humain dans ses façons de faire et de penser. À un tel point que l'humanité accorde beaucoup d'importance à son mieux-être et à l'amélioration de sa condition. Pourtant, presque tous les récits futuristes et d'anticipation racontent des histoires de mondes supertechnologiques ou de planètes dévastées par des guerres de tous ordres et désertifiées. Ces univers de science-fiction, qui foisonnent dans la littérature, le cinéma et les jeux vidéo, mettent souvent en scène des **utopies** catastrophiques. D'ailleurs, depuis longtemps, pensons à Jules Verne et à H. G. Wells, des auteurs expriment leur crainte que la science et la technologie ne deviennent une fin en soi, allant même parfois jusqu'à les diaboliser (voir **doc. 6.4**).

Comment imaginer la vie sans le téléphone cellulaire, le baladeur numérique, le four à micro-ondes, l'ordinateur, le métro, les contrôles à distance et les conférences par satellite ? Tout cela fait partie aujourd'hui de la réalité, de notre environnement quotidien, de nos créations, de notre travail.

> *La technique permet de répondre à des besoins, à des désirs, et l'homme en est le créateur. Mais de nos jours, la course incessante au développement technologique a placé l'être humain dans une situation de dépendance. Cette dépendance l'a entraîné dans un rapport de soumission à la technologie, et non pas de maître utilisateur. Il ne décide plus de ses choix à partir de sa créativité et de son imaginaire, mais toujours selon une logique technicienne.*

> Alain Jacques et Claude Landry,
> *Réflexions éthiques contemporaines*,
> Montréal, Les Éditions Point de Fuite, 2004, p. 172.

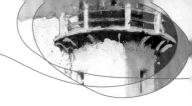

Qu'elles nous inquiètent ou nous émerveillent, la science et la technologie ont pris une telle place dans nos vies qu'elles soulèvent des questions qui interpellent l'ensemble de la société : comment veiller à ce que le développement de la recherche et l'innovation se fassent dans le respect des personnes et des valeurs de la société ? Et quelles valeurs faut-il prioriser ? Quel rôle jouent les considérations économiques dans nos choix ?

Grâce à notre intelligence, nous comprenons de mieux en mieux notre univers et son fonctionnement, nous faisons des découvertes extraordinaires, nous créons des machines ingénieuses qui nous facilitent la vie. Cela est fascinant et inquiétant, car nous ne pouvons pas toujours prévoir les effets indésirables qui accompagnent ces avancées. Par exemple, l'utilisation de nouveaux médicaments peut avoir des effets inattendus, comme ce fut le cas avec la thalidomide adminis-trée aux femmes enceintes dans les années 1960 (voir **doc. 6.5**).

Document 6.5
Les enfants de la thalidomide
La thalidomide, un médicament contre les nausées, n'avait pas été suffisamment testée, et on ignorait ses effets sur le fœtus. Son utilisation a causé de nombreuses malformations chez les nouveau-nés.

La science et la technologie nous donnent de grands pouvoirs, qui s'accompagnent de responsabilités et de questionnements.

Notre consommation actuelle de ressources et d'énergie dépasse les capacités de production de la Terre, alors que longtemps, nous avons cru qu'elles étaient illimitées. De nombreux groupes, conscients des risques que l'humanité court, s'interrogent sur nos façons de faire (voir **doc. 6.6**).

Certains s'opposent à ce qu'on freine les progrès de la science, prenant appui sur la liberté de recherche. L'*Appel d'Heidelberg*, signé par de nombreux scientifiques et présenté à la Confé-rence sur l'environnement à Rio en 1992, visait à défendre le progrès scientifique contre des attaques jugées abusives venant de groupes écologistes.

Document 6.6
Une prise de conscience
La crise financière et les demandes des consommateurs amènent l'industrie automobile à concevoir des véhicules qui utilisent des énergies renouvelables.

Voici une phrase souvent énoncée pour guider nos comportements : si nous ne connaissons pas clairement les effets qu'une action aura sur l'environnement, nous devrions nous abstenir et ainsi prévenir les dommages qui pourraient survenir. Il s'agit, selon le philosophe Hans Jonas (1903-1993), d'une responsabilité prospective, qui concerne des effets à venir, contrairement à la responsabilité rétroactive, sur laquelle, par exemple, sont basés les systèmes de justice.

Pour cette raison, plusieurs personnes, par prudence, sont prêtes à ralentir le développement ou même à freiner certaines innovations. Ainsi, à la Conférence de Rio en 1992, un principe de précaution a été adopté par plusieurs États. Selon ce principe, en tenant compte des connaissances du moment, l'absence de certitude ne doit pas empêcher l'adoption de mesures visant à prévenir des dommages importants et irréversibles à l'environnement, et ce, à un coût acceptable. Ce principe de précaution n'est pas un refus de tout progrès scientifique, mais plutôt un souhait de prise de conscience. D'ailleurs, aux yeux de certains écologistes, ce principe est insuffisant et ne permet pas, à long terme, de protéger adéquatement l'environnement, car les autorités peuvent utiliser cette expression uniquement pour se donner une bonne image auprès de la population (voir **doc. 6.8**).

Document 6.7
Des énergies créatrices
Certaines confrontations sont positives et peuvent être la source de solutions inédites.

Les points de vue de certains scientifiques et écologistes divergent tellement qu'ils peuvent sembler irréconciliables. Or, cette tension peut être mise à profit de manière créatrice pour que l'industrie, les écologistes et les pouvoirs politiques entretiennent un dialogue et travaillent à résoudre les problèmes environnementaux (voir **doc. 6.7**). Ainsi, de plus en plus de commissions, de groupes, de programmes pluralistes et multidisciplinaires d'éthique de la science et de la technologie s'organisent en ce sens, sur des bases locales, nationales et mondiales.

Document 6.8
Les organismes génétiquement modifiés (OGM)
Plusieurs institutions gouvernementales ont mis en place un cadre juridique afin de s'assurer que le développement des biotechnologies, et plus particulièrement des OGM, se fasse en toute sécurité. Pour les groupes s'opposant aux OGM, de telles mesures sont peu utiles, car elles ne tiennent pas suffisamment compte des risques à long terme pour l'environnement et la santé humaine.

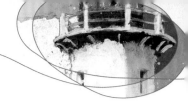

L'importance de l'éthique dans les domaines de la science et de la technologie

L'éthique scientifique est indispensable à la prise en compte des valeurs fondamentales des sciences et de la recherche scientifique alors même que les conflits d'intérêts risquent de devenir de plus en plus nombreux (par exemple du fait des pressions liées à la nécessité de publier, des pratiques de commercialisation, des exigences en matière de sécurité, etc.). Enfin, l'éthique des technologies est nécessaire pour mettre au point un cadre éthique d'évaluation des nouvelles technologies telles que la technologie spatiale ou la nanotechnologie, ainsi que pour répondre aux questions éthiques que soulèvent les technologies créatives et novatrices censées répondre aux besoins des pays en développement (par exemple la conception et l'accès à des technologies traditionnelles et peu coûteuses au service de la santé publique et des besoins collectifs).

Éthique des sciences et des technologies,
© UNESCO, 1995-2009, reproduit avec la permission de l'UNESCO.
[extrait du site de l'UNESCO]

En matière de protection de l'environnement, il peut être préférable d'agir localement et à petite échelle plutôt que d'attendre le jour où les conditions permettant de régler tous les problèmes seraient réunies.

Comment concilier le développement scientifique et technologique avec la protection de l'environnement ?

← *Réflexion* ⟲

Norme
Exigence morale qui balise un comportement. Les principes moraux et les règles morales sont des normes.

Des **normes** permettraient d'encadrer certaines activités et de baliser le pouvoir de l'être humain sur l'environnement. Prévoir, c'est décider du monde que nous voulons léguer aux générations futures. Plusieurs personnes issues de milieux différents sont sensibles à cette question et ont une grande volonté d'agir pour les générations futures.

CHANGER ET AGIR ■■

Le développement politique et économique sur la planète ne s'est pas fait de façon égalitaire. Nous connaissons aujourd'hui l'inégalité des richesses dans le monde. Nous savons aussi que les pays industrialisés sont parmi ceux qui contribuent le plus à l'émission de gaz à effet de serre et au réchauffement de la planète. Par contre, plusieurs contraintes dans les pays en développement entraînent des façons de faire qui détériorent l'environnement (voir **doc. 6.9**).

Document 6.9
Les défis des pays émergents
Les roses qu'on trouve aujourd'hui dans le commerce sont souvent cultivées dans des pays émergents, où on utilise des pesticides et des insecticides. Cependant, des roseraies équitables, qui tiennent compte à la fois de la santé du personnel et du respect de la nature, constituent un marché en croissance.

Penser aux générations futures

Comment s'accommoder du fait que notre civilisation, ou ce que nous appelons de ce nom, accepte que nous spoliions, en l'espace de quelques décennies, ce fantastique héritage que quatre milliards et demi d'années d'évolution nous ont légué, alors que nous sommes censés en être de simples usufruitiers ? Nous plaçons les générations qui nous suivent dans une pathétique impasse planétaire.

[…] car nos enfants sauront que nous savions et que nous n'avons rien fait !

Nicolas Hulot, « Un pacte écologique : une mobilisation pour placer l'écologie au cœur du débat public », dans *Signons la paix avec la Terre*, © Éditions Albin Michel, 2007, p. 143-149.

Usufruitier
Se dit d'une personne qui a la jouissance d'un bien sans pour autant avoir le droit d'en disposer comme elle l'entend.

Développement durable
Développement qui s'appuie sur une vision à long terme en prenant compte du caractère indissociable des dimensions environnementale, sociale et économique des activités.

Dans certaines régions du Kenya, les femmes font des kilomètres à pied pour aller chercher du bois de chauffage au cœur de la forêt. Près de chez elles, il n'y a plus d'arbres. Une Kényane, Wangari Muta Maathai, a lancé en 1976 un mouvement qui allait devenir le *Green Belt Movement* (Ceinture verte). Sa mission : planter des arbres et en faire la gestion durable. Aujourd'hui, 80 % des 20 millions d'arbres plantés ont survécu ; 3 000 pépinières fournissent du travail à 80 000 personnes, principalement en région rurale.

Wangari Muta Maathai
(née en 1940)

Issue d'une famille de fermiers du Kenya, Wangari Muta Maathai reçoit une bourse d'études qui lui permet d'obtenir un baccalauréat en biologie au Mount St. Scholastica College, dans le Kansas, aux États-Unis. Elle fréquente ensuite l'Université de Munich en Allemagne, puis étudie à l'Université de Nairobi, où elle obtient, en 1971, un doctorat en biologie. Elle y enseigne l'anatomie animale et la médecine vétérinaire.

Wangari Muta Maathai prend la direction du Conseil national des femmes du Kenya en 1976. L'année suivante, elle quitte son emploi à l'Université de Nairobi pour fonder le mouvement de la Ceinture verte. Elle acquiert une renommée mondiale par son opposition au projet de construction d'une luxueuse maison pour le président du Kenya. Après avoir réussi à empêcher la réalisation de ce projet, qui aurait nécessité l'abattage de tous les arbres sur plusieurs acres de terre, Wangari Muta Maathai poursuit son engagement à défendre la démocratie et les forêts kényanes. Elle reçoit le prix Nobel de la paix en 2004 pour son œuvre en faveur du **développement durable**, de la démocratie et de la paix. Elle est la première femme africaine à recevoir ce prix. ■

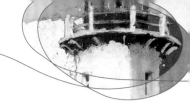

Une île de déchets

Au large de la Californie et d'Hawaii, un amas de déchets s'est formé à partir des années 1950, formant une île de la taille de l'État du Texas. Aujourd'hui, cette île atteint une trentaine de mètres d'épaisseur et est constituée de 3,5 millions de tonnes de déchets divers, dont 80 % de matières plastiques. Les déchets se sont accumulés à cet endroit sous l'effet d'un courant marin du Pacifique Nord. Les morceaux de plastique flottant se désagrègent jusqu'à atteindre une taille microscopique. Les polymères de plastique alors formés se confondent avec le zooplancton, qui est la base de chaînes alimentaires marines, et causent de graves intoxications aux poissons et mammifères marins qui les consomment.

Le nettoyage de cette partie de l'océan Pacifique constituerait un travail de très grande ampleur, et les États se renvoient la responsabilité de son exécution. Selon certains scientifiques, toucher à cet amas d'ordures risquerait même de fragiliser encore plus l'écosystème de toute cette région. Comme dans bien des situations, il peut arriver que le remède se révèle pire que le mal qu'il était censé combattre. D'où l'importance de prévoir les effets à moyen et à long terme de nos actions.

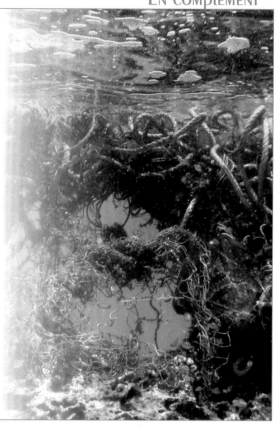

Pour quelques défenseurs de l'environnement, la vision exclusivement économique qu'ont certaines grandes entreprises générerait la presque totalité des problèmes. Selon eux, la lutte contre la pauvreté et la réduction des situations de vulnérabilité de certaines populations sont des conditions préalables à un développement durable. Pour de nombreux autres, le développement mondial est indissociable du développement économique, et plusieurs acteurs de l'économie ne se sentent pas toujours responsables des problèmes environnementaux. La pression économique et la course aux profits **occultent** bien souvent ces problèmes. Mais, à l'inverse, ne pas tenir compte de certaines réalités économiques et sociales pourrait affecter la qualité de vie de certaines populations.

Par ailleurs, plusieurs personnes, qui considèrent comme juste et souhaitable de récupérer, de réutiliser, de recycler, de composter et d'utiliser des sources d'énergie renouvelable, réagissent tout autrement quand ces mesures apportent des transformations importantes dans leur mode de vie ou leur environnement immédiat : c'est ce qu'on appelle le syndrome du « pas dans ma cour » (voir **doc. 6.10** à la page suivante).

Occulter
Cacher, dissimuler, rendre obscur ou confus.

Cependant, il serait assez simpliste de considérer ces personnes comme des individualistes sans vision collective. Les racines de la contestation sont souvent beaucoup plus variées et complexes qu'il n'y paraît. Par exemple, des groupes de personnes redoutent souvent l'arrivée de nuisances parce qu'elles craignent pour leur santé. Or, leurs craintes peuvent être fondées, et ces nuisances, affecter toute une collectivité. Ainsi, lorsque des préoccupations individuelles visent la poursuite du bien commun, il faut apprendre à les traduire en enjeux collectifs pour les rendre socialement acceptables.

Dans les démocraties occidentales, les autorités politiques pensent parfois à l'échelle des mandats électoraux. Elles peuvent être enclines, quand des décisions nécessitent des dépenses importantes ou sont confrontées à des oppositions puissantes, à laisser les problèmes à leurs successeurs. De plus, pour la gestion d'un État, il faut parfois aller au plus pressé et agir rapidement, dans l'intérêt du plus grand nombre.

Tout développement a un prix : combien sommes-nous prêts à payer collectivement ?

Réflexion

Les progrès scientifiques et techniques [...] ont introduit une quantité imprévue d'innovations extrêmement problématiques, qui n'ont pu trouver d'autre instance de régulation que le législateur.

Laurent-Michel Vacher, et autres, *Débats philosophiques*, Éditions Liber, 2002, p. 219.

Document 6.10
Les vents de la discorde
Tout en étant d'accord avec l'implantation de sources d'énergie plus propre, certains préféreraient que ça ne se fasse pas chez eux. La résistance à l'implantation d'éoliennes dans certaines régions pourrait être un exemple du syndrome du « pas dans ma cour ».

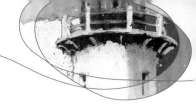

Matthew Farley, *Frozen Assets*, 2009, © The University of Kansas/Kansas, États-Unis.

Document 6.11
L'eau, une ressource menacée ?
Par cette œuvre constituée de bouteilles d'eau en plastique, le sculpteur a voulu susciter une réflexion sur notre consommation d'eau embouteillée. En effet, l'utilisation grandissante de plastiques et de matériaux non biodégradables menace de plus en plus les nappes phréatiques et les réserves d'eau potable.

Bien que ce soit souvent sous la pression de regroupements de citoyens que des gouvernements en viennent à imposer certaines mesures de contrôle de la pollution à des entreprises ou à des communautés, les élus, tout comme les électeurs, constatent que la démocratie va de plus en plus au-delà de la vision à court terme d'un mandat électoral. L'avenir de la Terre et les enjeux éthiques que cette question soulève demandent l'effort d'un débat public ouvert, vigilant et désintéressé.

Quels que soient le point de vue ou la vision que nous défendons, l'avenir de notre milieu naturel nous concerne tous, entreprises, nations et individus. Des changements dans nos habitudes de vie seront sans aucun doute nécessaires. Quelquefois, nous blâmons les grandes industries sans prêter attention à nos petits gestes quotidiens qui contribuent à détériorer le milieu de vie : utiliser des produits toxiques, gaspiller l'eau potable, jeter des piles dans les ordures, par exemple (voir **doc. 6.11**). Il arrive même que nous nous demandions en quoi vivre plus simplement ou diminuer nos besoins de consommation changera quelque chose aux problèmes environnementaux actuels.

Quand nous pensons à l'ampleur des problèmes environnementaux et à la complexité de leurs causes, nous pouvons ressentir du désespoir ou faire preuve de cynisme. Pourtant, de petits et de grands gestes contribuent à préserver l'avenir de l'humanité.

COMMENT CONCEVOIR L'AVENIR ?

P. Bruegel l'Ancien (vers 1525-1569), *Le Triomphe de la Mort*, Musée national du Prado, Madrid, Espagne.

Document 6.12
L'humanité décimée
La fin du monde a toujours fait partie de l'imaginaire collectif et a été traitée par de nombreux artistes.

Déforestation, désertification, pollution, crise de l'eau, réchauffement, changements climatiques, effet de serre, dégradation des océans sont des expressions qu'on entend de plus en plus souvent. L'état de la biosphère est une source de préoccupation croissante. L'être humain pourra-t-il continuer encore longtemps à vivre sur la Terre ?

OÙ VIVRONS-NOUS DEMAIN ? ■

De nombreux scientifiques s'accordent pour dire que l'humanité fait face à une crise qui pourrait être la dernière de son histoire, car elle pourrait rendre la planète inhabitable aux êtres humains (voir **doc. 6.12**). Au cours de son histoire, la Terre a connu cinq extinctions massives, la dernière étant celle qui, il y a 65 millions d'années, a vu disparaître les dinosaures ainsi que les trois quarts des espèces vivantes. Une sixième serait en cours, sous l'effet des changements climatiques et environnementaux. À la différence des précédentes, cette sixième extinction appréhendée serait surtout liée à l'activité humaine.

Au XXIᵉ siècle, près de la moitié des forêts planétaires ont déjà été éliminées : les incendies et les exploitations forestières, minières et céréalières contribuent à la déforestation, ce qui déstabilise les sols, diminue la production d'oxygène et entraîne l'extinction d'espèces végétales et animales.

EN COMPLÉMENT

Sur la liste de l'extinction

Par différents moyens, et pas toujours consciemment, les êtres humains éliminent de la planète un grand nombre d'espèces vivantes. Nous pourrions en avoir supprimé 50 % avant la fin de ce siècle. L'Union mondiale pour la nature (UICN) estime que, sur 41 415 espèces menacées, 16 306 sont en danger d'extinction. Un mammifère sur quatre, un oiseau sur huit, un tiers de tous les amphibiens et 70 % de toutes les plantes évaluées sont en péril. Nous sommes aujourd'hui dans une phase d'extinction des espèces dont nous serions responsables et dont nous pourrions être les victimes.

Le grand pingouin, espèce éteinte

Nous savons maintenant qu'en moins de cent ans, nous avons brûlé la moitié de nos réserves naturelles de pétrole, de charbon et de gaz naturel, réserves que la nature a mis environ 100 millions d'années à créer. Toute cette combustion dégage du dioxyde de carbone, qui accroît l'effet de serre, et la planète se réchauffe. Déjà les banquises fondent de plus en plus rapidement, au point où celle du pôle Nord pourrait bientôt être totalement disparue. Les climats planétaires sont déréglés et des phénomènes climatiques extrêmes tels que des cyclones, des sécheresses et des inondations sont de plus en plus fréquents.

> *Nous sommes engagés dans une gigantesque expérimentation sur le climat à l'échelle de la planète. [...]*
>
> *Contrairement à l'expérimentation scientifique, nous ne pouvons pas simplement arrêter le déroulement de l'expérience au cas où elle tournerait mal, ni même fermer le labo et rentrer chez nous. Nous sommes dans l'éprouvette. Non seulement nous, mais aussi nos enfants et petits-enfants.*
>
> Hubert Reeves et Frédéric Lenoir, *Mal de terre*,
> © Éditions du Seuil, 2003, coll. «Points Sciences», 2005, p. 11.

UNE QUESTION DE PERSPECTIVE ■■

Sur notre planète, 15 % des êtres humains consomment 80 % des richesses, tandis qu'une fraction toujours croissante de la population vit dans un état de pauvreté extrême : plus d'un milliard de personnes n'ont pas accès à l'eau potable.

> Des expressions comme *espèces nuisibles* et *mauvaises herbes* sont souvent le reflet d'une conception de la nature, où les animaux, les plantes et les ressources de l'environnement sont au service de l'humanité.

Nous savons que les espèces interagissent entre elles et avec leur environnement, que chacune joue un rôle dans l'écosystème et qu'elles ne sont pas interchangeables.

Alors, pourquoi des plantes qui poussent naturellement dans un environnement deviennent-elles tout à coup des *mauvaises herbes* ? Il n'y a pas de telles distinctions au sein d'un écosystème naturel. Si une plante pousse à un endroit, c'est qu'elle y trouve les conditions pour s'épanouir. Or, pour diverses considérations, nous avons souvent choisi de dénaturer des milieux. Et quand la nature reprend ses droits, nous qualifions d'*espèces nuisibles* et de *mauvaises herbes* les animaux et les plantes qui s'y adaptent, mais dont nous ne voulons pas.

Si la nature assure la survie des personnes, elle peut, aux yeux de certains, servir de réservoir de matières premières et d'énergie qu'il faut exploiter et domestiquer pour ne pas faire obstacle au développement.

Par contre, le développement peut également entraîner la destruction de ressources non utilisées. On peut le constater lors de grands chantiers industriels, mais c'est aussi possible lors de la construction d'habitations là où il y a des milieux humides, des boisés, des aires de nidification, etc.

Dans le clair de lune se découpaient les silhouettes bleutées des bungalows, percées çà et là d'écrans de télévision.

— Tu imagines un peu à quoi ressemblait le monde, avant ?

— Avant quoi ?

— Avant les bungalows.

J'ai froncé les sourcils. Oui, je savais à quoi ressemblait le monde, avant. J'avais vu des photos d'archives [...]. Dans cette cuvette mal drainée s'étendait autrefois une très ancienne tourbière. Des épinettes, des lacs rougeâtres couverts de sphaigne. [...] Des grenouilles, des quenouilles. Des maringouins, des mouches, des papillons, des libellules. Des rats musqués, des ratons laveurs, des couleuvres. Une infinité de bestioles, de bactéries et d'organismes unicellulaires.

Le résultat de millions d'années d'évolution.

Hope a soupiré.

— Tu imagines l'effort collectif nécessaire pour effacer une tourbière ? Ça ne se fait pas tout seul. Il faut drainer le terrain, décharger des centaines de tonnes de gravier, passer le bulldozer, la niveleuse, le rouleau compresseur. Creuser des égouts, tracer des rues. Installer l'eau, l'électricité.

[...]

— Les inspecteurs de l'ONU diront ce qu'ils voudront, le bungalow reste la principale arme de destruction massive inventée durant la guerre froide.

J'éclatai de rire. Seule Hope parvenait à proférer ce genre de merveilleuse énormité sans sourciller.

Nicolas Dickner, *Tarmac*,
Éditions Alto, 2009, p. 242-243.

Réflexion

Qu'est-ce qui a amené l'être humain à exploiter les milieux naturels et à menacer la biodiversité ?

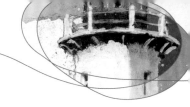

L'activité humaine entraîne souvent des pollutions dont on évalue parfois mal les conséquences même pour les êtres humains. Par exemple, depuis quelques années, on observe une diminution de la production des spermatozoïdes chez les hommes, ce qui pourrait avoir des effets aussi dévastateurs qu'une **pandémie**. Or, en biologie, une espèce qui voit ses possibilités de reproduction diminuer est une espèce en péril.

La menace pour la vie humaine sur Terre semble donc bien réelle. Elle est le terreau dans lequel s'enracine une grande partie des réflexions éthiques actuelles. Il y a un certain état d'urgence auquel sont confrontés nos valeurs, nos visions du monde, nos anciennes certitudes, nos comportements et nos habitudes.

Pandémie
Épidémie qui touche un grand nombre de personnes sur un territoire très vaste.

LA TERRE À VENIR ■■■

Quand nous réfléchissons à l'avenir de la Terre, la situation peut sembler désespérée. Nous pouvons avoir envie de nous croiser les bras et de bien vivre en attendant le pire ou se relever les manches et chercher à corriger cette situation.

> Le monde n'est pas à rêver, mais à transformer.
> La sagesse ? C'est d'abord un certain rapport à la vérité
> et à l'action, une lucidité tonique, une connaissance
> en acte, et active. Voir les choses comme elles sont ;
> savoir ce qu'on veut. Ne pas se raconter d'histoires.
> Ne pas faire semblant. [...] Connaître et accepter.
> Comprendre et transformer. Résister et surmonter.
> Car nul ne peut affronter que cela même d'abord
> dont il accepte l'existence. Comment se soigner,
> tant qu'on n'accepte pas d'être malade ? [...]
> Le réel est à prendre ou à laisser, et nul ne peut
> le transformer qu'à la condition, d'abord,
> de le prendre.
>
> André Comte-Sponville, *Présentations de la philosophie*,
> © Éditions Albin Michel, 2000, p. 149.

Dans les débats écologiques, on nous parle souvent de responsabilité individuelle. Nous pouvons faire beaucoup, il est vrai, dans notre vie quotidienne.

Nous pouvons aussi, et cela se fait de plus en plus, agir dans nos collectivités, à travers différents organismes ou en joignant des mouvements de conscientisation ou des groupes de pression. Nous pouvons influencer les politiques publiques. L'État peut légiférer, réglementer, imposer certaines normes aux institutions, aux entreprises et aux citoyens (voir **doc. 6.13**).

L'établissement par les États de telles normes est-il **coercitif** ? Plusieurs le pensent. Par contre, l'inaction n'est pas une solution. Quoi qu'il en soit, il faut bien peser les enjeux. Il s'agit d'impacts environnementaux réels et de dépendance à des sources d'énergies non renouvelables. Cette question concerne l'avenir même de la Terre. Il s'agit aussi du monde que nous laisserons aux générations futures.

Document 6.13
Des toits verts
De plus en plus d'institutions verdissent leurs toits afin de diminuer la pollution de l'air et de réduire leurs frais de climatisation. La ville de Toronto a adopté, en 2009, un règlement stipulant que les édifices industriels et les écoles, de même qu'au moins 20 % des nouveaux édifices à bureaux et condominiums, devront avoir un toit végétal.

Coercitif
Qui a le pouvoir de contraindre quelqu'un à se soumettre à la loi.

YANN ARTHUS-BERTRAND
(né en 1946)

Natif de Paris, Yann Arthus-Bertrand s'intéresse très tôt à la nature et aux animaux. En 1976, il part vivre dans le parc national Massaï Mara, au Kenya, pour étudier le comportement d'une famille de lions qu'il photographie tous les jours pendant trois ans.

En 1981, de retour en France, il devient journaliste, photographe international spécialisé dans les grands reportages et dans la photographie aérienne. En 1991, il crée la première banque d'images de photographie aérienne dans le monde. Avec le parrainage de l'UNESCO, Yann Arthus-Bertrand entreprend, en 1994, un travail sur l'état de la planète en se proposant de faire l'inventaire des plus beaux paysages du monde vus du ciel.

En 2005, il met en place Action carbone, un programme destiné à compenser les émissions de gaz à effet de serre engendrées par ses propres activités. Ce programme s'est ensuite étendu pour accompagner le public et les entreprises dans la réduction de leur impact sur le climat en finançant des projets sur les énergies renouvelables, l'efficacité énergétique et la lutte contre la déforestation.

En 2009, Yann Arthus-Bertrand reçoit le premier titre d'Ambassadeur de bonne volonté du Programme des Nations Unies pour l'environnement. ■

Lorsque nous observons les impacts négatifs de certains agissements, nous pouvons être tentés de conclure que l'être humain est égoïste. Cependant, nous créons des parcs nationaux, construisons des musées, imposons des moratoires sur la chasse à la baleine ou plantons un chêne, afin que les générations futures en bénéficient.

Ainsi, il semble important de se soucier des personnes futures. Dans la mesure où nous pouvons nous imaginer à leur place, il nous semble que leurs vies seraient appauvries si ces personnes n'avaient pas accès à la nature sauvage ou à la riche complexité de la diversité biologique. Nous pouvons nous sentir concernés par le type d'humains que deviendront les personnes futures et le type de vie qu'elles pourront mener. Et nous sommes d'avis que cette préoccupation peut nous motiver et qu'elle nous motive effectivement à agir.

Joseph R. Des Jardins, *Éthique de l'environnement*, Québec, Presses de l'Université du Québec, 1995, p. 113.

Réflexion

Quel rôle la diversité biologique joue-t-elle dans le débat éthique sur l'avenir de l'humanité ?

Le changement demande de l'imagination et de la volonté, et surtout un sens des responsabilités envers les générations futures.

Une nouvelle manière de penser est nécessaire si l'humanité veut survivre.

Albert Einstein

La relation des êtres humains face à la Terre a changé au fil du temps. De **Terre nourricière** qu'elle était, elle est devenue la **planète au service de l'humanité**. Grâce à son intelligence, l'être humain a agi sur son environnement de façon à améliorer son alimentation, ses conditions de vie, son confort. Puis, il en est venu à en tirer profit, sans toujours se soucier des **conséquences à long terme** de l'utilisation des ressources naturelles.

TERRE EN DANGER
À protéger pour l'avenir de l'humanité

TERRE-MÈRE
Source de vie pour l'humanité

TERRE UTILITAIRE
Au service de l'humanité

Le développement de nouvelles technologies amène son lot de **questions éthiques** : jusqu'où peut-on se permettre d'utiliser les ressources de notre milieu ? La pollution engendrée par nos façons de vivre nous mène-t-elle à notre perte ? Les pays plus pauvres devraient-ils avoir le droit de polluer pour développer leur économie comme l'ont fait les pays riches avant eux ?

Aujourd'hui, l'humanité arrive à une **croisée des chemins**. Nous devons faire face à des situations auxquelles nous n'étions pas nécessairement préparés. Depuis quelques décennies, des voix s'élèvent pour exiger qu'on respecte davantage l'environnement. Différents **systèmes de valeurs** s'opposent et les solutions proposées par les uns ne correspondent pas nécessairement à celles proposées par les autres. Chez plusieurs scientifiques, un consensus se dessine : si nous ne faisons rien, nous léguerons consciemment aux générations qui nous suivent une Terre de plus en plus infertile et polluée.

Ce qui ressort souvent dans les sociétés modernes, c'est qu'autant l'être humain est conscient des risques qu'il encourt s'il ne change pas sa façon de vivre, autant il n'est pas prêt à tout sacrifier : son confort, sa voiture, ses appareils électroniques, sa consommation. Mais **les sociétés, tout comme les êtres humains, changent**.

De plus en plus de groupes se portent à la défense de l'environnement, exigent des gouvernements qu'ils se comportent en gestionnaires responsables, font pression sur des entreprises et des institutions afin qu'elles réalisent leurs activités sans pour autant porter préjudice à la planète et mettre en péril l'avenir des générations futures. Aujourd'hui, plus que jamais, **l'avenir de l'humanité est entre les mains des êtres humains** ; les actions qu'ils sont prêts à entreprendre détermineront comment se dessinera cet avenir.

QUESTIONS

1 Comment appelle-t-on la vision qui considère que l'être humain est au centre de l'univers ?

2 Donnez quatre exemples de progrès scientifiques et technologiques qui ont permis, au XIXe siècle, d'améliorer les conditions de vie de plusieurs populations.

3 Expliquez en quoi consiste le syndrome du « pas dans ma cour ».

4 La Terre serait à l'aube d'une sixième extinction massive. En quoi cette extinction massive diffère-t-elle des précédentes ?

5 Qu'est-ce qui distingue fondamentalement la responsabilité prospective de la responsabilité rétroactive dont parle Hans Jonas ?

6 Vous devez participer à un débat dont le thème est : « Doit-on limiter les naissances partout sur Terre pour préserver ce qui reste de ressources naturelles ? » Formulez un argument en faveur de cette proposition et un argument contre, et appuyez-les d'une justification.

7 Quelles valeurs devraient guider les pays défavorisés lorsqu'il s'agit de développer leur économie ?

8 Au nom de quelles valeurs devrions-nous faire quelque chose ou l'interdire si la science et la technologie le permettent ?

9 À l'aide de l'outil 20, *L'hypothèse*, émettez une hypothèse sur ce que pourrait être l'avenir de l'humanité, en mettant l'accent sur l'environnement.

10 Selon vous, la volonté d'éviter des souffrances aux êtres humains justifie-t-elle l'utilisation d'animaux cobayes en laboratoire ? Justifiez votre réponse.

Culture religieuse

De nos jours, les traditions religieuses sont généralement définies comme des systèmes cohérents de croyances et de pratiques. Cependant, le sens et la fonction de celles-ci ne fait pas consensus. Selon certains spécialistes, la religion est un phénomène intimement lié à la vie en société et donc à la culture. Dans cette optique, son rôle est de maintenir et de consolider les liens sociaux. Selon d'autres approches, la religion est davantage quelque chose de personnel. Elle peut alors être vue comme un ensemble de croyances et de pratiques qui proposent des réponses aux questions existentielles de l'être humain et qui lui permettent de combler ses aspirations spirituelles.

Au 1er cycle, vous avez vu :

☐ que le patrimoine religieux québécois est
   marqué par le catholicisme et le protestantisme
   ainsi que par l'apport d'autres religions;

☐ que les récits, les rites et les règles sont souvent
   indissociables et qu'ils constituent des éléments
   fondamentaux des traditions religieuses;

☐ que, selon les cultures et les traditions religieuses,
   il existe de nombreuses façons de se représenter
   le divin ainsi que les êtres mythiques et surnaturels.

Chapitre 7

Des questions existentielles

D'où venons-nous ? Sommes-nous le résultat
de circonstances qui ont permis l'éclosion de la vie
ou des créations d'un être divin ? Où allons-nous ?
Notre vie a-t-elle un sens, une raison d'être ou n'est-elle
qu'un passage après lequel il n'y a plus rien ?
Qui sommes-nous ? Dieu existe-t-il ?

Liens

Hyperliens

L'être humain s'interroge depuis la nuit des temps sur lui-même, sur le sens de la vie et de la mort, sur l'existence du divin, sur le monde qui l'entoure. Au fil du temps, des traditions religieuses, des philosophies et la science ont proposé des réponses à ces questions existentielles. Ces questions peuvent nous assaillir dans les pires moments de notre vie ou surgir de façon inattendue, quand nous sommes en plein bonheur. Parfois, des réponses nous réconfortent alors qu'à d'autres moments, elles nous font douter de tout.

LA NATURE de l'être humain

Depuis toujours, l'être humain cherche à comprendre le monde qui l'entoure. En effet, si la compréhension qu'il a de son environnement ne lui permet pas toujours de le maîtriser, elle l'aide à prévoir les événements et à s'y préparer. Curieux et attentif, il apprend et réfléchit. Il prend ainsi conscience de son existence et de l'Univers dans lequel il évolue.

LE MYSTÈRE DE L'EXISTENCE OU LA QUESTION DES ORIGINES ■

Une des particularités de l'être humain est sa grande capacité d'abstraction, ce qui lui permet de conceptualiser, de se faire une idée des choses et de les représenter. C'est ainsi, entre autres, qu'il développe et maîtrise le langage, partage ses observations, se perçoit dans le monde, mais aussi qu'il réfléchit à son existence et aux liens qui l'unissent à ce monde.

> Conscient, l'être humain cherche à comprendre la nature, en quoi il est semblable aux autres créatures vivantes, d'où proviennent la vie qu'il sent en lui, les idées qu'il génère, les sentiments qu'il éprouve.

Aujourd'hui, plusieurs scientifiques scrutent le cosmos. Ils tentent de découvrir des traces de vie et de percevoir les phénomènes les plus éloignés possible (voir **doc. 7.1**). Cet intérêt pour les coins les plus reculés de l'Univers et pour les autres formes de vie qu'il pourrait contenir témoigne d'un questionnement fort ancien : d'où proviennent l'Univers et la vie ? Quelles sont les causes de leur existence ?

> [...] le seul vrai « problème », c'est celui de l'existence même de l'univers. « Pourquoi y a-t-il quelque chose plutôt que rien ? » Sur le plan scientifique, nous sommes incapables d'y répondre. [...] C'est par notre conscience que nous percevons l'existence de « quelque chose plutôt que rien ». Or cette conscience n'est pas en dehors de l'univers, elle en fait partie.
>
> Hubert Reeves, *Patience dans l'azur, l'évolution cosmique*, coll. « Science ouverte », Paris, © Éditions du Seuil, 1981, coll. « Points Sciences », 1988, p. 68.

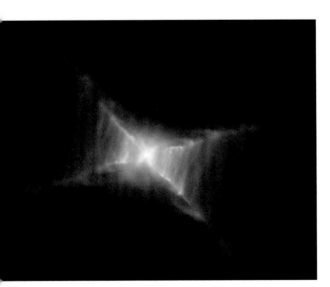

Document 7.1
La mort d'une étoile
D'après les théories de la physique moderne, la lumière voyage à une vitesse constante et prend du temps à nous parvenir, selon la distance de sa source. Plusieurs étoiles que nous voyons dans le ciel sont éteintes depuis longtemps, mais nous en percevons encore la lumière. Regarder loin, c'est observer le passé.

Au fil du temps, les traditions religieuses tentent de répondre aux questions existentielles de l'être humain. Elles proposent, souvent à travers des mythes d'origine et des récits fondateurs, diverses explications des origines de la vie humaine. Ces explications varient considérablement selon l'époque, la culture ou le système de croyances d'où elles proviennent. Toutefois, ces récits peuvent souvent être associés à deux grandes **allégories** : celle de l'enfantement et celle de la fabrication.

Un être naturel

Dans la première catégorie de récits des origines, les éléments qui décrivent l'apparition de l'être humain s'apparentent à ceux de la reproduction sexuée. Dans certains récits, l'allégorie de l'enfantement est tout à fait explicite, comme lorsqu'un premier être humain est engendré par une ou plusieurs divinités ou créatures surnaturelles. Parfois, les éléments qui illustrent la mise au monde sont transformés et présentés d'une manière imagée. Dans ces cas, pour percevoir l'accouchement, il faut reconnaître les symboles et les concepts qui le représentent (voir **doc. 7.2**).

> La naissance est une histoire de passage d'un lieu ou d'un état à un autre, sans possibilité de retour.

En Afrique, selon un récit du peuple zoulou, le fils d'une divinité est banni après avoir commis un vol. Il quitte alors le ciel par un trou et descend sur Terre, un cordon ombilical autour de la taille. Une femme le suit, et le couple engendre l'humanité. On trouve un mythe similaire chez les Sénécas, une nation autochtone d'Amérique du Nord. Selon ce mythe, les premiers êtres humains, qui vivent dans le ciel avec les autres créatures vivantes, sont intrigués par les activités du Soleil. Ils tentent de le capturer avec une corde, mais l'entreprise tourne mal : ils se retrouvent coincés entre le ciel et la Terre, agrippés à leur piège. Leur pardonnant cette tentative de le capturer, le Soleil les dépose sur la Terre, où ils fondent une nouvelle nation.

Dans ces cas, ce qui rattache les êtres humains au ciel et qui permet leur venue sur la Terre évoque le cordon qui unit le fœtus à sa mère. On pourrait en déduire que le ciel représente l'utérus et que la vie avant le passage correspond à un état fœtal. Ce concept de l'utérus originel, la matrice, semble, en effet, présent dans de nombreux mythes.

Allégorie
Description ou narration qui fait appel à des métaphores pour représenter une idée, des événements ou des sentiments.

Document 7.2
Un squelette en position fœtale
Des fouilles ont mis au jour des corps ensevelis en position fœtale il y a plus de 40 000 ans. Les êtres humains de cette époque croient-ils que les corps renaissent de la Terre ? Conçoivent-ils une dimension de la personne qui renaît dans un autre corps ? Ou qui naît dans un autre monde ?

La naissance d'Hélène, vers -450,
Museo archeologico provinciale, Potenza, Italie.

Document 7.3
L'œuf à la base de la vie
Plusieurs représentations anciennes montrent
l'être humain naissant d'un œuf. Par analogie,
les biologistes ont nommé *ovule* la cellule dans
laquelle se produit la fécondation.

Dans les mythes celtes et dans ceux de certains peuples
d'Amérique du Nord, notamment des Apaches, des Kiowas
et des Pueblos, la Terre représente, à certains égards, l'utérus
originel. On y évoque la vie souterraine d'un peuple ancien qui
se retrouve dans le « monde d'en haut » et apprend à y vivre.
Dans d'autres mythes, entre autres un de ceux de la civilisation
sumérienne ancienne, les êtres humains naissent de la Terre
en perçant le sol comme le font les plantes.

Parfois, l'utérus originel est représenté par un œuf (voir **doc. 7.3**).
Un des anciens mythes de l'Inde, qui sont nombreux et variés,
raconte que le créateur, appelé Embryon d'or ou Purusha
(c'est-à-dire « Homme cosmique »), naît d'un œuf cosmique
couleur d'or flottant sur les eaux primordiales et qu'il scinde
l'œuf pour créer l'Univers, les dieux et tous les êtres vivants.
Un mythe plus ancien dit que la création de l'Univers, des
dieux et de tous les êtres vivants vient de l'éparpillement
des membres du Purusha.

> *Quand ils eurent démembré l'Homme,*
> *comment en distribuèrent-ils les parts ?*
> *Que devint sa bouche, que devinrent ses bras ?*
> *Ses cuisses, ses pieds, quel nom reçurent-ils ?*
> *Sa bouche devint le Brahmane,*
> *le Guerrier fut le produit de ses bras,*
> *ses cuisses furent l'Artisan,*
> *de ses pieds naquit le Serviteur.*

> *Hymnes spéculatifs du Veda*, trad. L. Renou, © UNESCO.
> La collection des œuvres représentatives de l'UNESCO
> est publiée par les Éditions Gallimard.

Bien que le symbolisme leur donne parfois des allures surnaturelles, ces récits présentent l'être humain comme un être issu
d'un processus naturel : la naissance.

En complément

L'origine des espèces

Depuis quelques siècles, plusieurs scientifiques expliquent l'existence de l'être
humain à l'aide de théories de l'évolution. Selon l'une d'elles, d'abord publiée par
Darwin, l'être humain n'est pas apparu à un moment précis de l'histoire du
monde. Il a connu, comme toutes les espèces vivantes terrestres, une longue série
de transformations et descend des grands primates. De plus, ces transformations
ne sont pas causées par les actions, volontaires ou non, de quelque divinité ou être
surnaturel. Elles sont plutôt le résultat de la sélection naturelle, un mécanisme
complexe, non conscient et universel, qui permet aux espèces de s'adapter à leur
milieu pour mieux survivre. Cette théorie, qui s'est beaucoup raffinée depuis
Darwin, explique de nombreuses découvertes récentes.

Charles R. Darwin
(1809-1882)

Charles Darwin est né à Shrewsbury, en Angleterre. Après de brèves études de médecine, il entreprend des études en théologie anglicane en 1827, tout en suivant des cours d'histoire naturelle et de géologie. Au moment où sa carrière ecclésiastique semble s'amorcer, il embarque sur le navire *HMS Beagle* pour une expédition de cinq ans qui le mène jusqu'aux îles Galápagos.

Au cours de cette expédition, il entame des recherches sur les transformations des espèces. Celles-ci l'amènent à remettre en question certaines de ses croyances religieuses. Il hésite à publier ses conclusions sur sa théorie de l'évolution, à savoir que les populations animales, à partir d'ancêtres communs, évoluent au cours du temps grâce à un processus de sélection naturelle, responsable de la diversité des espèces. Par cette théorie, il se trouve à contredire la présentation de la Bible sur la création des espèces vivantes. Craignant d'être devancé par Alfred R. Wallace, un naturaliste et biologiste britannique, il publie en 1859 *L'origine des espèces* puis, une douzaine d'années plus tard, ses réflexions sur l'application de sa théorie à l'évolution de l'être humain. ■

Une fabrication divine

La seconde catégorie de récits des origines présente l'être humain comme un être fabriqué par une divinité ou un être surnaturel, une création par assemblage ou par manipulation de matières premières auxquelles la vie est transmise (voir **doc. 7.4**). Dans quelques-uns de ces récits, il est question de l'utérus originel, symbolisé par une forge, un four à poterie ou un bol à pétrir. Pour les Mayas, par exemple, les premiers êtres humains sont constitués de pâte de maïs.

> *Les épis de maïs jaune et les épis de maïs blanc ont été moulus. Xmucane les a moulus neuf fois, y ajoutant de [l'eau] pour constituer le squelette et la chair de l'homme.*
>
> *[Certains dieux] se sont alors mis à façonner, à former notre première mère, notre premier père, dont le corps était de maïs jaune, dont la chair était de maïs blanc.*
>
> *[…] On dit seulement qu'ils ont été construits, formés. Ils n'avaient pas de père, ils n'avaient pas de mère.*
>
> Pop Wooh. *Popol Vuh, Le Livre du temps, histoire sacrée de Mayas quichés*, trad. P. DesRuisseaux, Montréal, Les Éditions Triptyque, 2002, p. 148-149.

József Csáky (1888-1971), *Adam and Eve – Le couple*, © Whitford Fine Art, Londres, Grande-Bretagne.

Document 7.4
L'avènement de l'être humain
Selon les textes fondateurs des traditions juive, chrétienne et musulmane, le premier couple humain est créé par Dieu à partir de poussière ou d'argile. Ce couple originel, Adam et Ève, était promis à un bonheur éternel dans le jardin d'Éden.

De nombreux autres récits font état d'un premier être humain façonné à partir de matières minérales, la plupart du temps de l'argile.

> *Le Seigneur Dieu modela l'homme avec de la poussière*
> *prise du sol. Il insuffla dans ses narines l'haleine de vie,*
> *et l'homme devint un être vivant.*
>
> Genèse (2, 7)

LES CONSTITUANTS DE L'ÊTRE HUMAIN ■■

L'être humain est fait d'un corps que nous pouvons voir, toucher ou comparer à d'autres objets concrets. Toutefois, d'autres constituants de l'être humain sont intangibles ou immatériels. Par exemple, les émotions, les pensées, les sensations, les souvenirs existent sans qu'on puisse les toucher. Au fil de l'histoire, ces phénomènes engendrent des conceptions d'un être humain constitué de plusieurs dimensions. De nombreux systèmes de croyances, traditions religieuses et théories philosophiques s'intéressent à ces dimensions et proposent diverses explications de ces phénomènes.

> Depuis des millénaires, l'être humain s'intéresse aux manifestations concrètes et abstraites de son existence.

Selon certaines traditions, l'être humain est composé de deux ou trois dimensions. Selon d'autres systèmes de croyances, notamment en Égypte pharaonique, l'être humain est composé de nombreuses dimensions. Outre le corps, il peut avoir un double immatériel, une pensée intelligente, une force vitale, une ombre, une part instinctive, l'esprit d'un ancêtre, celui d'un totem, ou bien d'autres dimensions encore, selon les traditions. Toutefois, dans plusieurs cultures, le nom est une dimension essentielle de la personne, si bien qu'il faut avoir reçu un nom au cours d'un rite approprié (voir **doc. 7.5**).

Document 7.5
Le choix du prénom
Le choix d'un prénom n'est souvent pas le fruit du hasard. Il peut être influencé par des normes culturelles et religieuses. Ainsi, des catholiques peuvent donner à leurs enfants le prénom d'un saint ou d'une sainte.

Pourquoi célébrons-nous l'attribution du nom à un nouveau-né ?

Réflexion

> *Mon nom est Tsoai-talee. Je suis donc Tsoai-talee ; donc je suis.*
> *Le conteur Pohd-lohk m'a donné pour nom Tsoai-talee.*
> *Il croyait que la vie d'un homme procède de son nom comme*
> *la rivière procède de sa source.*
>
> N. Scott Momaday, *Les Noms, mémoires,*
> Monaco, Éditions du Rocher, 2001, p. 11.

Une des dimensions attribuées aux êtres vivants est une force vitale contenue dans le corps. Il y a plusieurs dizaines de milliers d'années, la vie est sans doute perçue comme une puissance, une force qui anime les êtres et qui disparaît pour ne plus revenir. Les signes de cette disparition sont l'arrêt de la respiration et des pulsations cardiaques, et l'impossibilité d'interagir. On a pu alors présumer que cette force survivait quelques temps dans le corps physique, puisque les êtres humains, en consommant la viande d'un animal mort, alimentaient leur corps et régénéraient leur propre force vitale.

Il est difficile de déterminer à quand remonte la conception d'une force vitale qui survit après l'arrêt des fonctions biologiques. Mais la conscience de la mort n'y est probablement pas étrangère. À travers les âges, cette notion de force liée au souffle et au sang est omniprésente dans les croyances. Les Grecs de l'Antiquité attribuent généralement à l'être humain deux constituants principaux : le corps et l'âme. Plusieurs philosophes s'entendent sur la nature du corps, mais sont partagés sur celle de l'âme. Si la plupart la disent immortelle, certains la conçoivent mortelle ; si certains la croient constituée de matière, d'autres la disent immatérielle.

Différentes conceptions de l'âme

La plupart des mots qui expriment dans diverses traditions ce que nous traduisons en français par le mot *âme* ont une signification rattachée à la notion de souffle, de respiration, d'air ou de circulation sanguine. Dans l'hindouisme, l'atman, qui désigne le principe essentiel de vie et l'unité de l'individu, veut dire « souffle vital ». Pour sa part, Homère, un poète de la Grèce antique, attribue deux âmes à l'être humain : le thumos, l'« âme sang », dont le siège est dans le cœur et qui disparaît après la mort, et la psychè, l'« âme souffle », qui se trouve dans la tête et qui survit à la mort. C'est ce mot, *psychè*, que les Grecs utilisent pour traduire la nefesh hébraïque, soit l'essence dynamique de tout être vivant, qui se trouve dans le sang, mais qui, dans le cas de l'Homme, a été insufflée par Dieu. Par ailleurs, dans l'Empire romain, les chrétiens traduisent à leur tour le souffle de vie par le terme latin *anima*, qui signifie « souffle, air », et qui donne en français le mot *âme*.

David Ho, *Body and Soul*, 2001, collection particulière.

Le philosophe Aristote consacre un traité complet à la question de l'âme. Il considère que le corps et l'âme sont respectivement la matière et la forme d'une seule et même substance : l'être. Selon lui, la matière est puissance, c'est-à-dire la possibilité de devenir, le potentiel ; l'âme est acte, c'est-à-dire la force de changement, la réalisation. L'âme humaine comporte trois niveaux : l'âme végétative, l'âme sensitive et l'âme rationnelle. Seul ce dernier niveau pourrait survivre.

Réflexion

Qu'est-ce qui distingue fondamentalement les êtres humains des animaux ?

> *Le simple fait de vivre est, de toute évidence, une chose que l'homme partage en commun même avec les végétaux ; or ce que nous recherchons, c'est ce qui est propre à l'homme. Nous devons donc laisser de côté la vie de nutrition et la vie de croissance. Viendrait ensuite la vie sensitive, mais celle-là encore apparaît commune avec le cheval, le bœuf et tous les animaux. Reste donc une certaine vie pratique de la partie rationnelle de l'âme, partie qui peut être envisagée, d'une part, au sens où elle est soumise à la raison, et, d'autre part, au sens où elle possède la raison et l'exercice de la pensée.*

Aristote (de -384 à -322), *Éthique à Nicomaque*, trad. J. Tricot, Paris, Librairie Philosophique J. Vrin, 1990 (1098a).

Dans la tradition juive, l'être humain possède, en plus de l'âme et du corps, une seconde dimension immatérielle, un souffle qui le lie à Dieu et par lequel Dieu lui donne la vie (voir **doc. 7.6**). Ce souffle divin, aucun autre animal n'en est gratifié, c'est le propre de l'être humain. Et c'est cette « âme souffle » qui survit à la mort et qui permet la résurrection du corps et de l'« âme de vie » à la fin des temps.

Pour les chrétiens, l'âme est douée de conscience, d'intelligence et de sensibilité. Elle est intimement liée au corps, mais elle s'en détache au moment de la mort. Quant aux conditions d'existence de l'âme après la mort, il y a différentes doctrines dans les diverses Églises chrétiennes.

Document 7.6
Le souffle divin
Dans les traditions abrahamiques, l'âme est ce qui constitue l'être en tant qu'humain : c'est son principe spirituel. L'esprit, lui, est la partie qui permet d'entrer en contact avec Dieu et de s'unir à lui. C'est la part de divinité en l'être humain.

Melchior Broederlam, *Retable de la Crucifixion* (détail), vers 1394, Musée de Dijon, Dijon, France.

7.2

LE SENS DE LA VIE
ET DE LA MORT

Il nous arrive tous de vivre des choses pénibles. Qu'il s'agisse de difficultés amoureuses, de conflits sociaux, de problèmes personnels, de blessures, de maladies ou de l'incapacité de subvenir à nos besoins, plusieurs situations génèrent de la souffrance dans nos vies. Il peut même nous arriver de ne plus percevoir autre chose que cette souffrance et de nous demander à quoi sert de vivre.

DES RAISONS DE L'EXISTENCE HUMAINE ■

Pour certaines personnes, survivre une journée de plus peut être suffisant pour donner un sens à leur vie. C'est sans doute le cas des premiers êtres humains, il y a plusieurs centaines de milliers d'années. Pourtant, ils se rendent compte que les meilleurs outils et les meilleures stratégies pour repousser la mort n'empêchent pas celle-ci de frapper tôt ou tard chaque membre du clan (voir **doc. 7.7**). La conscience non seulement de la mort, mais de sa propre fin peut faire paraître absurdes la vie et les souffrances qu'elle impose.

> *L'homme est le seul être, dans la nature, qui ait conscience de sa mort prochaine. Pour cette raison [...], j'ai un profond respect pour l'espèce humaine, et je crois que son avenir sera bien meilleur que ne l'est son présent. Même en sachant que ses jours sont comptés et que tout finira quand il s'y attendra le moins, l'homme fait de la vie une lutte digne d'un être éternel. Ce que les gens appellent vanité – laisser des œuvres, des enfants, faire en sorte que son nom ne soit pas oublié –, je considère cela comme l'expression suprême de la dignité humaine.*

Paulo Coelho, *Le pèlerin de Compostelle*,
trad. F. Marchand-Sauvagnargues,
© J'ai Lu, 2009, p. 133.

Dans la plupart des traditions religieuses, donner un sens à l'existence consiste principalement à expliquer les souffrances, à en cerner les causes et à en justifier la présence dans nos vies, au regard de la mort. De plus, diverses règles et recommandations incitent les fidèles à adopter des comportements et des attitudes qui visent à mieux supporter et à accepter les souffrances, à les diminuer ou, à tout le moins, à ne pas les empirer.

Document 7.7
Un reliquaire africain
Plusieurs cultures vouent depuis très longtemps un culte aux **reliques**. De nos jours, les reliquaires peuvent contenir, en plus de l'urne renfermant les cendres de la personne défunte, toutes sortes d'objets, associés ou non à une tradition religieuse.

Relique
Corps ou fragment du corps d'une personne défunte vénérée, ou objet ayant un lien avec celle-ci.

Selon les croyances de la Mésopotamie ancienne, l'être humain a été créé pour servir les divinités. Dans la mythologie grecque, il n'est qu'un simple jouet entre les mains des dieux qui décident de son sort. Dans ces systèmes, le sens de la vie repose donc sur le maintien des bonnes relations avec les dieux, ce qui signifie demeurer en harmonie avec les puissances de l'Univers et participer à son équilibre.

Les philosophes de l'Antiquité s'appuient sur la raison et secouent les croyances de leur époque. Socrate (de -470 à -399) considère que le but de l'existence est la recherche du bien, qui ne se trouve que par la connaissance de soi et de son monde. Pour Platon (vers -428 à -346), l'acquisition de la connaissance est aussi le but premier de l'existence, mais, selon lui, cela signifie plutôt se détacher des illusions sensorielles et, par la raison, tendre vers le monde des idées, donc vers le monde du divin. Aristote, quant à lui, affirme que chacun doit se réaliser, c'est-à-dire faire croître toutes ses facultés jusqu'à ce qu'il n'y ait plus de croissance possible. Pour lui, la souffrance, bien que non souhaitable, est utile : elle contribue à l'apprentissage.

Selon la Bible, l'être humain existe pour exercer son pouvoir dans le monde en reconnaissant l'autorité de Dieu.

> *Dieu les bénit et Dieu leur dit : « Soyez féconds et prolifiques, remplissez la terre et dominez-la. Soumettez les poissons de la mer, les oiseaux du ciel et toute bête qui remue sur la terre ! »*
>
> *Dieu dit : « Voici, je vous donne toute herbe qui porte sa semence sur toute la surface de la terre et tout arbre dont le fruit porte sa semence ; ce sera votre nourriture. [...] »*
>
> *Le Seigneur Dieu prit l'homme et l'établit dans le jardin d'Éden pour cultiver le sol et le garder.*
>
> Genèse (1, 28-29 et 2, 15)

Pour les fidèles chrétiens, la souffrance et la mort sont les conséquences de l'infraction à une règle par le couple originel. Toute sa descendance, l'humanité entière, hérite de la sentence.

> *Il dit à Adam : « Parce que [...] tu as mangé de l'arbre dont je t'avais formellement prescrit de ne pas manger, le sol sera maudit à cause de toi. C'est dans la peine que tu t'en nourriras tous les jours de ta vie [...]. À la sueur de ton visage tu mangeras du pain jusqu'à ce que tu retournes au sol car c'est de lui que tu as été pris. Oui, tu es poussière et à la poussière tu retourneras. »*
>
> Genèse (3, 17, 19)

Selon la tradition chrétienne, Jésus annonce à ceux qui le suivent que, par amour et par sa mort librement consentie, il sauve l'humanité.

> *Toutefois le Seigneur de miséricorde, qui n'aime pas seulement, mais lui-même est amour et charité, voulant encore par sa bonté infinie aimer ce qui n'est digne d'être aimé, n'a pas du tout dissipé, perdu et abîmé les hommes comme leur iniquité le requérait, mais les a soutenus et supportés en douceur et patience, leur donnant terme et loisir de se retourner vers lui et se redresser en l'obéissance de laquelle ils s'étaient détournés.*

> Jean Calvin (1509-1564), « Épître à tous les amateurs de Jésus-Christ », dans Sylvie Bessette, *Grands textes de l'humanité*, Montréal, Éditions Fides, 2008, p. 65.

Ainsi, ceux et celles qui reconnaissent Jésus et qui vivent selon son exemple verront, à leur mort, leurs péchés pardonnés par Dieu.

LA VIE AU-DELÀ DE LA VIE ▪▪

La mort semble être plus qu'un déclencheur de réflexions sur la condition humaine et le sens de la vie. C'est par elle, et souvent au-delà d'elle, que se résout la question de la souffrance et du bonheur humains. Dans plusieurs systèmes de croyances, une dimension de l'être humain survit au corps. La mort n'est donc pas un arrêt, mais, à l'image de la naissance et de bien d'autres moments de la vie, un passage vers autre chose. Mais vers quoi ? Et que s'y passe-t-il ? Les religions et systèmes de pensée apportent différentes réponses à cette question.

> *La mort qu'il me faut regarder en face, comme un événement qui me concerne moi-même ainsi qu'autrui, est comme un prédonné, une condition de l'existence humaine. L'homme reconnaît dans la fin de sa vie individuelle l'inéluctable qui l'arrachera à lui-même et aux autres. Il est extrêmement rare que la mort se présente à lui comme simple fin de son existence biologique — la mortalité humaine appelle une prise de position.*

> Christian Illiès, « La mort, fin de la vie », Frédéric Lenoir et Ysé Tardan-Masquelier dir., dans *Encyclopédie des religions*, vol. 2, Paris, Bayard Éditions, 2000, p. 1867.

Miséricorde
Pitié par laquelle on accorde le pardon à une personne coupable.

Iniquité
Dans un contexte religieux, corruption, état de péché.

Dans les traditions animistes africaines, la personne décédée accède au statut d'ancêtre, et des règles servent à gérer ses interactions avec les vivants, à stimuler les contacts souhaitables et à restreindre ceux qui ne le sont pas.

Selon plusieurs croyances, l'esprit, l'âme ou le double immatériel de la personne décédée continue d'exister dans le monde des vivants.

Dans la plupart des traditions religieuses, le monde des morts est distinct de celui des vivants. Les âmes, après un passage plus ou moins long et ardu, se retrouvent en un lieu dont la forme, la nature et la complexité varient selon les traditions. Par exemple, selon la Torah, les âmes se retrouvent à la mort dans le Shéol, une lointaine région sous la terre, morne, ténébreuse et silencieuse. Là, dépouillées du corps et de la nefesh, c'est-à-dire du principe de vie, elles demeurent sans souvenirs, sans pensées, sans émotions et sans activité. Toutes, justes ou non, sont réunies en ce seul lieu, attendant la fin des temps. À ce moment, le mérite des âmes réunies à la nefesh et au corps ressuscités sera évalué.

Ignominie
Honte, déshonneur extrême causé par une offense.

> *Beaucoup de ceux qui dorment dans la poussière du sol se réveilleront, les uns pour une vie éternelle, les autres pour être un objet d'*ignominie* et d'horreur éternelle.*
>
> Daniel (12, 2)

Le monde des morts peut être un miroir du monde des vivants, comme c'est le cas dans quelques traditions autochtones d'Amérique. Les âmes y exercent toutes les activités qu'elles exerçaient de leur vivant, mais dans des conditions parfaites, dépourvues de conflits, de privations ou de douleurs. Dans certains cas, elles sont conviées à participer à une seule activité sans fin, représentant l'abondance, le bonheur parfait : un banquet éternel, une chasse éternelle, une danse éternelle... Situé dans le Ciel, sous la Terre, sous l'océan ou sur une île lointaine, ce monde n'est accessible aux âmes que par des chemins longs et obscurs, révélés par des guides surnaturels (voir **doc. 7.8**). Le bonheur parfait et de longs chemins invisibles font que les âmes ne reviennent jamais dans le monde des vivants.

Document 7.8
Un autre monde
Une légende lakota, une nation autochtone des plaines d'Amérique du Nord, raconte comment les âmes des personnes décédées, après s'être rendues au bout du monde, là où le soleil se couche, s'engagent sur un sentier qui traverse la voûte céleste pour se rendre au pays des ancêtres. La nuit, chacune de ces âmes séjourne dans la Voie lactée.

Ailleurs, notamment dans les mythes grecs et germains, ce sont des fleuves infranchissables, de nombreuses murailles et des portes flanquées de féroces gardiens qui assurent le respect des limites territoriales du monde des morts, triste et sombre, ou le théâtre d'éternels combats entre les forces du bien et celles du mal. Généralement situés dans les profondeurs de la Terre, ces mondes reçoivent les âmes non pas pour un repos éternel, mais pour une attente plus ou moins éprouvante, jusqu'à une renaissance, un ultime combat des divinités ou une recréation du monde.

La croyance en l'existence d'une âme qui survit au corps permet de croire à l'existence d'une vie après la mort.

En complément

Le feu de l'enfer

Dans la mythologie grecque, le monde des morts comporte trois régions souterraines : les Champs Élysées, où reposent en toute quiétude les héros et les âmes vertueuses ; le Tartare, où sont emprisonnés les Titans et où les âmes **scélérates** expient leurs fautes ; et, entre les deux, l'Hadès, où la plupart des âmes séjournent avant une réincarnation.

Après la mort de Jésus, les premiers chrétiens envisagent aussi un au-delà divisé en deux grandes régions. Une, sur Terre, où des âmes injustes, peu vertueuses ou ayant refusé l'amour de Dieu souffrent et se consument dans un brasier sans fin. Une autre, dans le ciel, sur laquelle règne Dieu et où les âmes des personnes vertueuses demeurent éternellement dans le bonheur.

Puis, après quelques siècles d'étude des textes fondamentaux, de réflexions et de discussions, des théologiens déclarent que l'enfer se situe au centre de la Terre et que le royaume des cieux, le paradis, se trouve au-delà de la sphère des fixes, la sphère à laquelle on croit alors que les étoiles sont accrochées. Entre la Terre et la Lune apparaît une nouvelle région, le purgatoire, où les âmes de ceux et celles qui ont commis des fautes de peu de gravité sont purifiées avant d'accéder au paradis. Au Moyen Âge, bien que des théologiens influents suggèrent une interprétation plus spirituelle de cette structure concrète, celle-ci est encore bien ancrée dans les traditions chrétiennes, et de ombreuses descriptions et reprsentations précisent l'image que s'en font les fidèles.

Scélérat
Qui a commis ou est capable de commettre des crimes, de mauvaises actions.

Domenico di Michelino (1417-1491), *Dante con in mano la Divina Commedia,* église Santa Maria del Fiore, Florence, Italie.

La Divine Comédie de Dante Alighieri (1265-1321) raconte le voyage initiatique de l'auteur à travers l'enfer, le purgatoire et le paradis, jusqu'à la vision suprême, la lumière de Dieu.

À l'époque de la Renaissance, mathématiciens, physiciens et astronomes se tournent vers le cosmos et transforment profondément la manière dont il est perçu et compris. L'Église catholique romaine doit alors réviser sa notion de l'au-delà et lui attribue une dimension spirituelle. Aujourd'hui, l'Église ne parle plus de lieux, mais d'états de l'âme après la mort : l'enfer correspondant à un état douloureux d'impureté inaltérable ; le purgatoire, à un état de purification ; et le paradis, à un état bienheureux de pureté absolue, qui permet la contemplation de Dieu.

Dans plusieurs traditions religieuses de l'Inde, l'âme, vie après vie, est enchaînée par les corps au monde sensible, au monde des souffrances. Le poids des actes passés, le karma, détermine la nature et l'intensité des souffrances présentes, et les actes présents ont une influence sur les prochaines renaissances (voir **doc. 7.9**).

> Dans certaines traditions orientales, la plupart des âmes demeurent soumises au cycle des renaissances.

Tant dans l'hindouisme que dans le bouddhisme, un échafaudage de paradis et d'enfers accueille les âmes dans leur transition d'une vie à l'autre. Les niveaux de paradis, superposés dans le ciel, reçoivent les âmes vertueuses, les plus élevés étant attribués à celles qui sont le plus près d'atteindre la libération du cycle. Les âmes alourdies du poids des actes passés se répartissent aux enfers, sous la Terre, les plus profonds soubassements étant réservés aux plus souillées d'entre elles. Cet axe vertical, de la région la plus profonde des enfers à la plus élevée des paradis, symbolise l'ascension des âmes, de sa plus grande souffrance à sa libération complète. Lorsque l'âme parvient à se soustraire au cycle des renaissances, le samsara, elle se trouve à la fois partout et nulle part, puisqu'elle se fond dans le Principe universel, qui est en toutes choses.

Représentation du samsara, temple des Mille Bouddhas, La Boulaye, France.

Document 7.9
Le cycle des renaissances
Par les pratiques religieuses et un mode de vie approprié, les fidèles tentent de se soustraire au cycle des renaissances. Bien vivre entraîne donc la délivrance de l'âme pour les hindous et les bouddhistes.

7.3
L'existence du divin

Dieu existe-t-il ? A-t-il été créé par les êtres humains et pour les êtres humains ? Ces questions n'ont toujours pas trouvé de réponses universelles ou irréfutables. Cependant, aussi loin qu'on puisse reculer dans l'histoire de l'humanité, elles semblent avoir été un objet de réflexion.

L'EXISTENCE DU DIVIN AFFIRMÉE PAR L'EXPÉRIENCE ■

De nos jours, la question de l'existence du divin est toujours d'actualité. Pour bon nombre de personnes, il doit exister quelque chose de plus grand que l'être humain, et ce quelque chose est à l'origine de toute la beauté du monde. Mais, à la suite de catastrophes naturelles particulièrement dévastatrices, de maladies qui font d'innombrables victimes, de conflits meurtriers ou de famines, ces personnes peuvent douter de l'existence du divin : comment Dieu, un être de bonté, peut-il laisser les êtres humains vivre de tels malheurs ?

Comment alors peuvent-elles croire à l'existence du divin, dont les attributs les plus fréquents sont l'amour, la compassion, l'**omniscience**, l'**omnipotence** et la capacité de jugement et de châtiment ? Pourtant, de millénaire en millénaire, les fidèles affirment l'existence du divin. D'où provient leur certitude, et comment s'exprime-t-elle ?

Pour les croyants et les croyantes, la divinité peut être accessible directement ou par des intermédiaires, humains ou surnaturels (voir **doc. 7.10**). Dans certains cas, le divin présente des aspects reflétant presque trait pour trait les êtres humains. Dans d'autres, il n'en a que certaines caractéristiques psychologiques qui permettent une relation avec les êtres humains.

Conscient de lui-même et de ses limites, l'être humain prend aussi conscience de ce qu'il n'est pas. Il n'est pas ce qui contrôle les forces et les puissances dans son environnement, il n'est pas vivant depuis toujours, ni pour toujours. À cet égard, les religions proposent diverses conceptions de l'au-delà et de l'absolu : les pouvoirs extraordinaires, l'infini, l'éternité, la perfection, l'omnipotence, etc. Ces conceptions permettent aux êtres humains de réfléchir sur les limites de l'expérience humaine. Le divin personnifie l'une ou l'autre de ces conceptions, parfois plusieurs ou même toutes. Mais cette représentation ne peut être qu'approximative ou imparfaite, puisque l'absolu n'existe qu'en tant que concept dans notre réalité d'être humain. Certaines traditions religieuses hésitent d'ailleurs à permettre la représentation du divin ou interdisent de le faire.

Omniscience
Connaissance de toute chose.

Omnipotence
Toute-puissance, puissance absolue.

Document 7.10
Des intermédiaires entre la divinité et les êtres humains
Dans plusieurs traditions religieuses, on croit que des anges servent de messagers entre la divinité et les êtres humains, qu'ils protègent et encouragent.

Une conception du divin

Écoute, ô bien-aimé!
Je suis la Réalité du monde,
le centre et la circonférence,
J'en suis les parties et le tout.
Je suis la volonté établie entre le ciel et la terre,
Je n'ai créé en toi la perception
que pour être l'objet de ma perception.
Si donc tu me perçois, tu te perçois toi-même
mais tu ne saurais me percevoir à travers toi.
C'est par mon œil que tu te vois et que tu me vois,
ce n'est pas par ton œil que tu peux me concevoir.

Ibn'Arabi (1165-1240), «Je suis le centre et la circonférence»,
dans Eva de Vitray-Meyerovitch, *Anthologie du soufisme*,
Arles, © Actes Sud 1995, p. 46.

MÈRE TERESA
(1910-1997)

Mère Teresa est née en Albanie, aujourd'hui la République de Macédoine, sous le nom d'Anjezë Gonxhe Bojaxhiu. À l'âge de 12 ans, elle sent l'appel de la vocation. En 1928, elle entre dans la congrégation des Sœurs de Notre-Dame-de-Lorette, en Irlande. Dès 1929, elle part en Inde enseigner au collège catholique St. Mary's de Calcutta. Après 20 ans d'enseignement, elle cherche un moyen de se mettre au service des plus pauvres parmi les pauvres. En 1950, elle fonde l'Ordre des missionnaires de la charité, voué à l'aide aux démunis. En plus de l'enseignement, Mère Teresa et ses sœurs se consacrent aux malades et aux mourants.

Mère Teresa est réputée pour sa vie et son œuvre marquées par la joie d'aimer et la dignité qu'elle reconnaît à tous les êtres humains. Des écrits, publiés après sa mort, témoignent cependant de son sentiment douloureux d'être séparée de Dieu et de son désir d'en être aimée. Cette expérience, qu'elle appelle l'*obscurité,* illustre le contraste entre l'image de la femme forte et compatissante qui s'occupait des autres et celle de la femme qui souffrait intérieurement. ■

De plus, les représentations religieuses sont souvent liées au milieu duquel elles émergent: l'environnement, la langue, les traditions, les outils et les connaissances influencent la manière dont elles sont exprimées dans la communauté. Dans certaines traditions religieuses, le divin est associé à des forces, à des puissances ou à des esprits. Dans d'autres, le divin est représenté par une société structurée de divinités, chapeautées ou non par une puissance supérieure, avec lesquelles il est possible d'interagir. Ailleurs, c'est le concept d'unité qui prend le pas sur le reste et on parle alors d'une divinité unique.

Pour ceux et celles qui affirment que le divin existe, cette existence est d'abord ressentie comme une intuition. Des croyants et croyantes interprètent certains événements ou certaines perceptions comme des signes qui confirment leur intuition, et dont l'absence, plus que toute autre chose, peut semer le doute ou engendrer une grande douleur.

Les signes pouvant être perçus comme des confirmations de la présence du divin sont de tout ordre. Certaines personnes font état d'une émotion ressentie, comme une joie, un bonheur ou une sérénité inexplicables. D'autres rapportent plutôt une expérience sensorielle particulière, une chaleur, une morsure ou un pincement au cœur, au cerveau ou dans tout le corps.

D'autres disent percevoir une lumière, une image, une musique, une voix ou un souffle, ou simplement avoir la sensation d'une présence, qui écoute ou qui observe. D'autres encore affirment sentir une transformation dans leur environnement. Dans certaines traditions religieuses, où toute chose est investie soit d'un esprit, soit d'une divinité, la confirmation de l'existence du divin est renouvelée à chaque instant de la vie.

La plus significative des expériences qui amène certaines personnes à affirmer l'existence du divin est sans doute la révélation, qui se retrouve sous diverses formes dans la plupart des traditions religieuses. Par la révélation, le croyant ou la croyante découvre soudainement une réalité ou une connaissance d'ordre spirituel qui lui était cachée ou inaccessible jusqu'alors. Cette expérience s'apparente à un coup de foudre. Une passion imprévisible surgit, dévoilant ainsi, à la personne qui en fait l'expérience, une facette insoupçonnée de son être.

> Plusieurs croyants et croyantes ne considèrent pas nécessaire de faire eux-mêmes l'expérience du divin. L'expérience d'autrui est suffisamment convaincante pour affirmer leur croyance.

Les récits et les textes fondateurs jouent un rôle essentiel pour les fidèles puisqu'ils rassemblent la plupart des expériences significatives de l'histoire d'une tradition religieuse. Toutefois, les guides et les maîtres spirituels offrent souvent une référence plus directe, plus accessible pour les fidèles, ce qui peut alimenter leur croyance.

L'EXISTENCE DU DIVIN AFFIRMÉE PAR LA RAISON ■■

Depuis quelques siècles, à travers les réflexions philosophiques et les démarches scientifiques, la raison est invoquée pour nier l'existence du divin. Pourtant, depuis fort longtemps, nombreux sont ceux qui affirment l'existence du divin en s'appuyant aussi sur la raison.

L'origine de la démarche scientifique est souvent attribuée aux philosophes grecs, principalement parce qu'ils s'attachent à l'acquisition de la connaissance et privilégient le raisonnement et la logique comme méthodes. Ces philosophes veulent comprendre le monde, et leurs explications, tout comme leurs questions, visent l'universel et concernent souvent l'absolu. Par leurs raisonnements, certains d'entre eux bouleversent les conceptions de leurs contemporains à propos du divin, quelques-uns au prix de leur vie (voir **doc. 7.11**).

Jacques-Louis David (1748-1825), *La mort de Socrate*, Metropolitan Museum of Art, New York, États-Unis.

Document 7.11
La mort de Socrate
Accusé de menacer l'ordre social et d'encourager l'incroyance par ses discussions, Socrate a été condamné à boire de la ciguë, un poison mortel.

Chez Aristote, c'est le principe de causalité qui est la clé de la compréhension de l'Univers. Selon lui, le monde n'est fait que d'une seule réalité et d'une seule substance. Ce qui détermine chaque chose et chaque être, c'est à la fois ce qu'il a la possibilité de devenir et les actes qui ont transformé ce qu'il était auparavant. De cause en cause, à la manière de quelqu'un qui trace un arbre généalogique en identifiant des ancêtres toujours plus éloignés, il déduit une cause première qui demeure sans changement et au-delà de laquelle il n'y a plus de causes.

Aristote appelle cette cause première le « premier moteur ». Il ne semble pas lui-même considérer son raisonnement comme une démonstration infaillible de l'existence du divin, mais d'autres, un millénaire et demi plus tard, se le réapproprient à cette fin. Philosophes et théologiens du Moyen Âge, dont des juifs, des musulmans et des chrétiens, sont séduits par le concept de « premier moteur ».

Les méthodes d'Aristote, qui tendent à faire ressortir de l'Univers une structure logique, permettent de l'ordonner et de le comprendre.

Au XVIIe siècle, Blaise Pascal fait aussi appel à l'argumentation logique pour démontrer qu'en l'absence de certitude quant à l'existence du divin, l'attitude la plus prudente est de faire comme s'il existait. Il considère qu'il n'est possible de prouver ni l'existence ni l'inexistence de Dieu. Toutefois, s'il choisit de ne pas croire et qu'il se trompe, il le paiera cher après sa mort. Tandis qu'en choisissant de croire que Dieu existe, il ne subira aucune conséquence fâcheuse si jamais il se trompe. Il fait donc le pari de croire.

> *Examinons donc ce point, et disons : « Dieu est, ou il n'est pas ». Mais de quel côté pencherons-nous ? La raison n'y peut rien déterminer : il y a un chaos infini qui nous sépare. […] mais il faut parier. Cela n'est pas volontaire, vous êtes embarqué. Lequel prendrez-vous donc ? […] Votre raison n'est pas plus blessée, en choisissant l'un que l'autre, puisqu'il faut nécessairement choisir. Voilà un point vidé. Mais votre béatitude ? Pesons le gain et la perte, en prenant croix que Dieu est. Estimons ces deux cas : si vous gagnez, vous gagnez tout, et si vous perdez, vous ne perdez rien. Gagez donc qu'il est, sans hésiter.*

> Blaise Pascal, *Les pensées*, dans Albert Béguin, *Pascal*, Paris, © Éditions du Seuil, 1952, p. 160-161.

Au XVIIIe siècle, le philosophe et mathématicien Gottfried W. Leibniz (1646-1716) pose la question suivante : « Pourquoi y a-t-il quelque chose et non pas rien ? » Selon lui, toute réalité possède une raison suffisante d'exister, une cause en d'autres mots. La cause première et nécessaire de toutes les choses, et donc de l'Univers, doit lui être extérieure, indépendante et libre. Il ne peut s'agir que de Dieu.

Ainsi, pour de nombreux scientifiques d'hier et d'aujourd'hui, l'ordre, l'harmonie de l'Univers et les conditions extrêmement délicates qui ont permis qu'il soit ce qu'il est et qu'en émergent la vie et la conscience sont des preuves de l'existence d'une divinité.

Blaise Pascal
(1623-1662)

> *Si je considère combien de choses merveilleuses les hommes ont comprises, explorées et réalisées, je ne reconnais et ne comprends que trop clairement que l'esprit humain est une œuvre de Dieu et l'une de ses créations les plus distinguées.*
>
> Galileo Galilei (1564-1642), *Dialogue sur les deux grands systèmes du monde*, Paris, © Éditions du Seuil, 1992, pour la traduction française, coll. « Points Sciences », 2000.

L'EXISTENCE DU DIVIN CONTESTÉE ■■■

Aujourd'hui, dans de nombreuses sociétés, plusieurs personnes réfutent l'existence du divin. Mais de tout temps, des individus ont émis des doutes quant à son existence. Déjà, presque cinq siècles avant l'ère chrétienne, Protagoras, un penseur et professeur de la Grèce antique, s'exprimait en ce sens.

> *Les dieux, je ne puis dire qu'ils sont ni qu'ils ne sont pas, ni de quelle nature ils sont. Beaucoup de choses empêchent qu'on le sache : d'abord l'obscurité de la question, ensuite la brièveté de la vie humaine.*
>
> Protagoras (vers -485 à -410)

Dans les sociétés occidentales du Moyen Âge et de la Renaissance, il peut être risqué d'afficher son incroyance. Malgré cela, certains choisissent d'affirmer leur scepticisme concernant la divinité et ils en payent souvent le prix. Entre autres, le philosophe et essayiste français Pierre Bayle (1647-1706) doit s'exiler en Hollande jusqu'à sa mort parce qu'il prône la tolérance religieuse. Pour Bayle, nul ne peut prétendre détenir la vérité et l'imposer aux autres, et chacun devrait pouvoir pratiquer la religion de son choix. De plus, il affirme qu'un athée peut avoir autant de sens moral qu'un chrétien, ce qui est considéré comme une hérésie.

Blaise Pascal est né à Clermont-Ferrand, en France. Il perd sa mère à l'âge de trois ans. Son père décèle très tôt les aptitudes exceptionnelles de son fils pour les mathématiques et les sciences. Il décide de s'occuper de son éducation et lui fait rencontrer de nombreux scientifiques. Véritable génie, Pascal publie plusieurs ouvrages de mathématiques et de physique avant l'âge de 30 ans. Rien ne laisse présager son intérêt pour les questions religieuses.

En 1654, il vit une expérience mystique qui l'amène à se consacrer à la réflexion philosophique et religieuse. Blaise Pascal consacre le reste de sa vie à tenter de concilier esprit scientifique et croyances religieuses au moyen d'arguments fondés sur la raison. ■

Dans la chrétienté d'alors, les personnes qui contredisent les normes établies peuvent même être condamnées à la pendaison, à la décapitation ou au bûcher. Ainsi, le philosophe polonais Kazimierz Lyszczyński (1634-1689) est condamné à mort par les autorités religieuses lorsqu'il écrit que Dieu n'existe pas, avec son ouvrage *De non existentia Dei* (De la non-existence de Dieu) : on lui coupera la tête et on brûlera son corps.

À la même époque, Jean Meslier (1664-1729) affirme clairement, mais de façon posthume, son athéisme. Prêtre et philosophe, Meslier occupe la charge de curé dans une paroisse française pendant près de 40 ans. À sa mort, on découvre un manuscrit intitulé *Mémoire des pensées et sentiments de Jean Meslier*, dans lequel il s'exprime sur la religion et sur l'inexistence de Dieu. Ce témoignage deviendra un ouvrage de référence pour le développement de la pensée athée de l'époque.

> [...] il est clair et évident que l'âme n'est ni spirituelle ni immortelle, mais qu'elle est matérielle et mortelle aussi bien que le corps. Et si elle est mortelle comme le corps, il n'y a donc point de récompenses à espérer, ni de châtiments à craindre après cette vie. Il y a donc mille et mille milliers de justes et d'innocents qui n'auront jamais la récompense de leurs vertus ni de leurs bonnes œuvres, et mille et mille milliers de méchants et d'abominables scélérats qui ne seront jamais punis de leurs méchancetés et de leurs détestables crimes [...].
>
> Il n'y a donc point de bonté souveraine pour récompenser tous les justes et tous les innocents, et point de justice souveraine pour punir les méchants. Et s'il n'y a point de justice souveraine, ni de bonté souveraine, il n'y a point non plus de sagesse ni de puissance souveraine. Et s'il n'y a point de bonté, point de justice, point de sagesse et point de puissance souveraine, il n'y a donc point d'Être infiniment parfait, et par conséquent point de Dieu, qui est ce que j'avais à prouver et à démontrer.
>
> Rudolf Charles, *Le Testament de Jean Meslier, curé d'Étrepigny et de but en Champagne, décédé en 1733*, Tome III, Amsterdam, À la Librairie étrangère, 1864, p. 365.

Ainsi, les sociétés européennes de l'époque se transforment. Bientôt, philosophes et scientifiques cessent de considérer l'existence de Dieu comme une vérité indéniable. Par exemple, le philosophe allemand Emmanuel Kant (1724-1804) affirme que l'existence ou l'inexistence de Dieu est indémontrable, mais que le divin est un concept utile, notamment en matière de morale. Dès lors, plusieurs scientifiques contesteront l'existence de Dieu.

De nos jours, dans certains pays, il est encore possible d'être persécuté ou condamné pour avoir contesté l'existence du divin. Cependant, dans les pays où le droit à la liberté de penser et de manifester ses convictions est reconnu, des personnes de divers milieux peuvent contester l'existence du divin ou affirmer ne pas croire en Dieu sans risquer leur vie. Ainsi, dans les sociétés occidentales, la liberté d'expression permet la publication de nombreux ouvrages sur l'athéisme et sur l'inexistence du divin.

> *Je n'ai pas une assez haute idée de l'humanité en général et de moi-même en particulier pour imaginer qu'un Dieu ait pu nous créer. Cela ferait une bien grande cause, pour un si petit effet! Trop de médiocrité partout, trop de bassesse, trop de misère, comme dit Pascal, et trop peu de grandeur. [...] La simple connaissance de soi, comme l'a vue Bergson, pousse à plaindre ou à mépriser l'homme, davantage qu'à l'admirer. Trop d'égoïsme, de vanité, de peur. Trop peu de courage et de générosité. Trop d'amour propre, trop peu d'amour. L'humanité fait une création tellement dérisoire. Comment un Dieu aurait-il pu vouloir cela? Il y a du narcissisme dans la religion, dans toute religion (si Dieu m'a créé, c'est que j'en valais la peine!), et c'est une raison d'être athée: croire en Dieu, ce serait un péché d'orgueil.*
>
> André Comte-Sponville, *Pensées sur l'athéisme*, Paris, © Éditions Albin Michel, 1999, p. 87-88.

Les athées affirment ainsi une position claire: Dieu n'existe pas. D'autres ont une opinion moins catégorique. Par exemple, les agnostiques émettent des doutes sans se prononcer sur l'existence de Dieu. L'agnosticisme est une doctrine selon laquelle tout ce qui ne peut être prouvé par l'expérience ne peut être expliqué ni connu, ce qui ne permet ni d'affirmer ni de nier l'existence du divin.

Pourtant, malgré le passage du temps et les nombreuses doctrines qui se côtoient, plusieurs questions existentielles demeurent. Les « Qui sommes-nous ? » « D'où venons-nous ? » et « Où allons-nous ? » qui nous préoccupaient il y a des siècles continuent ainsi d'être d'actualité.

> *Car les questions vraiment graves ne sont que celles que peut formuler un enfant. Seules les questions les plus naïves sont vraiment de graves questions. Ce sont les interrogations auxquelles il n'est pas de réponse.*
>
> Milan Kundera

Depuis la nuit des temps, l'être humain se questionne sur ses **origines**, sur le **sens de la vie et de la mort** et sur l'**existence du divin**. Chacune à leur manière, les diverses traditions religieuses proposent des pistes de réponses à ces questions. Les philosophes et les scientifiques essaient eux aussi de trouver des réponses aux **questions existentielles** en prenant appui, notamment, sur la **raison**.

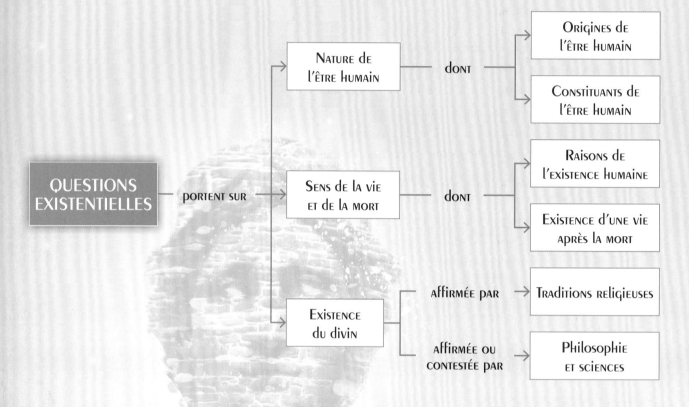

La plupart des récits fondateurs des traditions religieuses expliquent la **nature de l'être humain**. Dans ces textes, il est constitué d'un **corps**, qu'on peut sentir et toucher, et d'une **âme**, liée de différentes façons au **sang** et au **souffle divin**, selon la tradition. Les philosophes proposent d'autres conceptions de l'âme. Selon eux, elle est ce qui nous différencie des autres créatures vivantes : l'être humain a la **capacité d'abstraction** et maîtrise le **langage**.

Certaines personnes considèrent que **l'âme est distincte de l'enveloppe corporelle et survit au-delà de la mort**. Selon leur culture, elle peut attendre en un lieu la rédemption des péchés, renaître dans un autre corps ou sous une autre forme, ou encore interagir avec les vivants.

Plusieurs croient en un Dieu ou en des divinités, alors que d'autres affirment que **le divin n'existe pas** et qu'il est une création des êtres humains. Les croyants affirment l'existence du divin de différentes façons : ce peut être par l'**expérience religieuse** ou par la **raison**. Certains philosophes et scientifiques soutiennent que le divin existe, alors que d'autres contestent cette existence et considèrent que le **hasard** a permis l'éclosion de la vie et que les êtres humains sont plutôt le fruit d'une **évolution naturelle**.

Quelles que soient les réponses proposées au fil du temps, **ces questions existentielles demeurent actuelles** et il semble y avoir de multiples façons d'y répondre.

QUESTIONS

1   Pourquoi l'être humain cherche-t-il à comprendre la nature et l'origine de ce qu'il est ?

2   Qu'ont en commun les récits qui présentent l'être humain comme un être issu d'un processus naturel ?

3   Plusieurs traditions religieuses racontent que l'être humain est issu d'un processus de fabrication. Selon ces récits, qui est à l'origine de cette fabrication ?

4   Charles Darwin a élaboré une théorie scientifique qui explique l'origine des êtres humains. Quelles en sont les grandes lignes ?

5   Décrivez la conception de la nature de l'être humain selon Aristote.

6   Commentez l'affirmation selon laquelle la mort peut contenir de la vie.

7   À l'aide de l'outil 10, *La synthèse*, donnez un aperçu de la manière dont certaines personnes affirment l'existence du divin.

8   Résumez en vos mots le pari de Blaise Pascal.

9   De nos jours, plusieurs personnes affirment ne pas croire en l'existence du divin. Selon vous, s'agit-il d'un phénomène récent ? Expliquez votre réponse.

10 Est-il possible qu'un jour l'existence ou l'inexistence du divin ne soit plus un sujet de discussion ? Pourquoi ?

CHAPITRE 8

L'expression du religieux dans les arts et la culture

Pourquoi les traditions religieuses font-elles appel à l'art ? Comment se fait-il que des expressions du religieux semblables se trouvent dans différentes traditions religieuses ? Comment expliquer que des éléments religieux soient présents dans des œuvres d'art profane ?

Les premières manifestations artistiques connues datent de plus de 70 000 ans avant l'ère chrétienne. Formes sculptées ou moulées, images peintes ou gravées, instruments de musique, poteries, vanneries, tissages et assemblages divers, parures, maquillages et tatouages, les témoignages du souci artistique des groupes humains se multiplient et se complexifient avec les siècles. Dans certains cas, ces manifestations artistiques ne sont que le désir des êtres humains d'embellir leur vie. Cependant, il arrive souvent qu'elles révèlent une réflexion sur les puissances de l'Univers, sur les émotions, sur les mystères de la vie et de la mort et sur l'au-delà. Les systèmes de croyances et les traditions religieuses ont presque toujours eu recours aux arts comme modes d'expression et de transmission.

UNE ALLIANCE IMMÉMORIALE
ENTRE ARTS ET CROYANCES

Au fil des millénaires, de nombreux systèmes de croyances se développent et des expressions artistiques sont très souvent à leur service. Ainsi, des objets utilitaires en viennent progressivement à avoir d'autres fonctions (voir **doc. 8.1**). D'époque en époque, de culture en culture, de société en société, les arts et les croyances, tels les fils d'une grande tapisserie, révèlent l'évolution du patrimoine culturel humain.

LE SYMBOLE, MATIÈRE PREMIÈRE DES ARTS ET DES CROYANCES ■

Un langage est un système de signes permettant aux êtres humains qui l'utilisent d'exprimer leur pensée et de communiquer entre eux. Certains signes peuvent être porteurs de différents sens. Pour les décoder, les utilisateurs doivent partager une expérience ou une connaissance particulière. Ces signes deviennent alors des **symboles**. Le symbole, qui peut aussi être gestuel ou non verbal, est la représentation figurée, imagée, concrète d'une notion abstraite (voir **doc. 8.2**).

Les mots en **rouge** attirent l'attention sur un symbole.

Document 8.1
D'objet utilitaire à objet rituel
Un objet courant, comme un bol, peut avoir différents usages : il peut servir de récipient, d'élément décoratif ou d'objet rituel.

Document 8.2
Le fruit défendu

Lucas Cranach l'Ancien, *Adam et Ève*, 1526, The Courtauld Gallery, Londres, Angleterre.

Selon la tradition chrétienne, le fruit défendu est celui de l'arbre de la connaissance du bien et du mal, arbre qui est associé au mystère de la vie et de la mort. Avec le temps, la tradition populaire a fait de la **pomme** le fruit défendu du jardin d'Éden : le fruit doit mourir et pourrir, ce qui est généralement associé au mal, pour que les graines qu'il contient puissent germer et produire la vie de nouveau, ce qui est considéré comme le bien.

Ainsi, la pomme vient symboliser le danger mortel que constitue la vie. Pour l'humanité, la mortalité entraîne donc l'obligation de se reproduire, ce qui en fait un symbole érotique, synonyme de désir charnel.

Des rapprochements possibles

Dans le conte *Blanche-Neige*, la pomme entraîne, chez la jeune fille, un sommeil éternel et symbolise la fin de l'innocence et l'éveil à la vie adulte par la sexualité.

De la plus ancienne peinture rupestre au plus récent clip vidéo diffusé dans Internet, toute œuvre d'art a comme but de communiquer un sens, une émotion ou un point de vue concernant une réalité. Or, la plupart des traditions religieuses ont recours aux symboles pour permettre de partager des expériences, pour exprimer des concepts tels l'origine des puissances naturelles, le divin, l'âme, l'au-delà, la vie, la mort, etc., et pour mettre les fidèles en relation avec ces derniers. L'œuvre d'art constitue donc souvent le véhicule idéal de la pensée religieuse.

Il existe, à travers le monde, une vaste quantité de symboles qui enrichissent les œuvres d'art. Certains sont propres à une région, à une époque ou à une culture ; ils peuvent aussi être repris d'âge en âge. Ces symboles se transforment parfois, mais, souvent, ils conservent une part essentielle de leur signification d'origine (voir **doc. 8.3**).

La terre, l'air, le feu et l'eau, forment à eux seuls un groupe symbolique très riche. La **terre**, féconde et nourricière, est presque universellement associée à la maternité, alors que l'**air**, par le souffle et le vent, représente habituellement la spiritualité.

Provenant de l'ardeur du soleil, de la foudre ou des profondeurs de la terre par la bouche des volcans, le **feu** peut être une force dévastatrice, provoquant chaos et destruction. Il est alors associé au châtiment divin. Par exemple, dans les traditions abrahamiques, Lucifer brûle éternellement en enfer.

Lorsqu'il est maîtrisé, le feu devient purificateur et régénérateur. De tout temps, il est associé à la sagesse et à la spiritualité.

L'**eau** est à la fois source de vie et de mort. Elle symbolise la sagesse, la connaissance et l'éveil spirituel. Selon la tradition chrétienne, celui qui s'abreuve de l'eau que Jésus lui offre n'aura plus jamais soif. L'eau symbolise aussi la vie éternelle, comme l'atteste le mythe de la fontaine de jouvence. Parce qu'elle nettoie, l'eau est également un symbole de purification : qu'il s'agisse de l'eau bénite, de l'eau du baptême, de celle des ablutions.

Stagnante ou profonde, l'eau peut abriter des créatures et donc représenter de nombreux dangers. Son potentiel dévastateur est immense : les déluges, tsunamis et inondations nous rappellent qu'elle entraîne aussi la mort.

**Document 8.3
Une chose pour une autre**

Quel sens donner à cette empreinte d'une main peinte, il y a plus de 25 000 ans, sur la paroi de la grotte de Pech Merle, en France ?

Parmi les plus anciens symboles intelligibles connus se trouvent des représentations de certaines parties du corps, notamment la **main**. Elle représente l'individu en tant que présence agissante sur son milieu. Comme c'est la main qui produit et utilise les premiers outils de l'humanité, c'est par elle que les projets de l'esprit se réalisent. Dans de très nombreuses traditions religieuses, elle est symbole de connaissance, de puissance et du pouvoir transformateur et créateur du divin. Par exemple, l'expression *la main de Dieu* renvoie à l'action invisible mais efficace de Dieu sur la destinée humaine.

Des rapprochements possibles

Les gens affichent leurs croyances ou des éléments porteurs de sens dans des lieux significatifs depuis plus de 30 000 ans. Ce désir de marquer sa présence, ou son passage en un lieu, persiste de nos jours.

L'ART DANS LE JUDAÏSME ANCIEN ▪▪

L'être humain fait appel à une multitude de symboles, tels les couleurs, les nombres, les animaux et les formes, pour donner un sens à l'Univers qui l'entoure. En règle générale, la codification des symboles se fait dans les temps de fondation des traditions religieuses.

Dans une tradition orale comme celle du judaïsme ancien, de nombreux symboles servent à rappeler aux fidèles les principaux épisodes de leur tradition religieuse, mais aussi le sens de certaines croyances (voir **doc. 8.4**).

Document 8.4
Des symboles du judaïsme

Ce coffre représente l'**Arche d'alliance**, qui contient les Tables de la Loi sur lesquelles, selon la tradition, Dieu a gravé les dix commandements avant de les remettre à Moïse sur le mont Sinaï.

Le chandelier à sept branches, la **menorah**, devient très tôt un symbole de la tradition juive. Les **flammes** de ses bougies évoquent la présence de Dieu parmi les êtres humains. La **forme** de l'objet rappelle celle de l'arbre, dont les branches se déploient vers la **lumière**, symbole de l'éveil spirituel et de la révélation divine.

Des rapprochements possibles

De nos jours, la colombe est souvent associée à la paix. Elle est aussi utilisée dans les mariages comme symbole d'amour et de fidélité.

La **colombe** portant un rameau d'olivier évoque la nouvelle chance offerte aux descendants de Noé après le Déluge.

Document 8.5
Une histoire en images

Illustrer une histoire avec des images successives se fait depuis fort longtemps, comme l'attestent ces portions d'une fresque de la synagogue de Doura Europos, *La prise de l'Arche par les Philistins à la bataille d'Eben Ezer*, datant du IIIᵉ siècle et conservée au Musée national de Damas, en Syrie.

À l'époque généralement associée à l'émigration d'Abraham et de sa famille, plusieurs peuples du Proche-Orient sont formés de tribus d'éleveurs, constamment en déplacement. Ces nomades ornent les objets qu'ils utilisent de signes qui font référence à leurs croyances.

Selon les Hébreux de cette époque, Dieu leur interdit l'utilisation d'images pour le représenter, non seulement afin d'éviter l'**idolâtrie**, mais aussi pour préserver la dimension surhumaine, inconnaissable et inatteignable de la divinité.

Lorsque les Israélites conquièrent des terres en Palestine et s'y établissent, des éléments de décoration architecturale apparaissent, notamment des sculptures sur des bâtiments et des ossuaires. De nouveaux symboles, rappelant la vie de Moïse, l'Exode et l'établissement d'un royaume, font aussi leur apparition.

Quelques siècles avant l'ère chrétienne, les synagogues, lieux de rassemblement des communautés juives disséminées, apparaissent au Proche-Orient. Elles sont souvent décorées de motifs géométriques et de symboles, mais certaines sont ornées de fresques bibliques naturalistes, dans les styles des cultures dominantes dans lesquelles elles sont construites (voir **doc. 8.5**). Ces lieux de dévotion servent aussi, pour les Hébreux, à ancrer la présence de Dieu sur la Terre.

Des rapprochements possibles

Michel Rabagliati, *Paul à la pêche*, Éditions de la Pastèque, 2006, p. 186.

La séparation du récit en cases ou en bandes successives est une des caractéristiques de la bande dessinée.

Idolâtrie
Culte rendu à une représentation d'une divinité sous forme d'image ou de statue.

Les premières églises de la chrétienté

Dans la chrétienté, l'église est un lieu où les fidèles se rassemblent et où, comme pour d'autres types de temples, ils portent un culte à la divinité. En tant que lieu de prière, l'église doit rappeler la grandeur de Dieu et favoriser la communion avec lui.

Les premières communautés chrétiennes sont persécutées par les autorités romaines et les juifs non convertis. Leurs lieux de culte sont improvisés et secrets, et leurs signes de reconnaissance, discrets (voir **doc. 8.6**).

Document 8.6
Des signes de reconnaissance

Le mot *ichthus* signifie « poisson » en grec ancien. Il est l'emblème que les premiers chrétiens utilisent le plus fréquemment pour se reconnaître, car le **poisson** est le symbole du Christ lui-même.

I	« Jésus »
CH	« Christ »
TH	« de Dieu »
U	« fils »
S	« sauveur »

L'acronyme ICHTHUS se traduit par « Jésus Christ le sauveur et le fils de Dieu. »

Des rapprochements possibles

Une personne peut porter ce pendentif parce qu'elle le trouve joli, tout en ignorant ce qu'il symbolise.

L'**agneau** est aussi utilisé comme symbole chrétien, car Jésus se présente comme le pasteur ou le berger qui guide son troupeau vers Dieu, et est présenté par Jean le Baptiste et les apôtres Pierre et Paul comme l'agneau printanier sacrifié pour assurer le salut de l'humanité. Au début du Moyen Âge, les autorités religieuses catholiques préfèrent le symbole de la **croix** à ceux de l'agneau et du poisson, car ils sont associés à d'autres croyances.

UN CATÉCHISME DE PIERRE ■

Lorsque l'exercice du culte chrétien est autorisé dans l'Empire romain, les fidèles se rassemblent dans les anciens palais, généralement des enceintes carrées surmontées d'une coupole centrale, ou dans de grands bâtiments rectangulaires dont le toit est soutenu par d'imposantes colonnes intérieures. Durant les premiers siècles de la chrétienté, les nouvelles églises sont généralement construites selon ces deux types d'architecture.

Vers la fin du premier millénaire, les architectes s'inspirent de la croix pour dessiner le plan au sol des nouvelles églises (voir **doc. 8.7**). Ils constatent que l'ajout d'une allée perpendiculaire, le transept, solidifie l'édifice. Ces nouvelles techniques permettent ainsi d'adapter les églises à la symbolique spécifique du christianisme. Les cathédrales de l'Europe catholique romaine, qui sont des églises où siège un évêque, en bénéficient.

Dans le but d'être plus près de Dieu, les bâtisseurs élèvent les voûtes vers le ciel. Et pour accueillir des fidèles toujours plus nombreux et laisser entrer plus de lumière, ils allègent et agrandissent l'espace intérieur. Tout est mis en œuvre dans ces constructions pour rendre grâce à Dieu, mais aussi pour guider les fidèles dans leurs croyances.

Durant des siècles, la majeure partie de la population est illettrée. Les scènes peintes, gravées ou sculptées sur les bâtiments ou à l'intérieur de ceux-ci permettent donc de rappeler des passages importants de l'histoire religieuse. Ainsi, ces lieux de culte constituent de véritables catéchismes de pierre. C'est le cas, entre autres, de la cathédrale Notre-Dame de Paris (voir **doc. 8.8**, à la page suivante).

Avec le temps, les églises arborent des fresques sculptées de plus en plus complexes et détaillées. Portails et galeries à l'extérieur, boiseries, sculptures et vitraux à l'intérieur : tout concourt à encourager une attitude de recueillement. L'immensité de l'édifice en impose aux fidèles, et, une fois franchis les sombres portails, la hauteur vertigineuse du plafond, la luminosité, la réverbération du son sur la pierre favorisent l'élévation de l'âme.

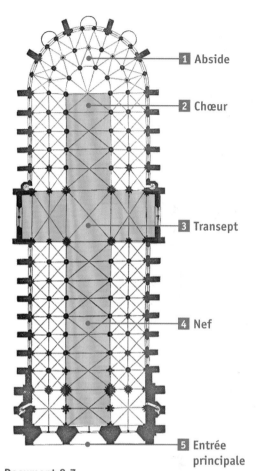

1 Abside

2 Chœur

3 Transept

4 Nef

5 Entrée principale

Document 8.7
Le plan au sol de Notre-Dame de Paris
La forme d'une croix est bien visible dans ce plan au sol de la cathédrale.

Mini-lexique

Abside
Extrémité d'une église, de forme arrondie, située derrière le chœur.

Chœur
Partie de l'église où se tiennent les chanteurs et le clergé pendant les offices.

Nef
Corps principal d'une église, qui relie la façade au chœur, et où se tiennent les fidèles.

Transept
Nef transversale qui coupe perpendiculairement la nef principale, donnant à l'édifice une forme de croix.

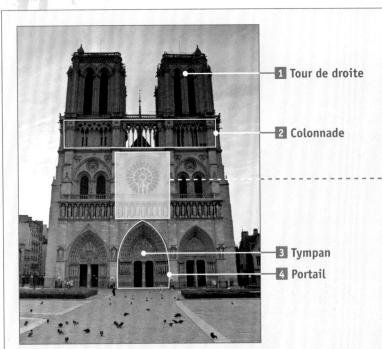

1 **Tour de droite**

2 **Colonnade**

3 **Tympan**

4 **Portail**

Façade ouest

Tournée vers l'**ouest**, lieu symbolique des ténèbres et de la mort, la façade de la cathédrale est la frontière entre le monde matériel et celui de la rencontre avec le divin. La rosace de la Vierge, à qui la cathédrale doit son nom, est située en plein centre de la façade.

Mini-lexique

Flèche
Partie pyramidale ou arrondie qui surplombe le clocher d'une église.

Parvis
Place située devant la façade d'une église.

Portail
Grande porte permettant l'entrée dans un édifice.

Tympan
Espace triangulaire au-dessus d'un portail d'église romane ou gothique, généralement décoré de sculptures.

Tour de droite

La colonnade 2 qui protège les tours de la cathédrale lui donne un aspect de château fortifié. La **tour** est le symbole de l'ascension de l'être humain vers le divin.

5 **Détail de la galerie de la Vierge**
La Vierge Marie, entre deux anges, tient l'enfant Jésus dans ses bras. Elle donne l'impression d'accueillir les fidèles. La rosace centrale lui fait office d'**auréole**, symbole universel de la sainteté.

6 **Détail de la galerie des rois**
Sur toute la largeur de la façade s'étend la galerie des rois. Ces rois sont ceux du royaume de Juda, les ancêtres de Marie selon la Bible.

À l'époque de sa construction, Notre-Dame de Paris est la plus grande cathédrale d'Occident. Sa situation géographique revêt une importance particulière : elle est érigée sur l'île de la Cité, au centre de la ville de Paris. La plaque de bronze incrustée dans son parvis constitue le point zéro, qui permet de calculer toutes les distances à partir de Paris.

7 Flèche

Façade sud

En 1958, on construit la Place-Ville-Marie, le premier gratte-ciel de Montréal. Cet édifice en forme de croix porte le nom de *Ville-Marie*, ancien nom de Montréal, donné en l'honneur de la Vierge Marie.

Si elle est un symbole d'élévation spirituelle, la tour est aussi le symbole de l'orgueil de l'être humain, qui s'imagine pouvoir être l'égal de Dieu. Aujourd'hui encore, les sociétés s'enorgueillissent de leurs plus hauts monuments, symboles contemporains de l'élévation du statut économique et social.

8 **Détail du portail du Jugement dernier**
Les tympans canalisent le flot des fidèles, qui, pour pénétrer dans la cathédrale, doivent connaître l'obscurcissement de la lumière extérieure et être accueillis par les personnages bibliques.

Notre-Dame de Paris a inspiré plusieurs œuvres profanes telles qu'un roman de Victor Hugo, plusieurs films et le spectacle musical du duo Plamondon-Cocciante.

LA POÉSIE DE LA LUMIÈRE ▪▪

L'éclairage naturel qui illumine la cathédrale Notre-Dame de Paris provient presque exclusivement des fenêtres situées au niveau le plus élevé (voir **doc. 8.9**).

Les couleurs et l'emplacement des vitraux revêtent une signification particulière. Ainsi, la plupart des vitraux de Notre-Dame de Paris sont dominés par les teintes de bleu, de violet et de rouge. Lors des journées ensoleillées, l'intérieur de la cathédrale baigne dans une lumière bleu violacé. Le **bleu**, couleur du ciel, lieu d'existence du divin, est associé à la Vierge Marie.

La lumière qui traverse les verrières nord et sud projette un rayon chatoyant qui dirige le regard jusque sur l'autel à la croisée du transept, où sont célébrés les services religieux. Les **rayons du soleil levant**, symbole de la résurrection du Christ, entrent par les vitraux de l'abside, orientée vers l'est. Les représentations qui composent les rosaces sont regroupées selon des thématiques précises (voir **doc. 8.10**).

Ghyslaine Vary et Suzanne Tremblay, *Frégate*, 2004, collection particulière.

Piliers **1**

Abside **2**

Document 8.9
Une question d'équilibre des forces
Les piliers **1** de Notre-Dame de Paris donnent une impression de délicatesse et les longues fenêtres laissent entrer beaucoup de lumière. Une telle structure suggère une forêt divine, couronnée d'une haute voûte de branches traversées par les rayons du soleil.

Document 8.10
La rosace de la Vierge de Notre-Dame de Paris

Médaillon rond
Les douze médaillons du demi-cercle supérieur représentent les vices. Chaque vice est associé à la vertu du médaillon qui le surmonte.

Médaillon quadrilobé extérieur
Les douze médaillons du demi-cercle supérieur représentent les vertus, sous les traits de guerrières royales.

Médaillon quadrilobé intérieur
Les douze médaillons qui entourent la Vierge sont des représentations de prophètes, qui annoncent la venue du Messie.

Bouton central
La Vierge trône au cœur de la rosace, en tenant sur son bras l'enfant Jésus, qui bénit les fidèles.

Des rapprochements possibles

Aujourd'hui, dans les spectacles, on fait souvent appel à des jeux de lumière. Ces éclairages peuvent contribuer à l'effet de réalisme d'un décor, mais aussi susciter certaines émotions ou certains états.

Icône, XVIᵉ siècle, *Ascension du Christ*, Bourgas Art Gallery, Bourgas, Bulgarie.

Les icônes orthodoxes sont considérées saintes par les fidèles, qui les utilisent dans le culte. Elles répondent à des normes précises qui portent sur les thèmes, les personnages, les fêtes, mais aussi les couleurs et les supports utilisés pour les œuvres.

Au début du Moyen Âge, l'utilisation d'illustrations provoque d'importants conflits au sein des autorités chrétiennes, en raison de l'interdit biblique concernant les représentations du divin. Ces conflits contribuent à la division de la chrétienté.

L'ART DANS L'ORTHODOXIE ■

À la suite du schisme d'Orient, les patriarches orthodoxes élaborent une codification pour les icônes religieuses. Les artistes qui les produisent ont donc peu de liberté d'interprétation, et leur style demeure ainsi plutôt homogène au fil des siècles (voir **doc. 8.11**). En Occident, les artistes de confession catholique romaine conservent une certaine marge de manœuvre tout en devant respecter les modèles établis par la tradition. Leurs œuvres servent de plus en plus à aller au-delà du récit et à émouvoir les fidèles. Ainsi, l'iconographie évolue au gré des styles, des techniques et des modes, mais de façon plutôt uniforme à travers l'Europe.

Document 8.11
Une codification précise

Dans la tradition religieuse orthodoxe, les représentations de la Vierge sont nombreuses. Ce type d'icône, appelée *Vierge de tendresse*, représente la Vierge Marie et l'Enfant, dont les joues se touchent.

Ce vitrail publicitaire évoque une scène religieuse par le choix du support, le vitrail, et celui du thème, la mère et l'enfant.

DE NOUVELLES TECHNIQUES AU SERVICE DU RELIGIEUX ■■

À la fin du XVe siècle, des œuvres d'art de toutes sortes sont commandées par l'Église pour embellir ses lieux de culte et ses divers bâtiments. Par leur magnificence, ces œuvres célèbrent la gloire de Dieu, affirmant ainsi sa puissance.

Progressivement, les artisans anonymes au service de la tradition religieuse sont remplacés par des artistes reconnus et acclamés, pour qui la tradition religieuse est une grande source d'inspiration (voir **doc. 8.12**).

Des sommes colossales servent donc à restaurer les nombreux bâtiments du Vatican, siège de l'Église catholique romaine, à Rome. À la demande du pape Sixte IV, la chapelle qui sera plus tard appelée *chapelle Sixtine* est reconstruite selon des proportions semblables à celles du Temple de Salomon, tel qu'il est décrit dans l'Ancien Testament. Ses fresques dépeignent les épisodes fondamentaux de l'histoire judéo-chrétienne. Les artistes les plus réputés sont recrutés pour la décorer (voir **doc. 8.13**, à la page suivante).

Document 8.12
La musique au service du religieux

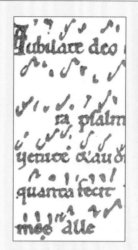

Les accentuations existent déjà du vivant de Jésus, dans la Torah et autres livres du culte juif, et la notation rythmique est utilisée dans la Grèce antique. Avant l'invention d'une notation musicale indiquant les sons sur une portée de plusieurs lignes, les syllabes des mots des textes liturgiques sont accentuées pour indiquer les inflexions vocales, les rythmes et les respirations. De nos jours, les auteurs de chansons *hip hop* utilisent parfois une méthode qui rappelle la notation accentuée pour transcrire leurs chansons.

Tout au long du Moyen Âge, des musiciens composent des pièces pour l'Église. Parmi celles-ci, plusieurs traversent les siècles et sont reprises en diverses occasions : pendant la période de Noël, au cours des services religieux ou des cérémonies du mariage par exemple. Aujourd'hui, les thèmes religieux continuent d'alimenter la créativité des auteurs et des compositeurs.

La musique sacrée peut s'interpréter avec un grand orchestre, mais aussi sans instruments : c'est le cas du chant grégorien, souvent attribué au pape Grégoire le Grand. Ces chants favorisent, chez les fidèles, le recueillement et l'élévation de l'âme.

Des rapprochements possibles

Le nom de certains groupes musicaux ou les thèmes de chansons renvoient souvent à des éléments liés à des traditions religieuses. Par exemple, le nom du groupe *Genesis* renvoie au livre de la Genèse, et la chanson *Bon Yeu* (donne-moi une job) des Colocs illustre la prière d'un chômeur. Il arrive également que des artistes utilisent un vocabulaire religieux pour mieux contester les religions.

De 1508 à 1512, Michelangelo Buonarroti orne la voûte de la chapelle Sixtine de fresques qui illustrent, en neuf tableaux, les scènes de la Genèse.

Michelangelo Buonarroti
(1475-1564)

Michelangelo Buonarroti (ou Michel-Ange) est un peintre, sculpteur, architecte et poète italien. Il s'inspire de la sculpture classique gréco-romaine pour réaliser ses personnages. Ceux-ci, parfois très réalistes, sont souvent monumentaux. Les poses tordues, les détails musculaires et les disproportions contribuent à créer du mouvement et de la vie, à donner à l'ensemble un effet saisissant. ■

Partie ouest de la voûte

Dieu, personnage principal
Dieu est ici représenté **flottant dans le vide**. De nombreuses traditions religieuses utilisent cette symbolique, car elle représente la faculté de s'élever au-dessus des réalités humaines et des contraintes terrestres. Cette représentation de Dieu, au visage sévère, au corps vigoureux et à la tête de philosophe grec, se répand à partir de cette époque. La **barbe** et les **cheveux gris** sont, pour leur part, des symboles millénaires de savoir et de sagesse.

Création d'Adam
Dans la Genèse, Dieu souffle dans les narines d'Adam pour lui donner la vie, alors que pour Michelangelo, c'est du bout de l'index qu'il lui transmet l'étincelle, le souffle de vie, comme s'il y avait transmission de pouvoir.

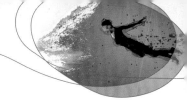

Partie est de la voûte

Déluge

La plupart des artistes qui représentent le Déluge choisissent le moment où la colombe rapporte un rameau d'olivier à l'arche de Noé en guise de preuve du retrait des eaux. Michelangelo dépeint plutôt la montée des eaux, accentuant l'aspect destructeur et purificateur de cet élément.

Chute de l'être humain

La chute de l'être humain est ici représentée en deux temps : l'infraction, puis la sanction. La femme serpent offre un fruit à Ève, qui l'accepte. Mais Michelangelo fait d'Adam un être actif dans le péché : contrairement à ce qui est écrit dans le récit biblique, il ne reçoit pas le fruit des mains d'Ève, mais le prend lui-même dans l'arbre.

Au fil du temps, peintres et sculpteurs s'aperçoivent qu'une certaine forme de réalisme permet d'émouvoir davantage. L'art n'est plus un simple outil d'illustration et d'enseignement : il sert aussi à susciter des émotions. Sous le pinceau des maîtres, les murs des réfectoires ou des chapelles et les voûtes des églises disparaissent pour laisser entrevoir le monde divin, auquel les fidèles ont la sensation d'accéder (voir **doc. 8.14**).

Document 8.14
Des impressions réalistes

Dans ces fresques, les artistes font appel à de nouvelles techniques, dont le trompe-l'œil et le point de fuite. Ces innovations picturales suscitent de nouvelles sensations chez les fidèles, qui ont l'impression de pouvoir toucher aux personnages et de participer à ce qui est représenté.

Mini-lexique

Point de fuite
Point imaginaire vers lequel convergent des lignes afin de créer un effet de profondeur sur une surface plane.

Trompe-l'œil
Technique qui permet, par des effets de perspective, de créer l'illusion du relief dans un objet en deux dimensions.

Antonio Allegri, dit le Corrège (1489-1534), *L'Assomption de la Vierge*, coupole de la cathédrale de Parme, Parme, Italie.

Leonardo da Vinci (1452-1519), *La Cène*, église Santa Maria delle Grazie, Milan, Italie.

Avec le temps, les artistes se servent de plus en plus de modèles vivants pour exécuter leur travail. Quelques-uns vont même jusqu'à dépeindre des scènes mythiques ou religieuses sous la forme d'événements contemporains. Des personnalités de la bourgeoisie, de la noblesse ou du clergé y sont reconnaissables, portant des habits et des coiffures de l'époque. De même, selon le contexte, les représentations des personnages bibliques peuvent changer (voir **doc. 8.15**).

LA RÉFORME : UN RETOUR À L'ESSENTIEL ■■■

Pour enrichir ses églises et magnifier son pouvoir, le clergé catholique romain a besoin de sommes d'argent considérables. Le pape autorise donc souvent la vente d'indulgences. Cette pratique, qui soulève de plus en plus l'indignation, entraîne la Réforme protestante.

Au XVIe siècle, de nombreux royaumes du nord-ouest de l'Europe adhèrent aux propositions de Martin Luther (1483-1546) et de Jean Calvin. Les populations de ces royaumes pratiquent le culte chrétien selon leurs enseignements. Selon eux, tous les fidèles sont égaux dans leur croyance et responsables de leur pratique. Ainsi, pour favoriser la rencontre personnelle des fidèles avec leur Dieu par la méditation des Écritures, les lieux de culte des Églises réformées sont dépouillés de toutes représentations du divin, donc de presque toutes leurs œuvres d'art.

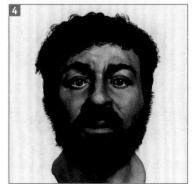

EN COMPLÉMENT

L'origine de la Réforme protestante

À la fin du Moyen Âge, les croyants et croyantes s'inquiètent notamment du sort qui les attend après la mort. Les catholiques croient qu'une existence remplie de bonnes actions les mène au paradis, alors que ne pas respecter les enseignements de l'Église les conduit à l'enfer ; entre les deux, il y a le purgatoire, où ils doivent payer le prix de leurs fautes. Depuis des siècles, afin d'obtenir l'absolution, ils confessent leurs péchés aux prêtres, qui leur imposent une pénitence. Ce système se transforme avec les indulgences : des représentants de Rome vendent des indulgences, qui permettent d'obtenir l'absolution de certains péchés ou la réduction du temps à passer au purgatoire.

En 1517, le moine Martin Luther critique sévèrement le bien-fondé des indulgences et l'importance accordée à la confession. Selon lui, les fidèles n'ont pas besoin d'intermédiaires pour se rapprocher de Dieu, mais seulement des Écritures. Il considère que seule la foi assure le salut et que tous les baptisés sont égaux dans leur croyance et responsables dans leur pratique. Il affirme que l'Église n'est pas l'égale de Dieu et qu'elle doit se réformer. De ses propositions de réforme naîtra le protestantisme.

Document 8.15
Des traits changeants
À partir du XVe siècle, le Christ est généralement représenté ayant la peau pâle, des yeux bleus et des cheveux blonds **1**. Cependant, la diffusion du christianisme entraîne parfois des interprétations locales de son image. Ainsi, il peut être représenté ayant des traits asiatiques **2** ou afro-américains **3**. Récemment, des équipes d'experts ont élaboré, à partir de données scientifiques, un portrait-robot de Jésus de Nazareth basé sur son origine ethnique **4**.

La Réforme n'est pas sans conséquence pour les artistes, dont une bonne part des revenus provient de la production d'œuvres d'art à caractère religieux. Toutefois, Luther et Calvin reconnaissent les vertus pédagogiques des images, surtout celles dans les livres, pour expliquer les Écritures aux fidèles illettrés (voir **doc. 8.16**).

Ainsi, les graveurs protestants réinterprètent les gravures et les transforment selon leur compréhension des textes fondamentaux et celle des pasteurs.

**Document 8.16
L'art et la Réforme**

Lucas Müller
(1472-1553)

Lucas Müller, dit Lucas Cranach l'Ancien, est un peintre et graveur allemand, ami de Martin Luther. Ce dernier est favorable aux images descriptives pour la compréhension des Écritures. Il requiert les services de Cranach l'Ancien pour illustrer la Bible en allemand, qu'il fait publier en 1534. Ces illustrations font donc rapidement partie de l'imagerie collective des communautés protestantes. ■

Comme en témoigne l'intérieur de l'église de la Paix, à Jawor, en Pologne, les églises protestantes ne sont pas toutes dépouillées de décorations et d'ornements. Mais elles sont dépourvues de représentations des saints et de la Vierge Marie.

Le poète français Clément Marot (1496-1544) met en vers, avec Théodore de Bèze (1519-1605), des psaumes de la Bible. Par la suite, d'autres psautiers sont imprimés, vendus et chantés dans toute la France réformée.

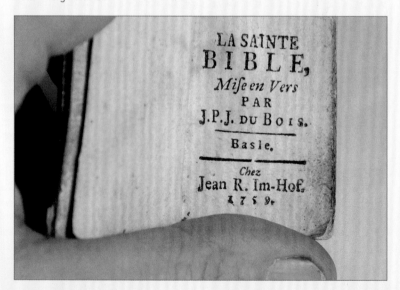

Durant les guerres de religions, les objets du culte protestant doivent être dissimulés, mais la lecture de la Bible persiste dans les foyers. Les Bibles sont alors éditées en très petits formats afin de pouvoir être dissimulées dans les coiffures des femmes. On les appelle *Bibles de chignon*.

L'importance de la gravure et de l'imprimerie

La plupart des artistes de renom de l'époque dirigent des ateliers où il leur est possible de se diversifier en produisant dessins et peintures, mais aussi sculptures, vitraux, enluminures et gravures sur bois. Ce dernier procédé permet de produire plusieurs exemplaires d'une même image. Cette technique inspire à Gutenberg, vers 1434, le procédé d'impression à caractères mobiles, dont profitent les ateliers d'artistes. En effet, gravure et imprimerie se complètent bien, et les artisans améliorent le procédé en gravant leurs œuvres sur des plaques de cuivre. L'impression des livres devient alors entièrement mécanisée.

Dès le début de la Renaissance, les communautés offrent un vaste marché aux imprimeurs et aux graveurs. Au cours des décennies suivantes, l'imprimerie et la gravure se développent dans toute l'Europe, puis au-delà de celle-ci. L'Église protestante et l'Église catholique romaine, tout comme d'autres types d'organisations, trouvent dans les livres et l'imprimerie un outil efficace d'enseignement et de diffusion des idées. Ainsi, les ateliers qui produisent des gravures ne manqueront pas de travail durant plusieurs siècles.

Ces différences de perception peuvent mener à illustrer certains détails qui ne se trouvent pas dans la source textuelle. Ces décalages reflètent souvent les mentalités, la culture et les valeurs des diverses communautés protestantes (voir **doc. 8.17**).

Lucas Cranach le Jeune (1515-1586), *La vraie et la fausse Église*, église de Wittenberg, Wittenberg, Allemagne.

Document 8.17
Une réinterprétation
La volonté de se détacher du faste de l'Église catholique romaine alimente, chez les protestants, le désir de ramener l'art aux Écritures. Sur cette gravure, Lucas Cranach représente sa conception de l'Église catholique romaine (à droite) par rapport à celle de l'Église protestante (à gauche).

8.4
D'autres traditions religieuses et leurs expressions artistiques

Partout dans le monde, les traditions religieuses font appel à divers modes d'expression artistique pour exprimer et transmettre les croyances, et pour partager les expériences religieuses des fidèles. Les valeurs et la culture des sociétés dans lesquelles elles se sont implantées influencent leurs univers artistiques.

L'UNIVERS ARTISTIQUE DE L'ISLAM ▪

Bien que les sociétés où l'islam s'est implanté aient de riches traditions artistiques, très peu de mosquées sont décorées de représentations figuratives. Le Coran et les hadiths en sont aussi dépourvus.

Dès les premiers siècles de l'islam, les communautés musulmanes associent les images à un luxe, ce qui peut être immoral dans une tradition qui valorise l'humilité, la simplicité et la charité. De plus, l'artiste est perçu comme quelqu'un qui tente d'imiter Dieu ou de se substituer à lui. Son acte de création est donc considéré comme un geste prétentieux, frôlant le blasphème, et l'artiste comme son œuvre sont dits *impurs*. Les autorités religieuses cherchent également à prévenir le développement d'un comportement idolâtre.

Les représentations figuratives sont donc bannies de tout contexte religieux, mais autorisées dans les autres. S'il n'y a aucune scène de l'Ancien Testament, de la vie de Jésus ou de celle de Muhammad dans les livres saints ni dans les lieux de prière et d'enseignement, plusieurs figurent dans les livres de contes ou d'histoire ainsi que dans les lieux et sur les objets de la vie quotidienne (voir **doc. 8.18**).

Les communautés musulmanes ont développé de nombreux modes d'expression artistique tout en respectant les enseignements religieux au sujet des images (voir **doc. 8.19**).

Document 8.18
Des exceptions à la règle
Dans la tradition musulmane, Muhammad est généralement représenté sans visage ou à visage voilé. Cependant, il arrive qu'on déroge à cette règle dans certains contextes non religieux.

Document 8.19
Des motifs riches et complexes

De l'Indonésie jusqu'au Maroc, les mosquées, les tombeaux et les palais musulmans sont richement ornementés. Des versets du Coran y sont souvent reproduits dans de grandes mosaïques de céramique, de verre et de marbre, parfois incrustées de métaux précieux.

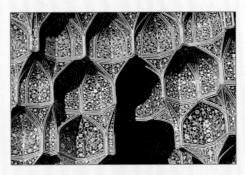

Intérieur de la mosquée de Jameh, en Iran

Sourate al-Ikhlas du Coran
La calligraphie constitue un art en soi, et les lettres, les mots et les versets du Coran deviennent de véritables œuvres d'art.

L'UNIVERS ARTISTIQUE DE L'HINDOUISME ■■

En Inde et à plusieurs endroits en Asie du Sud-Est, les représentations du divin et des êtres surnaturels sont plus que de simples rappels des multiples divinités et de leurs qualités : elles sont essentielles à la pratique du culte. Ces représentations constituent des réceptacles qui permettent à chaque divinité de se manifester en tant que présence réelle dans le monde terrestre. Dans l'art visuel hindou, le réalisme des traits est beaucoup moins important que la position et l'attitude du personnage, que ses gestes ou ses mouvements, et que la présence de ses attributs (voir **doc. 8.20**).

L'hindouisme compte un grand nombre de divinités et de démons aux caractéristiques les plus diverses. Certains sont représentés avec plus d'une tête, les divinités masculines et féminines le sont souvent avec plusieurs paires de bras, d'autres ont un corps en partie humain et en partie animal. Les divinités ont généralement des signes ou tiennent des objets qui leur sont caractéristiques. Par exemple, Vishnu tient une **conque**, Shiva, un petit **tambour**, etc. Puisque le nom du bouvier (ou vacher) Krishna signifie « le Sombre », ce dieu est généralement peint en bleu. Et comme Krishna est une incarnation de Vishnu, il arrive que ce dernier soit aussi peint en bleu.

Pendant la nuit cosmique qui sépare deux créations, Vishnu renferme en lui ce qui reste de l'Univers détruit. Avec Lakshmi, sa compagne, il repose sur l'océan cosmique, étendu sur le **serpent aux mille têtes**, dont le nom, Ananta, signifie « Non-fin », et qui rappelle le cycle infini des recommencements. Lorsqu'il sort de sa profonde méditation, surgit de son nombril un **lotus**, symbole de l'éveil et de la pureté, sur lequel est assis Brahma, porteur de la nouvelle création.

Document 8.20
Des représentations artistiques variées

Dans les fonctions cosmiques, Brahma représente le principe de création ; il possède **quatre têtes**, qui, avec leurs **yeux** qui regardent dans toutes les directions à la fois, symbolisent la connaissance infinie et la clairvoyance. Les divinités sont souvent représentées avec **plusieurs paires de bras**, ce qui manifeste leur toute-puissance.

La danse comme prière
La danse est une forme d'expression artistique importante dans la tradition hindoue. D'une part, la performance est une forme de prière au cours de laquelle les artistes offrent leur énergie créatrice et honorent les divinités. D'autre part, elle représente une reconstitution des discours et des gestes divins, accomplis dans un temps mythique, mais actualisés, rendant ainsi concrète la présence du divin.

Bharata Natyam

L'UNIVERS ARTISTIQUE DU BOUDDHISME ■■■

Le bouddhisme prend diverses formes selon les peuples qui le pratiquent. Ainsi, certains bouddhistes zen, au Japon, méditent au moyen des arts martiaux (voir **doc. 8.21**). Dans les formes de bouddhisme pratiquées en Chine, en plus de certains arts martiaux, la peinture et la calligraphie constituent une forme de méditation. Par exemple, la réalisation du mandala, une des représentations artistiques du bouddhisme tibétain, exige de nombreuses heures de travail méditatif (voir **doc. 8. 22**).

Document 8.21
Le kyudo : un art martial méditatif
Le kyudo, ou tir à l'arc japonais, est une discipline qui permet à la personne qui le pratique d'équilibrer son corps et son esprit. L'harmonie qui en résulte rend possible l'atteinte de la cible.

Document 8.22
Le mandala, témoin du moment présent

Le mandala est habituellement fait de sable ou de poudres de différentes couleurs. Ces matières sans adhérence exigent des artistes minutie, patience et concentration. Une fois complété, le mandala est effacé, et la matière qui le compose constitue une offrande.

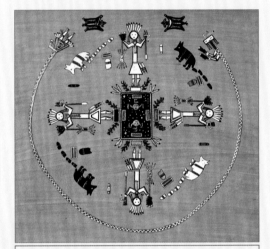

© Brigitte de Thélin, *La maison de l'ours/Voie de la montagne*, 2007, tableau inspiré des peintures de sable Navajos, Villepreux, France.

Des peintures de sable
Les peintures de sables des Navajos, une nation autochtone d'Amérique du Nord, s'apparentent aux mandalas bouddhiques par le contexte dans lequel elles sont produites et par certains aspects de leurs fonctions. Dans les deux cas, ces œuvres éphémères constituent des outils de méditation et leur réalisation est ritualisée.

Dans un mandala, les **formes** figuratives et géométriques, les **couleurs**, les **lettres** et les **nombres** sont associés pour former une structure symbolique très complexe. Généralement, un **cercle** en constitue la limite extérieure ; il symbolise le ciel, la dimension spirituelle de l'Univers et le cycle sans fin des recommencements. Le **carré** est habituellement combiné au cercle et représente la Terre ainsi que la dimension physique de l'Univers. Les diverses structures géométriques guident l'artiste ou la personne qui contemple le mandala dans une ascension vers le **centre**, point de concentration ultime, symbole de l'unité de l'être, de son lien à l'Univers et de l'instant présent dans le cycle temporel.

Des rapprochements possibles

La réalisation de dessins rappelant des mandalas est courante. Toutefois, elle ne vise pas l'élévation spirituelle, même si plusieurs croient que la régularité des formes et la répétition de motifs peuvent agir sur l'humeur.

DES PARALLÈLES ENTRE DES UNIVERS DIFFÉRENTS ▪▪▪▪

Depuis la fin du XXᵉ siècle, le développement des moyens de communication a permis à des gens de cultures et de traditions religieuses différentes d'échanger sur leurs croyances comme jamais auparavant. Ces avancées technologiques ont ainsi contribué à une diffusion accrue de symboles. Toutefois, la perte des repères sociohistoriques et religieux dans lesquels ces symboles s'inscrivent amène parfois une interprétation libre de leur signification, même si leur sens d'origine persiste (voir **doc. 8.23**).

De nos jours, il est fréquent que des symboles appartenant à diverses cultures religieuses soient amalgamés. L'utilisation personnelle de symboles, sans égard à leur signification d'origine, va de pair avec la tendance à adopter des croyances sur mesure (voir **doc. 8.24**).

Document 8.23
La réinterprétation d'un symbole traditionnel

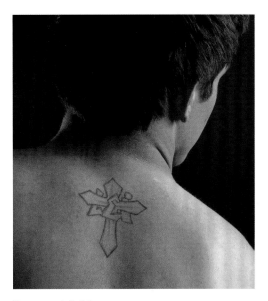

Document 8.24
Des significations personnelles
Il arrive parfois que des images soient choisies davantage pour leur beauté et ce qu'elles évoquent que pour leur signification religieuse.

Dans plusieurs spiritualités autochtones, notamment chez les Hurons-Wendats, le capteur de rêve sert à attirer, puis à orienter les rêves dans la toile : les mauvais restent pris dans les fils et sont brûlés par la lumière du jour, tandis que les bons sont acheminés vers le centre et libérés pour qu'ils puissent de nouveau être rêvés.

Des rapprochements possibles

De nos jours, les capteurs de rêve sont fabriqués avec les matériaux les plus divers, et des éléments de toutes sortes – plumes, perles, objets – y sont ajoutés. Ils sont utilisés comme porte-bonheurs, décorations ou bijoux.

Depuis fort longtemps, les diverses formes d'**art** utilisées par l'être humain sont destinées non seulement à **embellir son environnement**, mais aussi à **représenter des concepts** tels que les puissances de l'Univers, le divin, la vie et la mort, les sentiments et les émotions. Les œuvres permettent donc à leurs auteurs de **communiquer aux autres** un **sens**, une **idée** ou un **concept**. À toutes les époques et dans toutes les traditions religieuses, le **symbole** est utilisé pour **représenter concrètement une notion abstraite**.

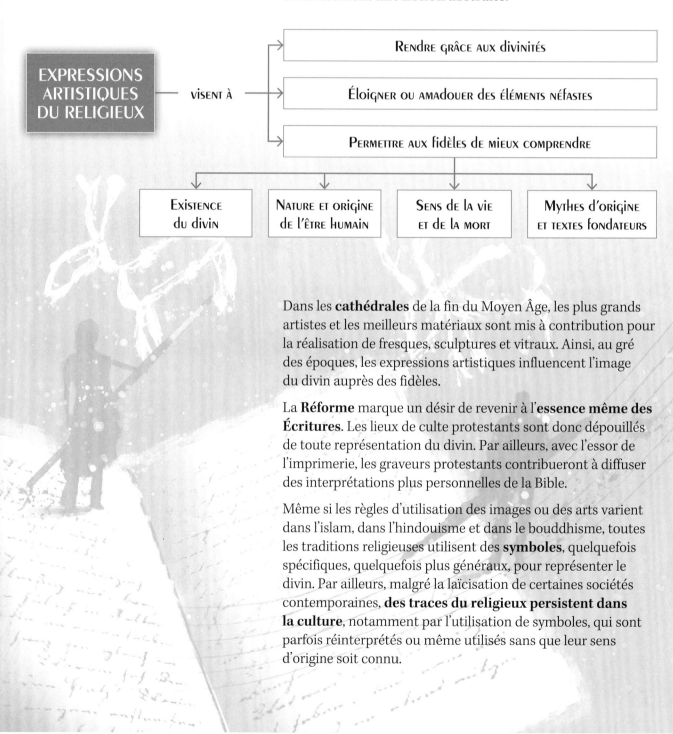

EXPRESSIONS ARTISTIQUES DU RELIGIEUX — visent à :

- Rendre grâce aux divinités
- Éloigner ou amadouer des éléments néfastes
- Permettre aux fidèles de mieux comprendre
  - Existence du divin
  - Nature et origine de l'être humain
  - Sens de la vie et de la mort
  - Mythes d'origine et textes fondateurs

Dans les **cathédrales** de la fin du Moyen Âge, les plus grands artistes et les meilleurs matériaux sont mis à contribution pour la réalisation de fresques, sculptures et vitraux. Ainsi, au gré des époques, les expressions artistiques influencent l'image du divin auprès des fidèles.

La **Réforme** marque un désir de revenir à l'**essence même des Écritures**. Les lieux de culte protestants sont donc dépouillés de toute représentation du divin. Par ailleurs, avec l'essor de l'imprimerie, les graveurs protestants contribueront à diffuser des interprétations plus personnelles de la Bible.

Même si les règles d'utilisation des images ou des arts varient dans l'islam, dans l'hindouisme et dans le bouddhisme, toutes les traditions religieuses utilisent des **symboles**, quelquefois spécifiques, quelquefois plus généraux, pour représenter le divin. Par ailleurs, malgré la laïcisation de certaines sociétés contemporaines, **des traces du religieux persistent dans la culture**, notamment par l'utilisation de symboles, qui sont parfois réinterprétés ou même utilisés sans que leur sens d'origine soit connu.

1 Qu'est-ce qu'un symbole ?

2 Au Moyen Âge, quel rôle jouaient les œuvres d'art auprès des fidèles ?

3 Qu'est-ce qui permet de qualifier une œuvre d'art de religieuse ?

4 D'une façon générale, quelle analogie peut-on établir entre une tour de cathédrale et des édifices très hauts de l'époque moderne ?

5 Comment expliquer le désir des premiers fidèles protestants de se détacher de la magnificence et de la richesse des églises catholiques ?

6 À l'aide de l'outil 12, *La justification*, expliquez ce que recherchent les concepteurs de publicité lorsqu'ils utilisent des symboles religieux dans leurs publicités.

7 Quelle est la différence fondamentale entre les mandalas des bouddhistes et les œuvres qui ornent la voûte de la chapelle Sixtine ?

8 Quelle interprétation faites-vous de cette œuvre de François Thisdale, créée pour l'ouverture du chapitre ? Justifiez votre réponse.

9 Choisissez une des images suivantes et expliquez-en le symbolisme.

Dialogue

Tout entretien entre deux ou plusieurs personnes, qui permet aussi bien
d'exprimer et de faire comprendre son point de vue que de comprendre
celui des autres, est un dialogue. Pour rendre ce type d'échange possible,
il faut une attitude respectueuse, accueillante et ouverte, qui permet
de remettre en question ses idées ou celles des autres, de formuler
des critiques et d'en recevoir, sans blesser personne, ni perdre de vue
le sujet discuté. Le dialogue sera d'autant plus réussi si on s'exprime
correctement, de manière nuancée, si on écoute attentivement les autres,
si on prend le temps d'organiser sa pensée, de réfléchir avant de réagir…

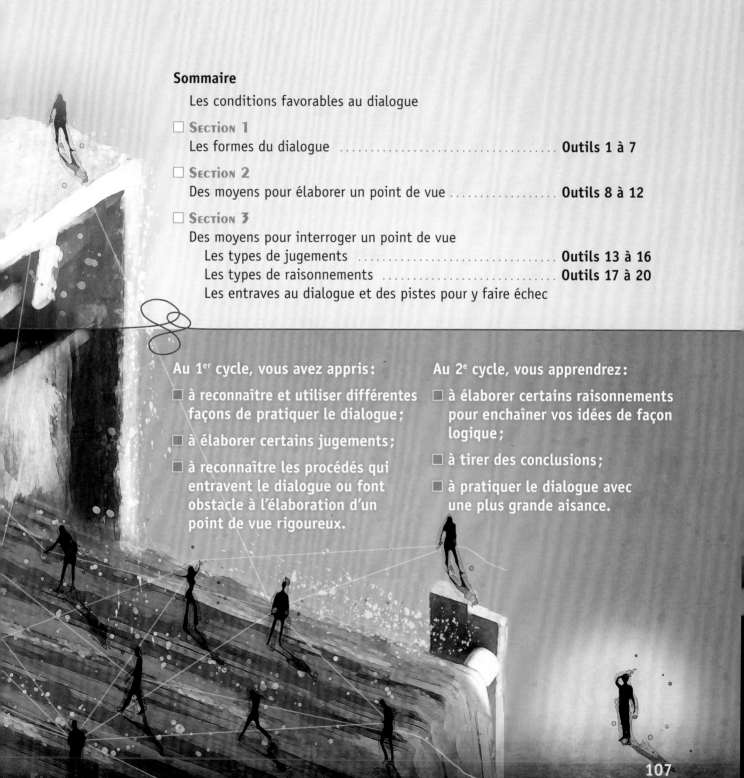

Sommaire

Les conditions favorables au dialogue

Au 1er cycle, vous avez appris :

☐ à reconnaître et utiliser différentes façons de pratiquer le dialogue ;

☐ à élaborer certains jugements ;

☐ à reconnaître les procédés qui entravent le dialogue ou font obstacle à l'élaboration d'un point de vue rigoureux.

Au 2e cycle, vous apprendrez :

☐ à élaborer certains raisonnements pour enchaîner vos idées de façon logique ;

☐ à tirer des conclusions ;

☐ à pratiquer le dialogue avec une plus grande aisance.

Les conditions favorables au dialogue

Pour entretenir l'échange entre les personnes, il est très important d'avoir une attitude favorable au dialogue.

PISTES POUR FAVORISER LE DIALOGUE

- Établir et respecter les règles de fonctionnement.
- Cerner l'intention et les exigences du dialogue.
- Exprimer correctement ses sentiments, ses perceptions ou ses idées.
- Écouter attentivement les propos d'une personne pour en décoder le sens.
- Manifester de l'ouverture et du respect à l'égard de ce qui est exprimé.
- Porter attention à ses manifestations non verbales de communication et à celles des autres.
- Se soucier de l'autre et prendre en considération ses sentiments, ses perceptions ou ses idées.
- Faire le point sur le dialogue pour s'assurer qu'il s'inscrit dans la poursuite du bien commun et la reconnaissance de l'autre.
- Faire le point sur l'objet du dialogue pour constater ce qui est communément accepté, ce qui est compris, ce qui crée toujours des tensions ou des conflits et ce qui fait consensus.
- Apporter des nuances à ses propos et reconnaître celles apportées par les autres.
- Accueillir différentes façons de penser.
- Éviter les conclusions hâtives.
- Prendre le temps de clarifier ses idées.
- S'assurer de sa compréhension des idées émises par les autres, etc.

Des pièges à éviter

- Attaquer la personne plutôt que discuter du point de vue qu'elle exprime.

- Utiliser l'autorité, l'opinion majoritaire, l'opinion de divers groupes à mauvais escient, dans le but d'appuyer ou de discréditer un point de vue.

- Tirer des conclusions erronées à partir de faux arguments.

- Ne pas réagir quand un point de vue est dénigré par des arguments non valables.

- Généraliser à partir d'un nombre de cas insuffisant.

- Réduire sa propre responsabilité en rendant les autres injustement responsables de certaines actions.

- Proposer des choix dans le but de favoriser ses propres préférences.

- Utiliser un argument où le lien entre la cause et l'effet n'est pas logique ou valide.

- Tirer des conclusions à partir de comparaisons abusives.

- Exagérer et prévoir inutilement des conséquences catastrophiques.

- Affaiblir sa propre position par une erreur de raisonnement, qui rend son point de vue moins convaincant.

LES FORMES DU DIALOGUE

On peut dialoguer de bien des manières.
Ce tableau présente sept différentes formes de dialogue.
Dans la colonne de droite, vous trouverez une description
de chacune d'elles ainsi que des indications
sur la meilleure façon de l'utiliser.

LES DIFFÉRENTES FORMES DU DIALOGUE

Formes du dialogue	Descriptions
LA CONVERSATION (OUTIL 1)	
EXEMPLE *Mélissa et Sarah parlent d'un reportage sur la malbouffe.*	Échange dans le but de partager des idées et des expériences. **On l'utilise** lorsqu'on veut partager en petit groupe de l'information ou des idées sur un sujet d'intérêt commun.
LA DISCUSSION (OUTIL 2)	
EXEMPLE *Un groupe de jeunes discute de musique téléchargée gratuitement à partir d'Internet.*	Échange d'opinions dans le but d'examiner les divers points de vue. **On l'utilise** lorsqu'on veut connaître les points de vue et les arguments des autres sur un sujet particulier.
LA NARRATION (OUTIL 3)	
EXEMPLE *Vous décrivez un accident survenu dans le gymnase.*	Récit qui relate des faits ou des événements. **On l'utilise** lorsqu'on veut décrire des faits ou des événements de façon neutre, sans exprimer son point de vue.
LA DÉLIBÉRATION (OUTIL 4)	
EXEMPLE *Les élèves délibèrent sur le nom à choisir pour le journal de la classe.*	Analyse de différents aspects d'une question (faits, intérêts, normes, valeurs, conséquences, etc.). **On l'utilise** lorsqu'on échange dans le but de prendre une décision commune.
L'ENTREVUE (OUTIL 5)	
EXEMPLE *Diego interroge sa voisine pour réaliser une recherche sur le travail de biologiste.*	Rencontre qui permet d'interroger une personne sur ses activités, ses idées, ses expériences. **On l'utilise** lorsqu'on veut mieux connaître quelqu'un ou profiter de son expérience afin d'améliorer des connaissances sur un sujet précis.
LE DÉBAT (OUTIL 6)	
EXEMPLE *Les chefs des partis politiques cherchent à faire valoir leur programme lors d'un débat télévisé.*	Échange organisé qui suppose un modérateur ou une modératrice et des temps de parole prévus et minutés. **On l'utilise** lorsqu'on veut organiser une discussion dirigée par un modérateur ou une modératrice de façon à permettre l'échange de divers points de vue.
LA TABLE RONDE (OUTIL 7)	
EXEMPLE *Une ingénieure, un mécanicien et une écologiste échangent sur les avantages de la voiture électrique.*	Rencontre entre des personnes-ressources qui échangent des connaissances. **On l'utilise** lorsqu'on veut profiter des connaissances particulières de certaines personnes-ressources pour mieux cerner un sujet.

UNE DÉCISION INÉQUITABLE ? **1**

Sandie – La semaine dernière, Miguel, Amélie et Pierre-Luc ont parlé pendant un examen. Comme le professeur ne savait pas trop qui avait parlé, il a demandé à la classe de lui dire le nom des coupables. **2** Personne n'a voulu répondre ; alors il a décidé de punir toute la classe en nous donnant un devoir supplémentaire. Je trouve que ce n'est vraiment pas juste.

Jonathan – Je ne veux pas prendre la part du prof, Sandie, mais que voulais-tu qu'il fasse ? Ne pas savoir exactement qui a parlé n'est tout de même pas une raison pour ne punir personne. Ce serait trop facile s'il suffisait de ne pas se faire prendre pour éviter les punitions.

Sandie – Je comprends ton idée, mais je pense que ceci est clairement un exemple de manque d'équité. **3** On ne peut pas punir tout le monde juste parce qu'on sait qu'il y a un coupable dans le groupe.

Jonathan – Tu oublies que vous êtes tous un peu coupables parce que vous avez refusé de donner le nom de ceux qui avaient parlé. **4**

Sandie – Moi, je ne dénoncerais jamais des amis pour éviter une punition.

Jonathan – Ta position peut se défendre. Je ne sais pas ce que j'aurais fait dans la même situation…

COMMENTAIRES

1   Un titre en forme de question suscite l'intérêt et la réflexion.

2   La conversation permet d'échanger sur des faits.

3   La conversation permet d'échanger sur des valeurs.

4   Jonathan fait une objection à l'affirmation de Sandie.

Qu'est-ce qu'une conversation ?

- La conversation est un échange informel sur des faits, des valeurs et des idées.
- On l'utilise lorsqu'on veut partager des émotions, des sentiments, des états d'âme sur des faits, des valeurs ou des idées.

Démarche proposée

- Ayez une grande ouverture aux idées, aux valeurs, aux émotions, aux états d'âme des autres.
- Écoutez attentivement et respectueusement chaque personne qui parle.
- Participez activement à la conversation.
- Ayez une attitude constructive afin de nourrir la réflexion, si nécessaire.

Des pièges à éviter

- Ne pas écouter.
- Monologuer.
- Écouter passivement sans s'engager dans la conversation.
- S'éloigner du sujet.

QUELLE DIFFÉRENCE Y A-T-IL ENTRE L'ÊTRE HUMAIN ET L'ANIMAL ? 1

Aylin – À mon avis, c'est l'intelligence qui distingue l'être humain des animaux. Notre cerveau est plus gros que le leur et nous sommes plus inventifs que les animaux. Eux n'auraient pas pu inventer des avions ou des ordinateurs. 2

Nora – Tu exagères ! Les animaux ont tout simplement une intelligence différente. Certains sont très ingénieux ou même capables de prouesses impossibles pour nous. De toute façon, c'est très difficile d'évaluer l'intelligence. 3

Thomas – Pour moi, la différence n'a rien à voir avec l'intelligence. C'est plutôt que les êtres humains ont des valeurs. La preuve : même si on a faim, on ne vole pas. Mais pour les animaux, tout ce qui compte, c'est leurs besoins. Leur seule loi est celle de la jungle. 4

Nora – On voit bien que tu ne les connais pas ! Ils se mangent peut-être entre eux lorsqu'ils ont faim, mais ils peuvent aussi s'entraider. Je crois qu'ils se respectent et s'aiment autant que nous. 5

Léonardo – Aylin et Thomas ont raison, mais je pense que la différence est encore plus grande que ça ! Les êtres humains ont une âme qui est éternelle. Un jour, contrairement aux animaux, nous serons au ciel avec Dieu pour toujours. 6

Nora – C'est intéressant. Nous avons quatre points de vue sur ce qui distingue l'être humain de l'animal. Vous voyez des différences dans l'intelligence, les valeurs morales et l'âme. Vous avez raison, mais je continue de trouver que vous exagérez. 7 Après tout, nous sommes aussi des animaux et nous avons plus de points communs que de différences avec eux.

COMMENTAIRES

1 Un titre en forme de question suscite l'intérêt et la réflexion.

2 Aylin appuie ici son point de vue sur deux arguments.

3 Nora fait valoir trois arguments pour s'opposer au point de vue de Aylin.

4 Thomas est attentif au point de vue des autres. Il prend soin de se situer par rapport aux interventions de Aylin et de Nora.

5 Nora apporte des nuances.

6 Léonardo expose son point de vue sur la différence entre l'être humain et l'animal.

7 Nora cherche à conclure cette discussion en rappelant la position des différentes personnes participant à la discussion.

Qu'est-ce qu'une discussion ?

- La discussion est un échange d'opinions sur des faits, des idées et des valeurs.
- Elle vise à examiner différents points de vue.
- On l'utilise lorsqu'on veut partager des opinions, des idées ou des arguments sur un sujet d'intérêt commun.

Démarche proposée

- Cernez le sujet en précisant le thème abordé dans la discussion, les questions qui s'y rattachent et les enjeux qui s'en dégagent.
- Organisez l'information.
  - Mettez vos idées en ordre.
  - Clarifiez votre opinion et vos arguments.
  - Préparez vos questions afin de vous informer sur le point de vue des autres.
- Discutez des opinions fondées sur des faits, des idées et des valeurs :
  - en exprimant clairement et de façon nuancée votre point de vue et vos arguments ;
  - en étant à l'écoute des autres ;
  - en évitant d'entraver la discussion par des procédés nuisibles, comme l'attaque personnelle, l'argument d'autorité ou l'utilisation d'un stéréotype ;
  - en concluant l'échange par un retour sur la question initiale pour mesurer ce que vous a apporté cette discussion.

Des pièges à éviter

- Manquer d'ouverture pour le point de vue et les arguments des autres.
- Manquer de clarté dans l'expression de son point de vue.
- Utiliser des procédés qui font obstacle au dialogue.

UN ÉVÉNEMENT RASSEMBLEUR POUR LES JEUNES 1

Scène du 49ᵉ Congrès eucharistique à Québec **2**

Dans le cadre d'une recherche sur des expériences religieuses, une élève s'est rendue au 49ᵉ Congrès eucharistique qui s'est tenu à Québec en 2008. Elle résume l'événement sous la forme d'une narration.

Fabrina – Le congrès, qui se tenait dans le contexte des Fêtes du 400ᵉ anniversaire de la ville de Québec, commémorait, du même coup, 400 ans de présence chrétienne et catholique au Canada. Il s'agit d'un événement international qui accueillait des croyants du monde entier sous le thème de « L'Eucharistie, don de Dieu pour la vie du monde ». **3**

Je suis arrivée à Québec le 15 juin pour assister à la cérémonie d'ouverture. En plus des discours protocolaires habituels, cette cérémonie présentait un spectacle du groupe Glen Verde. Je n'ai pas vraiment apprécié ce groupe ; ce n'est absolument pas mon genre de musique ! **4**

Pendant toute la semaine, un espace était réservé aux jeunes. On y proposait chaque jour des activités eucharistiques. **5** L'animation autour de l'*Arche de la nouvelle alliance* m'a particulièrement intéressée. Cet objet symbolique, une Arche, rappelle la coque d'une embarcation. Dans l'Arche se trouve un coffret qui contient des images rappelant des scènes de l'Évangile. Les cérémonies religieuses associées à l'Arche visent à susciter l'engagement religieux des fidèles. Dans la matinée du 15 juin, j'ai aussi participé à une cérémonie intitulée *L'Arche à portée de main*. Il ressortait de cette cérémonie une très grande ferveur religieuse.

À la fin du congrès, le cardinal Ouellet, qui présidait l'événement, en a fait un bilan très positif. Il s'est réjoui de la participation des laïques à cette célébration de l'eucharistie. Il y avait 7891 personnes inscrites à cet événement.

En conclusion, ce qui m'a frappée avant tout, c'est la présence d'un grand nombre de jeunes et la ferveur religieuse exceptionnelle de toutes ces personnes. **6**

Avez-vous des questions ?

Commentaires

1   Il faut un titre à une narration. Il s'agit d'un bon moyen pour cerner son sujet.

2   Il est intéressant d'ajouter un élément visuel à une narration.

3   Comme le titre, ce paragraphe d'introduction permet de bien cerner le sujet.

4   Erreur : dans une narration, on ne donne pas son opinion.

5   Ici, l'ordre de présentation des faits est chronologique.

6   Il faut toujours une conclusion à une narration. Ici, la narratrice met l'accent sur ce qui l'a frappée à ce congrès.

Qu'est-ce qu'une narration ?

- La narration est un récit qui consiste à relater des faits ou des événements.

- Elle est neutre, donc ne reflète pas l'opinion ou les sentiments du narrateur ou de la narratrice.

Démarche proposée

- Cernez le sujet en vous assurant que votre titre et votre introduction posent bien votre sujet.

- Organisez l'information.

  - Déterminez l'ordre de présentation des faits.

  - Faites un plan.

- Relatez les faits pertinents et essentiels :

  - en utilisant un vocabulaire précis ;

  - en établissant le contexte du sujet ;

  - en prenant soin de conclure la narration.

Des pièges à éviter

- Faire connaître son opinion ou ses sentiments sur les événements ou les faits qu'on veut relater.

- Présenter les faits dans le désordre.

- Ne pas conclure sa narration.

Outil 4 La délibération

S'AJUSTER AUX EXIGENCES ALIMENTAIRES DES DIVERSES CULTURES RELIGIEUSES

Saïd – Plusieurs élèves de l'école sont de confession musulmane. Or, certains midis, il y a seulement du porc au menu de la cafétéria, et notre religion nous interdit d'en manger. J'aimerais qu'on trouve une solution à ce problème et qu'on la propose au conseil étudiant. **1**

Philippe – Ce n'est pas une bonne idée. Si chaque groupe religieux fait sa demande, on n'en finira plus avec les menus. Faudrait-il aussi tenir compte de ceux et celles qui ne mangent pas de viande ou qui n'aiment pas le poisson ou les fruits ? **2** Que Saïd apporte son lunch comme les autres qui ne veulent pas des mets de la cafétéria.

Catherine – Philippe, tu as tort de confondre les goûts avec les convictions religieuses et les valeurs. Je pense qu'on pourrait avoir un menu spécial pour les élèves de confession musulmane parce qu'il y en a plusieurs parmi nous. Pourquoi ces personnes devraient-elles apporter leur lunch alors que celles qui pratiquent d'autres religions, comme les catholiques, n'ont pas à le faire ? **3**

Nadia – Je suis d'accord avec Catherine et Saïd pour les musulmans et musulmanes, mais pas pour les autres groupes qui sont peu nombreux. On ne peut pas avoir un menu spécial pour chaque religion qui impose des restrictions alimentaires. **4**

Philippe – J'ai pensé à une proposition qui tient compte de tous vos points de vue. On pourrait recommander qu'il y ait un menu spécial le jour où on sert du porc à la cafétéria. Et cela arrangerait aussi les élèves de confession juive qui n'en mangent pas non plus. Mais pas d'exceptions pour les autres, dont le nombre est restreint. Qu'en pensez-vous ? **5**

Catherine – C'est bon ça. C'est un arrangement qui fait preuve d'ouverture envers les élèves qui ont des croyances différentes. Recommandons cette proposition au conseil étudiant.

COMMENTAIRES

1 Saïd amorce la délibération en formulant clairement le problème des restrictions alimentaires et en appelant les autres à trouver une solution. Il avance deux arguments pour soutenir son point de vue.

2 Philippe oppose deux arguments à Saïd, mais il fait obstacle au dialogue en exagérant quelque peu les conséquences de la proposition de Saïd.

3 En réponse à Philippe, Catherine apporte une nuance importante en distinguant les préférences alimentaires des choix alimentaires fondés sur des croyances religieuses.

4 Nadia a le mérite de tenir compte de ce que les autres ont dit avant de formuler son propre point de vue. Toutefois, elle commet l'erreur d'exclure des gens qui pourraient se sentir concernés par la question.

5 Comme il se doit dans une délibération, Philippe cherche à formuler une position commune qui permettra de faire une recommandation au conseil étudiant.

Qu'est-ce qu'une délibération?

- La délibération est un échange d'opinions sur différents aspects d'une question (faits, intérêts, normes, valeurs, conséquences, etc.).
- Elle vise à établir une prise de position commune.

Démarche proposée

- Cernez le sujet en précisant le problème abordé dans la délibération, en indiquant les questions qui s'y rattachent, les enjeux qui s'en dégagent et les solutions qui seraient acceptables.
- Organisez l'information.
  - Mettez vos idées en ordre.
  - Clarifiez votre opinion et vos arguments.
  - Préparez vos questions afin d'interroger les autres pour connaître leur point de vue.
  - Discutez des règles de fonctionnement à observer.
- Adoptez une attitude positive qui vise la recherche d'une solution commune.
- Discutez des opinions fondées sur des faits, des idées et des valeurs:
  - en exprimant clairement et de façon nuancée votre point de vue et vos arguments;
  - en étant à l'écoute des autres dans un esprit ouvert, à la recherche de solutions;
  - en évitant de nuire au déroulement de la délibération par des entraves au dialogue, comme l'attaque personnelle ou l'argument d'autorité, qui risquent de faire obstacle à la recherche d'une décision commune;
  - en concluant la délibération par une prise de décision commune qui respecte le point de vue des autres.

Des pièges à éviter

- Manquer de collaboration dans la recherche d'une solution.
- Arriver à une prise de position sans tenir compte du point de vue des autres.

UN MOINE BOUDDHISTE NOUS PARLE DE SES CROYANCES RELIGIEUSES

Annie – Bonjour monsieur. En quelques mots, dites-nous qui vous êtes et comment vous êtes devenu un moine bouddhiste. **1**

Juan Jimenes – Je me nomme Juan Jimenes et je suis moine bouddhiste tibétain depuis 10 ans. Un jour, j'ai fait un voyage en Inde et j'ai rencontré des communautés de moines bouddhistes au Ladakh, une province proche du Tibet. Leur grande sérénité m'a frappé et cela m'a alors intéressé. À mon retour, j'ai recherché les communautés bouddhistes au Québec et j'ai suivi les enseignements de leurs maîtres.

Annie – En résumé, en quoi consiste le bouddhisme? **2**

Juan Jimenes – Le bouddhisme est une religion, mais certains disent plutôt que c'est une spiritualité ou un système de pensée. Le bouddhisme est très ancien, encore plus que les religions chrétiennes. Il est né en Inde, au Vᵉ siècle avant notre ère. Aujourd'hui, plusieurs centaines de millions de bouddhistes vivent dans des pays orientaux comme le Tibet (Chine), le Japon, l'Inde, la Thaïlande et le Vietnam.

Annie – Pourquoi devenir un moine bouddhiste? **3**

Juan Jimenes – Pour ma part, j'ai aussi été influencé par Matthieu Ricard, qui parlait de la vie monastique à la télévision. J'ai aimé sa philosophie de vie et je m'y suis initié progressivement. Le Bouddha a découvert sa vocation au moment où il a pris conscience de l'essence de l'univers. Par la suite, avec ses disciples, il a mené une vie de détachement, car selon les moines bouddhistes, on ne doit pas s'accrocher à la vie matérielle, mais plutôt s'en détacher. Je cherche à appliquer ces enseignements en vivant simplement et en me détachant le plus possible des biens matériels.

Annie – Je vous remercie pour cette entrevue qui nous a fait connaître votre expérience spirituelle comme moine bouddhiste. **4**

COMMENTAIRES

1 Annie commence son entrevue en demandant à son invité de se présenter.

2 Annie pose en premier lieu une question générale qui correspond au sujet de l'entrevue.

3 Annie enchaîne avec une question plus spécifique. Son entrevue va du général au particulier.

4 La conclusion revient sur le thème et annonce à la personne interviewée que l'entrevue est maintenant terminée.

Qu'est-ce qu'une entrevue ?

- L'entrevue est une rencontre qui permet d'interroger une personne sur ses activités, ses idées, ses expériences.
- On l'utilise lorsqu'on veut mieux connaître une personne ou un sujet que cette personne maîtrise.

Démarche proposée

- Cernez le sujet en précisant ce que vous cherchez à connaître de la personne interviewée : éléments de sa vie personnelle, de son travail, de ses compétences particulières, de son expérience, etc.
- Organisez l'information.
  - Faites des recherches sur la personne interviewée.
  - Mettez vos questions en ordre avant l'entrevue.
- Interrogez la personne invitée sur ses activités, ses idées et ses expériences :
  - en commençant l'entrevue par des questions d'usage. Par exemple : « En quelques mots, pourriez-vous nous dire qui vous êtes ? » ;
  - en posant clairement vos questions ;
  - en posant d'abord des questions générales et ensuite des questions portant sur des points plus précis ;
  - en écoutant la personne interviewée afin d'ajuster vos questions selon ses réponses ;
  - en concluant l'entrevue par des remerciements.

Des pièges à éviter

- Ne pas se préparer suffisamment, ce qui empêche de poser des questions pertinentes à la personne interviewée.
- S'éloigner du sujet qu'on veut aborder avec la personne interviewée, notamment en étant trop anecdotique.
- Ne pas être à l'écoute de la personne interviewée, en ne pensant qu'aux prochaines questions qu'on veut lui poser.

AVONS-NOUS UNE ÂME ?

La modératrice – Bienvenue à ce débat, où nous allons nous demander si nous avons une âme qui survivra après notre mort. Comme les opinions divergent, j'apprécierais que chaque personne respecte l'avis des autres et porte attention à tous les arguments présentés. Je donne d'abord la parole à Laurence. **1**

Laurence – Il n'existe aucune preuve scientifique indiquant que nous avons une âme. Dans nos cours de biologie, on ne parle jamais d'une âme qui habiterait le corps humain. **2** Dommage qu'il n'y ait pas de preuve parce que j'aurais aimé vivre sous une autre forme après ma mort. **3** [...]

La modératrice – La parole est maintenant à Francis, qui croit que nous avons une âme.

Francis – Pour moi, ce n'est pas une question de preuve scientifique. Selon ma religion, Dieu a créé les êtres humains à son image en leur donnant une âme. **4** J'ai lu cela dans la Bible. Ainsi, nous sommes différents des autres animaux et nous pouvons espérer vivre éternellement. Si on ne parle pas de l'âme en biologie, c'est tout simplement parce que l'âme n'est pas matérielle, elle est invisible. **5** [...]

La modératrice – Écoutons maintenant Nathaniel.

Nathaniel – Je pense la même chose que Francis, mais pas pour des raisons religieuses. Notre esprit, nos pensées ne sont pas des choses matérielles comme nos mains. Et puis, il existe des témoignages de personnes, déclarées officiellement mortes, qui sont revenues à la vie en racontant ce qu'elles avaient vécu pendant leur mort clinique. **6** La science peut se tromper. C'est la même chose pour les extraterrestres : on n'a aucune preuve qu'ils n'existent pas. [...]

La modératrice – Comme vous voyez, les avis sont partagés. Certaines positions s'appuient sur les sciences, d'autres sur des convictions religieuses. Merci pour votre participation, votre respect envers les autres et votre grande écoute. **7**

Commentaires

1. La modératrice fixe les règles du débat.
2. Dans sa prise de position, Laurence fait appel à des jugements de réalité qui sont, selon elle, validés par la science.
3. Laurence distingue ce qu'elle souhaiterait (avoir une vie après la mort) de ce qu'elle croit être la vérité (il n'y a pas de preuves scientifiques de l'existence de l'âme).
4. Francis appuie sa prise de position sur ses croyances et ses convictions religieuses.
5. Francis répond à l'argument de Laurence au sujet des cours de biologie en affirmant qu'on ne peut dire que l'âme n'existe pas simplement parce qu'on ne peut pas l'observer.
6. Les arguments de Nathaniel montrent qu'on peut recourir à des jugements de réalité pour soutenir son point de vue. Reste à se demander si de tels jugements sont vrais ou faux.
7. La modératrice conclut le débat en rappelant les principales idées débattues et en remerciant tous et toutes de leur attitude dans ce débat.

Qu'est-ce qu'un débat?

- Le débat est un échange d'idées qui vise à mettre en valeur le point de vue de différentes personnes.

- On l'utilise lorsqu'on veut organiser une discussion dirigée par un modérateur ou une modératrice de façon à permettre l'échange de divers points de vue.

Démarche proposée

- Cernez le sujet en précisant les thèmes qui seront abordés lors du débat, les temps alloués à chacun et chacune, et la personne qui jouera le rôle de modérateur ou de modératrice.

- Organisez l'information.

  - Rencontrez au préalable les participants et participantes afin de vous entendre avec ces personnes sur le déroulement du débat : ordre de présentation des thèmes, durée des interventions, etc.

  - Établissez à l'avance l'ordre des questions que posera le modérateur ou la modératrice.

- Assurez-vous que le modérateur ou la modératrice :

  - présente les personnes qui participent au débat, les thèmes abordés et les règles à suivre ;

  - pose des questions qui permettent à chacun et chacune de préciser sa position sur les thèmes abordés ;

  - favorise la discussion de façon à ce qu'on assiste à un véritable échange d'idées.

Des pièges à éviter

- Ne pas fixer à l'avance de règles claires pour le débat.

- Ne pas respecter ces mêmes règles au moment du débat.

- Se contenter d'exprimer son point de vue sans favoriser un véritable échange d'idées.

L'INGÉRENCE HUMANITAIRE

Le présentateur – Notre table ronde porte sur une question délicate : l'ingérence humanitaire. Pour en discuter, nous avons invité trois personnes-ressources œuvrant en coopération internationale : Mme Alou, de l'organisme A, M. Sinh, de l'organisme B et Mme Brien, de l'organisme C. Après les avoir entendus, vous pourrez leur poser vos questions. Mme Alou s'adressera à vous en premier. **1**

Mme Alou – L'organisme que je représente considère qu'il faut secourir des populations en danger même si les gouvernements des États concernés refusent cette aide. On a commencé à parler du droit d'ingérence à la fin des années 1960. Les Biafrais souffraient alors d'une terrible famine, mais l'armée fédérale refusait qu'on intervienne. C'est pour venir en aide aux populations civiles, quel que soit leur pays d'appartenance, que notre organisme a été fondé.

Le présentateur – Merci, Mme Alou. La parole est à M. Sinh, de l'organisme B.

M. Sinh – Notre organisme vient en aide aux pays en voie de développement de façon régulière depuis les années 1970. Nos projets de coopération se font dans un esprit de développement durable, afin de favoriser leur prise en charge par les populations locales. Dans son intervention, Mme Alou a soulevé deux aspects du droit international qui peuvent sembler contradictoires. D'une part, le droit à la non-ingérence, qui protège les États contre les abus possibles d'autres qui voudraient s'immiscer dans leurs affaires. D'autre part, le droit à l'ingérence qui, selon certaines personnes, devrait passer avant le respect de l'autonomie des nations. Ces deux droits, à la fois légitimes et contradictoires, soulèvent un enjeu éthique important. **2** À mon avis, plutôt que choisir entre les deux, il faut juger les situations au cas par cas.

Le présentateur – Merci, M. Sinh. Voici maintenant Mme Brien, de l'organisme C.

Mme Brien – Bonjour. L'organisme pour lequel je travaille gère des budgets dévolus à l'aide internationale depuis les années 1960. La question que vous posez est intéressante. Pour faciliter la discussion, voici une comparaison. Il va de soi que les parents sont responsables de leurs enfants ; on doit respecter ce droit et cette responsabilité. Mais peut-il y avoir des exceptions ? **3** Par exemple, si des parents agressent leurs enfants, faut-il les laisser faire ou, au contraire, venir en aide aux enfants contre la volonté des parents ? Cette situation délicate exige une certaine réflexion éthique. Évidemment, cette comparaison a des limites, mais elle illustre bien la question du droit d'ingérence dont nous discutons.

Le présentateur – Je remercie Mme Brien et toutes nos personnes-ressources. Ceci met fin à notre table ronde. Nous pouvons donc commencer la période de questions. **4**

COMMENTAIRES

1 Le présentateur présente le thème, les personnes-ressources et l'ordre dans lequel se dérouleront leurs présentations.

2 M. Sinh soulève les droits contradictoires en cause lorsqu'on discute d'ingérence humanitaire.

3 Mme Brien utilise une comparaison afin de mieux faire comprendre l'enjeu éthique que soulève la question du droit d'ingérence humanitaire.

4 Le présentateur demande aux élèves s'ils ont des questions ou des commentaires.

QU'EST-CE QU'UNE TABLE RONDE ?

- La table ronde est une rencontre organisée qui suppose un présentateur ou une présentatrice, et où des personnes-ressources échangent leurs connaissances.

- On l'utilise lorsqu'on veut profiter des connaissances particulières de certaines personnes-ressources en discutant avec elles.

DÉMARCHE PROPOSÉE

- Cernez le sujet en précisant les thèmes qui seront abordés lors de la table ronde, les temps alloués aux personnes-ressources et désignez la personne qui jouera le rôle de présentateur ou de présentatrice.

- Organisez l'information.

  - Rencontrez au préalable les personnes-ressources afin de vous entendre avec elles sur le déroulement de la table ronde : temps prévu, ordre des présentations, etc.

  - Recueillez, auprès des personnes-ressources, les renseignements nécessaires sur leur expérience dans le but de les présenter brièvement.

- Assurez-vous du bon déroulement de la table ronde :

  - en présentant les thèmes abordés, puis chaque personne, dans l'ordre prévu ;

  - en écoutant attentivement jusqu'au bout toutes les présentations ;

  - en posant des questions qui permettent aux personnes-ressources de préciser leurs points de vue sur les thèmes abordés.

DES PIÈGES À ÉVITER

- Ne pas fixer à l'avance les règles de fonctionnement de la table ronde.
- Ne pas respecter ces mêmes règles au moment de la table ronde.
- Ne pas poser de questions aux personnes-ressources après leur présentation.

Des moyens pour élaborer un point de vue

Il existe différents moyens pour élaborer un point de vue
dans la pratique du dialogue. Ce tableau en présente cinq.
Dans la colonne de droite, vous trouverez des indications
sur la meilleure façon d'utiliser l'un ou l'autre
de ces moyens.

LES DIFFÉRENTS MOYENS POUR ÉLABORER UN POINT DE VUE

Moyens pour élaborer un point de vue	Descriptions
La description (outil 8)	
EXEMPLE *Lors d'un match de soccer, vous décrivez le stade et l'assistance.*	Énumération la plus complète possible des caractéristiques propres à un lieu ou à une situation. **On l'utilise** lorsqu'on cherche à rendre compte de lieux ou de situations. On l'élabore en répondant à certaines questions qui permettent de décrire les phénomènes en question : qui ? quoi ? quand ? où ? comment ? pourquoi ? combien ? etc.
La comparaison (outil 9)	
EXEMPLE *Vous comparez les temples religieux de la ville de Sherbrooke.*	Établissement de différences ou de ressemblances entre deux ou plusieurs éléments. **On l'utilise** lorsqu'on veut décrire et comparer des éléments ou des situations. Les comparaisons peuvent permettre de tirer certaines conclusions.
La synthèse (outil 10)	
EXEMPLE *Vous faites le résumé de la carrière d'une chanteuse.*	Résumé des principaux éléments (idées, faits, expériences, arguments, etc.) d'une discussion, d'un récit ou d'un texte. **On l'utilise** lorsqu'on veut : ■ mettre de l'ordre dans ses idées ou ses arguments ; ■ faire le point sur les idées et les arguments exprimés dans une discussion, un débat, une table ronde, etc. ; ■ résumer de façon cohérente un chapitre d'un livre, un article de journal, de l'information recueillie dans Internet, etc.
L'explication (outil 11)	
EXEMPLE *Dan explique le rôle des députés en prenant l'exemple du conseil étudiant.*	Développement qui vise à mieux faire comprendre le sens de quelque chose. **On l'utilise** lorsqu'on veut : ■ clarifier des idées, un point de vue ou des arguments en les rendant plus explicites ; ■ ajouter des définitions et des exemples à un texte pour en faciliter la compréhension ; ■ donner des informations supplémentaires.
La justification (outil 12)	
EXEMPLE *Dans un débat sur les limites de vitesse sur les routes, vous justifiez votre position en évoquant les victimes d'accidents.*	Présentation d'idées et d'arguments dans le but de démontrer et de faire valoir un point de vue. **On l'utilise** lorsqu'on veut exposer les motifs qui soutiennent notre point de vue.

Outil 8 La description

LE GANGE, FLEUVE AUX EAUX PURES

Des pèlerins prenant le bain de purification
dans les eaux du Gange **1**

Pour sa recherche sur les différents lieux sacrés, Samuel a choisi de décrire un fleuve très significatif pour les adeptes de l'hindouisme en Inde : le Gange.

Samuel – Le Gange est le plus grand fleuve de l'Inde. Il traverse cet immense pays d'ouest en est sur une distance de près de 3000 km. Le fleuve, qui irrigue la plaine très peuplée où il coule, prend sa source dans les montagnes de l'Himalaya, au nord, et se jette dans le golfe du Bengale près de la frontière avec le Bangladesh. **2**

Le Gange fait partie des sept rivières aux eaux pures de l'Inde. Pour les croyants, il assure à la fois la fertilité du sol, la purification des corps et la libération de l'âme. **3**

Plusieurs millions d'adeptes s'y rendent tous les ans en pèlerinage pour méditer sur ses rives, s'y baigner et y recueillir l'eau qu'ils considèrent comme pure. Les pèlerins procèdent à leurs ablutions pour se purifier de leurs péchés. Une autre cérémonie d'importance a fréquemment lieu sur les rives du Gange : la crémation des corps. Une fois le corps brûlé, la famille immerge les cendres du défunt ou de la défunte dans les eaux du fleuve afin de les purifier. L'un des sites de pèlerinage et de crémation les plus célèbres est situé dans la ville sainte de Varanasi, appelée Bénarès sous le régime britannique. **4**

En conclusion, cette recherche m'a permis de comprendre pourquoi le Gange est considéré comme un fleuve aux eaux pures en Inde. **5**

COMMENTAIRES

1 Il est intéressant d'ajouter un élément visuel à une description.

2 Samuel situe géographiquement le Gange, ce qui répond à la question « où ? ».

3 Samuel répond à la question « pourquoi ? » en précisant le caractère pur du Gange.

4 Samuel répond aux questions « combien ? » et « comment ? » en décrivant le rapport que les adeptes entretiennent avec le Gange.

5 Samuel termine sa description par une conclusion.

Qu'est-ce qu'une description ?

- La description est une énumération la plus complète possible des caractéristiques propres à un lieu ou à une situation.
- On l'utilise lorsqu'on cherche à rendre compte de situations.

Démarche proposée

- Répondez aux questions suivantes si elles sont pertinentes pour ce que vous voulez décrire :
  - Qui ? Personne ou groupe à qui on attribue la fondation, la création, l'organisation, etc.
  - Quoi ? Œuvre artistique, rassemblement, événement, fait, etc.
  - Quand ? Année, époque, saison, etc.
  - Où ? Lieu, environnement, etc.
  - Comment ? Déroulement, moyen, etc.
  - Pourquoi ? Motivation, intérêt, besoin, etc.
  - Combien ? Fréquence, nombre de personnes, etc.
- Assurez-vous que la description soit complète.
  - Les réponses aux questions énumérées ci-haut vous ont-elles permis de décrire l'ensemble de votre sujet ? Sinon, complétez votre description.
  - Posez-vous la question suivante : « Est-ce que j'ai décrit uniquement ce qui m'intéresse ? » Si oui, ajoutez ce qui manque pour décrire toutes les caractéristiques.
- Déterminez l'ordre de présentation de votre description.
  - Faites un plan de votre description.
  - Présentez d'abord les éléments plus importants et ensuite les éléments secondaires.
  - Prenez soin de conclure votre description.

Des pièges à éviter

- Faire une description partielle qui ne présente pas les caractéristiques importantes des éléments à décrire.
- Faire une description subjective qui s'apparente davantage à une opinion qu'à une description.
- Présenter les faits dans le désordre.

LA COMPARAISON

UNE COMPARAISON ENTRE DEUX MODÈLES D'ENTREPRISES

Simon a visité deux entreprises de restauration rapide. Il les a ensuite comparées en insistant sur leurs valeurs et leurs comportements éthiques. Cette comparaison vise à lancer une discussion sur la responsabilité sociale des entreprises.

Simon – Comme vous le savez, les activités des entreprises ont des répercussions dans la société. Une entreprise fait des affaires avec une large clientèle et beaucoup de fournisseurs. Elle doit aussi tenir compte du milieu dans lequel elle s'installe. À l'interne, chaque membre du personnel a son rôle à jouer. La façon dont les dirigeants et les dirigeantes traitent le personnel et le milieu témoigne des valeurs de l'entreprise. Pour vous aider à comprendre ce qu'est la responsabilité éthique d'une entreprise, j'ai fait une comparaison entre deux restaurants que j'ai visités : La cuillère verte et le Rapido-Four. **1**

À La cuillère verte, on informe la clientèle de la qualité de la nourriture en indiquant les ingrédients qu'on utilise. En plus du menu traditionnel de restauration rapide, on offre des repas santé. Pour stimuler l'équipe de travail, il y a des primes d'encouragement. Par contre, rien n'est fait pour assurer la sécurité du personnel dans la cuisine. Le restaurant produit beaucoup de déchets non recyclables, ce que je trouve inacceptable. **2** De plus, aucun bac n'est disponible pour récupérer les déchets recyclables.

Le Rapido-Four n'offre pas de menu santé et ne donne pas d'information sur les mets servis au comptoir. Cependant, des affiches mettent le personnel en garde contre les dangers de brûlures et leur rappellent des méthodes de travail sécuritaires. Le service se fait dans de la vaisselle jetable, mais on dispose de bacs pour le recyclage.

Voici ce que j'ai trouvé en comparant les deux restaurants. Chacun se comporte en partie comme une entreprise responsable. **3** À partir de cette comparaison, j'aimerais qu'on discute des comportements d'une entreprise qui serait responsable socialement. [...]

COMMENTAIRES

1 Dans ce paragraphe, Simon annonce les deux éléments qu'il veut comparer et l'angle sous lequel il fera cette comparaison.

2 Simon donne son opinion sur le comportement d'une des entreprises, ce qui n'est pas le but recherché dans une comparaison.

3 La conclusion de Simon découle logiquement de sa comparaison. De plus, elle permet d'élargir la discussion sur le thème de la responsabilité éthique des entreprises.

Qu'est-ce qu'une comparaison ?

- La comparaison est une façon d'établir des différences ou des ressemblances entre deux ou plusieurs éléments.
- On l'utilise lorsqu'on veut décrire et comparer des situations.
- Elle peut permettre de tirer certaines conclusions.

Démarche proposée

- Cernez le sujet de votre comparaison en précisant les éléments que vous voulez comparer.
- Établissez les différences et les ressemblances entre ces éléments.
- Posez-vous les questions suivantes :
  - Les éléments choisis peuvent-ils être comparés ?
  - Ma comparaison tient-elle compte des principales caractéristiques des éléments comparés ?
  - Ma comparaison manifeste-t-elle un parti pris pour l'un ou l'autre des éléments comparés ?
- Déterminez l'ordre de présentation de votre comparaison.
  - Faites un plan de votre comparaison.
  - Décrivez en premier lieu les points communs, puis les différences.
- Si nécessaire, tirez certaines conclusions.

Des pièges à éviter

- Décrire deux éléments sans établir de liens entre eux.
- Faire une comparaison partiale, qui valorise un des éléments et dévalorise l'autre.
- Tirer d'une comparaison une conclusion qui reflète ses préférences plutôt qu'une conclusion qui découle d'un raisonnement logique.

LES CHANGEMENTS CLIMATIQUES

À la fin d'une table ronde sur les enjeux éthiques associés au problème des changements climatiques, une élève fait une synthèse de la contribution des personnes-ressources.

Kim – Je remercie nos personnes-ressources, soit notre professeure de science et technologie, notre professeur d'éthique et culture religieuse ainsi que notre invité, un représentant du groupe Greenpeace, qui se consacre à la défense de l'environnement. En terminant, je voudrais faire une synthèse de la discussion.

Notre table ronde portait sur les questions éthiques reliées aux effets possibles des changements climatiques sur l'avenir de la planète. Nous savons que le réchauffement rapide de notre planète pourrait avoir des conséquences graves pour les prochaines générations, mais notre attitude actuelle peut influencer l'avenir et éviter les catastrophes appréhendées. **1**

Notre professeure de science et technologie, madame Lapointe, nous a présenté une explication scientifique du problème. Elle a mentionné que ce sont les êtres humains eux-mêmes qui ont provoqué cette augmentation de la température. Les gaz générés en partie par leurs activités ont contribué à garder la chaleur captive, comme dans une serre, d'où l'expression « gaz à effet de serre ».

Notre professeur d'éthique et culture religieuse, monsieur Latour, a ensuite abordé les enjeux éthiques associés à ce phénomène. Il a souligné que le réchauffement climatique nous oblige à repenser le développement économique dans la perspective de notre responsabilité face aux générations futures qui devront subir nos choix actuels. Il a aussi abordé la notion de développement durable, une forme de développement économique respectueux de l'environnement.

Finalement, le représentant du groupe Greenpeace, monsieur Labonté, a plutôt mis l'accent sur les moyens concrets à prendre pour diminuer les activités polluantes. Il a rappelé que, si tout le monde s'y mettait, un simple geste, comme marcher ou se déplacer en autobus plutôt qu'en voiture, pourrait contribuer à diminuer la production de gaz à effet de serre. **2**

Nos personnes-ressources ont donc abordé la question des enjeux éthiques des changements climatiques tout en nous proposant des pistes d'action.

Merci à tous. **3**

COMMENTAIRES

1   Kim commence sa synthèse en énonçant le sujet et les principaux éléments.

2   Kim inclut dans sa synthèse tous les aspects importants du phénomène.

3   Kim termine sa synthèse par une brève conclusion.

Qu'est-ce qu'une synthèse ?

- La synthèse est un résumé des principaux éléments (idées, faits, expériences, arguments, etc.) d'une discussion, d'un récit ou d'un texte.
- On l'utilise lorsqu'on veut :
  - mettre de l'ordre dans ses idées ou ses arguments ;
  - faire le point sur les idées et les arguments exprimés dans une discussion, un débat, une table ronde, etc. ;
  - résumer, de façon cohérente, un chapitre d'un livre, un article de journal, de l'information recueillie dans Internet, etc.
- Elle peut inclure une conclusion.

Démarche proposée

- Cernez de façon précise ce que vous voulez résumer.
- Posez-vous les questions suivantes :
  - Dans ce que j'ai retenu pour faire ma synthèse, quel est le fait, l'idée, l'expérience ou l'argument qui ressort le plus ?
  - Quels sont les faits, les idées, les expériences ou les arguments qui ressortent moins, mais que je trouve important d'inclure à ma synthèse ?
- Assurez-vous que la synthèse est complète et conforme à ce que vous voulez résumer.
  - Validez votre synthèse en vérifiant si vous avez bien retenu les éléments essentiels. Les réponses aux questions précédentes vous ont-elles permis de décrire l'ensemble de votre sujet ? Sinon, complétez cette description.
  - Posez-vous la question suivante : « Ai-je tenu compte de tous les éléments essentiels ? » Sinon, ajoutez les éléments manquants à votre synthèse.
- Déterminez l'ordre de présentation de votre synthèse.
  - Spécifiez le sujet que vous voulez synthétiser.
  - Indiquez les éléments essentiels de votre sujet.
  - Indiquez les éléments secondaires que vous jugez nécessaire d'inclure.
  - Terminez avec une conclusion, si nécessaire.

Des pièges à éviter

- Retenir uniquement des éléments secondaires et laisser de côté des éléments essentiels.
- Ne pas suivre un ordre de présentation logique.

QU'EST-CE QUE LE PANTHÉISME ?

Dans une discussion sur les diverses formes d'expériences du divin, des élèves posent des questions sur le panthéisme. Louis a lu sur ce sujet et il explique en quoi consiste cette conception du divin.

Jade – Selon leur religion, les gens ont des façons différentes de se représenter le divin. Par exemple, les chrétiens et chrétiennes croient en un seul dieu, alors que pour les adeptes de l'hindouisme, il en existe plusieurs. Les Amérindiens, pour leur part, voient dans la nature une manifestation du divin. Mais quand je lis le mot « panthéisme », ça ne me dit rien. Quelqu'un peut-il me renseigner ? **1**

Louis – Ça tombe bien, Jade, j'ai fait une recherche là-dessus. Alors je t'explique. Le panthéisme est une façon particulière de se représenter le divin. Tu as sûrement déjà été fascinée par certains phénomènes naturels. Parfois nous pouvons même avoir l'impression de faire partie de l'immensité : par exemple, en admirant un ciel étoilé. **2** Nous ressentons alors profondément que nous appartenons à un monde infiniment plus grand que nous. Pour certaines personnes, l'ordre qui règne dans cet univers et l'expérience qu'elles vivent en le contemplant est une forme particulière de l'expérience du divin. Et si des gens divinisent l'univers et croient en une forme de communion spirituelle avec lui, alors là, on parle de panthéisme. **3** Cette forme du divin ne se limite pas à une religion en particulier. Des croyants de différentes confessionnalités ont témoigné d'expériences de ce genre.

Jade – Merci pour ces explications. Ce n'est pas un mot facile à comprendre, mais je comprends mieux ce qu'est le panthéisme. Donc, les gens divinisent l'univers... Mais un tel dieu n'est pas un dieu personnel, il semble se confondre avec l'univers lui-même. [...] **4**

COMMENTAIRES

1 Jade demande des précisions.

2 Pour rendre son explication plus concrète, Louis commence celle-ci en donnant l'exemple d'une expérience que Jade a pu elle-même faire.

3 L'explication de Louis lui permet de clarifier le sens de ce concept.

4 À partir de la réponse de Louis, Jade poursuit le dialogue.

Qu'est-ce qu'une explication ?

■ L'explication est un développement qui vise à mieux faire comprendre le sens de quelque chose.

■ On l'utilise lorsqu'on veut :

- clarifier des idées, un point de vue ou des arguments en les rendant plus explicites ;

- ajouter des définitions et des exemples à un texte pour en faciliter la compréhension ;

- donner des informations supplémentaires en réponse aux questions posées.

Démarche proposée

■ Cernez, dans votre sujet, ce qui mérite d'être plus détaillé.

■ Trouvez des exemples, des définitions ou d'autres renseignements qui permettraient de mieux faire comprendre certains aspects de votre sujet.

■ Posez-vous les questions suivantes :

- Quels aspects de mon sujet mériteraient d'être plus détaillés ?

- Quels seraient les meilleurs moyens, définitions ou exemples pour mieux faire comprendre mon sujet ?

■ Déterminez l'ordre de présentation de votre explication.

- Faites un plan de votre explication.

- Formulez la partie la plus générale de votre texte en utilisant, si possible, une définition de ce que vous voulez expliquer. Présentez d'abord les éléments plus importants et ensuite les éléments secondaires.

- Poursuivez avec des exemples.

- Si nécessaire, terminez avec certains cas particuliers ou exceptionnels.

Des pièges à éviter

■ Donner une explication qui complique le sens de ce qu'on veut expliquer au lieu de le rendre plus compréhensible.

■ Donner uniquement des exemples secondaires ou des exceptions pour illustrer le sujet.

■ Ne pas définir les termes qu'on veut expliquer.

■ Faire une description.

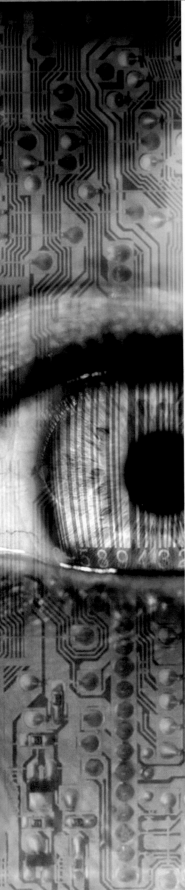

L'EUGÉNISME AUJOURD'HUI

Une enseignante explique ce qu'est l'eugénisme : « L'eugénisme consiste à améliorer volontairement des caractères héréditaires de l'espèce humaine par divers moyens. » Elle poursuit en demandant à ses élèves : « Si, grâce au progrès de la génétique, vous pouviez décider des caractéristiques de vos futurs enfants, le feriez-vous ? »

Xavier – Si un jour j'ai des enfants, j'aimerais qu'ils soient aussi beaux, intelligents et en santé que possible. C'est ce que tous les parents veulent. **1** Si la science me permet de choisir le genre d'enfants que j'aurai, alors pourquoi pas ? De toute façon, je ne suis pas contre l'eugénisme si cela aide à améliorer l'espèce humaine.

Cassandra – Xavier, la vie nous donne des enfants plus ou moins beaux et plus ou moins intelligents, et nous les aimons comme ils sont. Je ne vois pas pourquoi nous devrions décider à leur place de ce qu'ils devraient être. Si tous les parents agissaient comme toi, les enfants de demain finiraient par être tous pareils. On perdrait la richesse que représentent les différences entre les êtres humains. En plus, je crois qu'il est dangereux de remplacer la nature par de nouvelles technologies comme les manipulations génétiques. On connaît déjà les dangers potentiels des OGM dans notre alimentation. Certaines personnes rêvent de réussir un jour à cloner un être humain. C'est encore une fois l'idée d'un monde composé d'humains identiques. **2** Pour toutes ces raisons, je suis contre l'eugénisme. Mais je ferais peut-être une exception pour les cas de maladies incurables graves qu'on peut détecter par des tests génétiques sur l'embryon. **3**

L'enseignante – Merci d'avoir justifié ton point de vue, Cassandra. Limiter les interventions qui sélectionnent des embryons aux cas de maladies graves... voilà une suggestion qui mérite réflexion ! Xavier, que penses-tu des arguments de Cassandra ? [...]

COMMENTAIRES

1   Xavier émet une première opinion qui n'est pas encore pleinement justifiée.

2   Cassandra justifie sa position contre l'eugénisme.

3   Cassandra nuance sa position.

Qu'est-ce qu'une justification ?

- La justification est une présentation d'idées et d'arguments ordonnés dans le but de démontrer et de faire valoir un point de vue.

- On l'utilise lorsqu'on veut exposer les motifs qui soutiennent notre point de vue.

Démarche proposée

- Cernez, dans votre sujet, le point de vue que vous souhaitez justifier.

- Précisez clairement votre point de vue, vos arguments et prévoyez les objections qu'on pourrait vous faire.

- Assurez-vous que vos arguments sont pertinents, cohérents et suffisants pour convaincre les autres de la justesse de votre point de vue.

- Posez-vous les questions suivantes :
  - Le point de vue que je veux justifier est-il clairement exprimé ?
  - Les arguments et les exemples de ma justification sont-ils pertinents ? Ces arguments sont-ils suffisants pour amener les autres à partager mon point de vue ? Mes arguments sont-ils présentés de façon cohérente ?
  - Ma justification tient-elle compte des objections des autres qui s'opposent à mon point de vue ?

- Déterminez l'ordre de présentation de votre justification.
  - Présentez clairement votre point de vue.
  - Exposez vos arguments et vos exemples.
  - Poursuivez en répondant aux objections des autres.

Des pièges à éviter

- Faire appel à des arguments non pertinents qui font obstacle au dialogue plutôt que de contribuer à élaborer son point de vue.

- Ne pas tenir compte des objections des autres dans sa justification.

SECTION 3

DES MOYENS POUR INTERROGER UN POINT DE VUE

Dans la pratique du dialogue, il existe différents moyens pour interroger un point de vue. Dans cette section, vous apprendrez à reconnaître des types de jugements, des types de raisonnements ainsi que des procédés susceptibles d'entraver le dialogue.

Les types de jugements

Le tableau qui suit présente quatre types de jugements qui peuvent constituer un point de vue. Dans la colonne de droite, vous trouverez la description de chacun de ces éléments ainsi que des moyens pour l'interroger.

LES DIFFÉRENTS MOYENS POUR INTERROGER UN POINT DE VUE	
Types de jugements	Descriptions
Le jugement de préférence (outil 13)	
EXEMPLE *« J'aime mieux les cours d'éthique et culture religieuse que ceux de sciences. »*	Proposition qui exprime de façon subjective des préférences. **On y réagit** en s'interrogeant sur ses préférences et celles des autres, pour mieux les comprendre, et sur les raisons qui sont derrière ces préférences.
Le jugement de prescription (outil 14)	
EXEMPLE *« Réduisez votre empreinte écologique en buvant l'eau du robinet. »*	Proposition qui émet un conseil, une recommandation ou une obligation dans le but d'inciter à l'action. **On y réagit** en se demandant sur quel fait, quelle raison ou quelle valeur repose la prescription. On s'assure aussi que la proposition est réaliste.
Le jugement de réalité (outil 15)	
EXEMPLE *« La publicité nous incite à consommer. »*	Proposition qui constate un fait, un événement ou le témoignage d'une personne. **On y réagit** en demandant à la personne qui formule la proposition sur quoi repose son jugement, car un jugement de réalité n'est pas nécessairement vrai. On vérifie également la crédibilité des sources.
Le jugement de valeur (outil 16)	
EXEMPLE *« En amitié, l'honnêteté est essentielle. »*	Proposition privilégiant une ou plusieurs valeurs par rapport à d'autres. Contrairement au jugement de préférence, le jugement de valeur repose généralement sur une réflexion personnelle. **On y réagit** en demandant à la personne de livrer la réflexion qui l'a amenée à formuler ce jugement. On s'assure de plus que la signification de la proposition est claire.

L'ENDROIT OÙ JE PRÉFÉRERAIS VIVRE

À la cafétéria, des élèves discutent de leurs rêves d'avenir. Cette conversation a débuté avec Martin, qui est allé conduire ses grands-parents à l'aéroport la veille.

Martin – Moi, un jour, j'aimerais être assez riche pour aller passer mes hivers dans le Sud comme mes grands-parents le font chaque année. **1**

Sobannamy – On n'a vraiment pas les mêmes goûts. Moi, j'adore faire du ski l'hiver et plus tard, j'espère pouvoir passer mes vacances à pratiquer mon sport préféré. J'aimerais un jour élever ma famille à la campagne pour profiter à plein de la nature. **2**

Giullio – Je ne te comprends pas, Sob. Comment peux-tu aimer geler tout l'hiver au Québec ? J'aime bien mon nouveau pays, mais certainement pas l'hiver. De toute façon, ce qui compte le plus pour moi, c'est de travailler un jour dans le domaine que j'ai choisi. J'adore les avions et je rêve de devenir pilote. **3**

Pricillia – Moi, je voudrais être psychologue parce que j'aime venir en aide aux autres. **4** J'aimerais travailler dans un pays pauvre, là où je peux vraiment être utile. Je me retrouverais dans le Sud comme Martin, mais probablement pas dans le même pays...

Martin – On ne sait jamais, tu vas peut-être réussir à me convaincre de venir en aide aux autres si tes projets d'avenir se passent dans les pays chauds !

Tout le monde rit et la conversation est interrompue par la sonnerie qui annonce la prochaine période de cours.

COMMENTAIRES

1 Martin exprime un jugement de préférence.

2 Sobannamy exprime deux jugements de préférence.

3 Giullio exprime à son tour des jugements de préférence.

4 Dans son intervention, Pricillia donne les raisons de ses préférences.

Qu'est-ce qu'un jugement de préférence ?

- Un jugement de préférence est une proposition subjective qui exprime des goûts, des intérêts, des préférences.
- On l'utilise lorsqu'on veut exprimer son point de vue.

Démarche proposée

- Recherchez les jugements de préférence utilisés pour élaborer votre point de vue et celui des autres dans un échange.
- Formulez clairement vos jugements de préférence. Si nécessaire, demandez aux autres des clarifications sur les leurs.
- Établissez les raisons qui sous-tendent vos jugements de préférence et ceux des autres.
- Posez-vous les questions suivantes :
  - Existe-t-il des jugements de préférence dans mon point de vue ou dans celui des autres ?
  - Quelles sont mes raisons, ou celles des autres, pour appuyer les jugements de préférence ? Ces raisons sont-elles suffisantes pour les justifier ?
  - Quelles sont les raisons implicites, non exprimées, qui sous-tendent les jugements de préférence ?
- Recherchez les conclusions tirées à partir de jugements de préférence et demandez-vous si elles sont justifiées.

Des pièges à éviter

- Vouloir imposer ses jugements de préférence aux autres.
- Ne pas exprimer clairement ses jugements de préférence.
- Ne pas demander aux autres de clarifier leurs jugements de préférence.
- Ne pas examiner les raisons qui sous-tendent ses jugements de préférence ou ceux des autres.
- Tirer des conclusions trop générales à partir d'un jugement de préférence.

TRAVAILLER EN ÉQUIPE

Les élèves doivent préparer leur participation à un débat sur l'avortement qui aura lieu dans leur cours d'Éthique et culture religieuse. L'enseignante intervient dans la discussion entre Marie-Laure et Steven.

L'enseignante – Si j'ai bien entendu, vous voulez que Marie-Laure fasse les recherches et que Steven exprime votre point de vue devant la classe ? Vous ne pouvez pas fonctionner ainsi. Tous les deux, vous devez faire des recherches et vous exprimer devant la classe lors du débat. **1**

Steven – Pourquoi notre façon de faire ne convient-elle pas ? **2**

L'enseignante – Tous les élèves doivent effectuer des recherches pour élaborer leur point de vue. Un débat n'est pas une tribune pour exprimer des préjugés : il faut fonder ses interventions sur des faits, des statistiques et les valeurs qui sont en cause. **3**

Marie-Laure – Steven, tu te concentreras sur l'avortement aux États-Unis et au Canada, tandis que je me pencherai davantage sur l'avortement au Québec. **4**

Steven – Pourquoi ? **5**

Marie-Laure – Tu es habitué à lire en anglais, alors que moi, j'ai de la difficulté à le faire.

Steven – Je suis d'accord, mais si c'est moi qui couvre les informations provenant des États-Unis et du Canada anglais, c'est toi qui devras rédiger tous les textes. **6**

L'enseignante – Steven, il n'est pas question que Marie-Laure soit la seule à rédiger les textes. La préparation fait partie des moyens qui vous permettront d'élaborer vos arguments, en plus de vous fournir des informations pour pouvoir répondre aux questions des autres participants quand ils interrogeront votre point de vue. De plus, le travail en équipe fait partie des façons d'améliorer le dialogue entre vous. Vous devez donc participer tous les deux à chacune des étapes de la préparation et de la présentation. **7**

Marie-Laure – D'accord ! Steven, je pense que nous travaillerons ensemble pour les trois prochaines périodes.

COMMENTAIRES

1. L'enseignante formule plusieurs jugements de prescription concernant le débat qui aura lieu en classe.
2. Steven interroge le point de vue de l'enseignante en lui demandant les raisons qui sous-tendent ses jugements de prescription.
3. L'enseignante donne la raison qui justifie ses jugements de prescription.
4. Marie-Laure formule à son tour un jugement de prescription.
5. Steven demande à Marie-Laure de justifier son jugement de prescription.
6. Steven formule un nouveau jugement de prescription.
7. L'enseignante précise ses exigences en formulant un nouveau jugement de prescription.

Qu'est-ce qu'un jugement de prescription?

- Un jugement de prescription est une proposition qui permet d'énoncer un ordre, une obligation, une recommandation. Le jugement de prescription affirme la nécessité d'accomplir un acte, de modifier une situation ou de résoudre un problème.
- On l'utilise lorsqu'on veut exprimer sa volonté qu'un acte soit accompli dans le but de modifier une situation ou de résoudre un problème.

Démarche proposée

- Recherchez les jugements de prescription utilisés pour élaborer votre point de vue et celui des autres dans un échange.
- Formulez clairement vos jugements de prescription. Si nécessaire, demandez aux autres des clarifications sur les leurs.
- Établissez les raisons qui sous-tendent vos jugements de prescription et ceux des autres.
- Assurez-vous que la proposition est réaliste.
- Posez-vous les questions suivantes :
  - Existe-t-il des jugements de prescription dans mon point de vue ou dans celui des autres ?
  - Quelles sont mes raisons, ou celles des autres, pour appuyer les jugements de prescription ? Ces raisons sont-elles suffisantes pour les justifier ?
  - Quelles sont les raisons implicites, non exprimées, qui sous-tendent les jugements de prescription ?
  - Est-ce que les jugements de prescription sont réalistes ?

Des pièges à éviter

- Formuler des jugements de prescription sans une justification suffisante.
- Formuler des jugements de prescription sur lesquels on ne peut pas agir.
- Ne pas exprimer clairement ses jugements de prescription.
- Ne pas demander aux autres participants de clarifier leurs jugements de prescription.
- Ne pas exprimer les raisons qui sous-tendent ses jugements de prescription et ceux des autres.

RÉFLÉCHIR SUR L'AVORTEMENT

L'infirmière de l'école rencontre des élèves pour leur donner de l'information sur l'avortement et aborder certaines questions éthiques à ce sujet. Après sa présentation, elle engage une discussion avec les élèves.

Mélanie – Moi, je trouve que l'avortement est un crime, parce que le fœtus est un futur être humain et qu'on ne peut décider de son droit à la vie. Il y a des moyens de contraception, comme la pilule, qui évitent aux filles de tomber enceintes. **1** Alors comment pouvons-nous en venir à tuer un être humain parce que nous avons été négligentes ?

Maxime – Je ne suis pas d'accord avec ton point de vue, Mélanie ! L'avortement est un moyen de dernier recours, mais pas un crime. Le fœtus n'est pas une personne, ni un être conscient et raisonnable. C'est un simple amas de cellules. **2**

Philippe – Tu exagères, Max. Je ne parlerais pas comme Mélanie d'un crime, mais on doit quand même admettre que le fœtus est une personne potentielle, **3** un embryon qui pourrait devenir un être humain comme toi ou moi.

Anna – Je suis d'accord avec Philippe, mais on ne devrait pas se culpabiliser d'avoir recours à un avortement. Il y a des accidents, des imprévus, et on ne doit pas garder un enfant juste parce qu'on se sent coupable. Il faut être responsable **4** et penser aux conséquences à long terme de cette grave décision. Cela me semble particulièrement évident à notre âge !

L'infirmière – Merci. Vos arguments sont intéressants, et ils reflètent bien le débat éthique qui entoure cette question dans la société.

COMMENTAIRES

1   Mélanie appuie son point de vue sur deux jugements de réalité.

2   Maxime appuie sa conception du fœtus sur un jugement de réalité.

3   Philippe formule un jugement de réalité.

4   Anna fait appel ici à une autre forme de jugement, le jugement de valeur.

Qu'est-ce qu'un jugement de réalité?

- Un jugement de réalité est une proposition qui permet d'établir une constatation objective en s'appuyant explicitement ou implicitement sur des événements, des faits ou des témoignages.
- Un jugement de réalité peut être faux.

Démarche proposée

- Recherchez les jugements de réalité utilisés pour élaborer votre point de vue et celui des autres dans un échange.
- Établissez clairement les faits sur lesquels reposent vos jugements de réalité ou ceux des autres.
- Posez-vous les questions suivantes:
  - Existe-t-il des jugements de réalité dans mon point de vue ou dans celui des autres?
  - Les jugements de réalité énoncés sont-ils vrais? Peut-on les vérifier? Proviennent-ils de sources qui ont une valeur scientifique? Les témoignages sont-ils crédibles?
- Recherchez les conclusions tirées à partir de jugements de réalité et demandez-vous si elles sont justifiées.

Des pièges à éviter

- Ne pas vérifier les jugements de réalité qu'on formule lors d'un échange.
- Ne pas interroger les autres sur les jugements de réalité qu'ils formulent lors d'un échange.
- Considérer qu'une chose est nécessairement vraie parce qu'une personne l'affirme sous la forme d'un jugement de réalité.
- Tirer des conclusions à partir de jugements de réalité qui n'ont pas été vérifiés.

POUR OU CONTRE LE COMMERCE ÉQUITABLE ?

Des élèves ont remarqué, sur des emballages d'aliments, qu'il s'agit de produits équitables. Avec leur enseignant, ils décident d'organiser un débat sur le sujet pour discuter de certaines questions éthiques associées à la consommation.

Francesca – À l'épicerie, j'ai vu que le café équitable coûte beaucoup plus cher que les autres sortes de café. On m'a dit que le prix est plus élevé parce que les personnes qui le récoltent sont mieux payées que les autres. Pourquoi faudrait-il aider les gens des autres pays ? Charité bien ordonnée commence par soi-même ! 1 Selon moi, on devrait commencer par aider nos propres travailleurs et travailleuses en les payant mieux.

Émilie – J'ai une autre opinion, Francesca. Quand nous payons le café moins cher, c'est simplement que les compagnies profitent des personnes qui travaillent au maximum en leur versant des salaires de famine. Moi, je ne veux pas participer à cette exploitation. Je crois en un monde plus égalitaire où chacun et chacune a sa juste part. 2

Fakri – Je pense comme toi, Émilie. Dans mon pays d'origine, j'ai vu des gens gagner presque rien en travaillant 12 heures par jour. Pour moi, le commerce équitable va dans le bon sens, car exploiter les gens est inacceptable. 3

Francesca – De toute façon, seuls les riches peuvent se payer des produits équitables. Ce n'est pas un peu contradictoire ? À mon avis, on devrait d'abord s'entraider ici.

Fakri – Il n'y a pas de contradiction, Franco. C'est normal de payer plus cher pour des produits équitables. C'est une question de valeurs, pas nécessairement de revenus. Il y a plein de gens riches qui n'achètent pas de produits équitables. On peut s'entraider ici, tout en soutenant les personnes qui travaillent dans les pays plus pauvres. 4

COMMENTAIRES

1 Francesca porte un jugement de valeur.

2 Le jugement de valeur d'Émilie repose sur un jugement de réalité.

3 Le jugement de valeur formulé par Fakri repose sur ses expériences passées dans son pays d'origine.

4 Dans sa réflexion éthique, Fakri apporte une nuance dans le jugement de valeur de Francesca.

Qu'est-ce qu'un jugement de valeur ?

- Un jugement de valeur est une proposition qui privilégie une ou plusieurs valeurs par rapport à d'autres.
- On l'utilise lorsqu'on veut exprimer son point de vue.

Démarche proposée

- Recherchez les jugements de valeur utilisés pour élaborer votre point de vue et celui des autres dans un échange.
- Formulez clairement vos jugements de valeur. Si nécessaire, demandez aux autres de clarifier les leurs.
- Établissez les raisons qui sous-tendent vos jugements de valeur et ceux des autres.
- Posez-vous les questions suivantes :
  - Existe-t-il des jugements de valeur dans mon point de vue ou dans celui des autres ?
  - Quelles sont mes raisons, ou celles des autres, pour appuyer mes jugements de valeur et ceux des autres ? Ces raisons sont-elles suffisantes pour justifier mes jugements de valeur ou ceux des autres ?
  - Quelles sont les raisons implicites, non dites, qui sous-tendent mes jugements de valeur ou ceux des autres ?
- Recherchez les conclusions tirées à partir de jugements de valeur et demandez-vous si elles sont justifiées.

Des pièges à éviter

- Ne pas formuler clairement un jugement de valeur.
- Refuser de discuter de ses jugements de valeur et de ceux des autres.
- Ne pas expliquer les raisons qui sous-tendent ses jugements de valeur.
- Ne pas demander aux autres de clarifier le sens de leurs jugements de valeur et les raisons qui les sous-tendent.
- Tirer des conclusions qui reflètent ses préférences plutôt que le résultat d'un raisonnement logique.

Les types de raisonnements

Le tableau qui suit présente quatre types de raisonnements qui peuvent constituer un point de vue. Dans la colonne de droite, vous trouverez la description de chacun de ces éléments ainsi que des moyens pour l'interroger.

LES DIFFÉRENTS MOYENS POUR INTERROGER UN POINT DE VUE	
Types de raisonnements	Descriptions
L'induction (outil 17)	
EXEMPLE « Depuis qu'il y a un centre sportif et une maison pour les jeunes, il y a moins de flânage dans les rues. Donc, des activités appropriées réduisent les risques de délinquance. »	Raisonnement qui consiste à énoncer une règle générale à partir des caractéristiques communes de certains de nos jugements. L'induction va du particulier au général. **On y réagit** en se demandant si les jugements qui servent de prémisse à l'induction sont vrais, s'ils sont pertinents et s'ils sont en nombre suffisant pour en tirer une conclusion acceptable.
La déduction (outil 18)	
EXEMPLE « Tous les membres de cet orchestre savent lire la musique. Paulo et Myriam en font partie. Ils peuvent donc lire cette partition. »	Raisonnement qui consiste à appliquer une règle générale à un jugement ou à un ensemble de jugements pour en tirer une conclusion. La déduction va du général au particulier. **On y réagit** en se demandant si les jugements utilisés dans un raisonnement déductif sont vrais et si la règle générale qui en découle est valide.
L'analogie (outil 19)	
EXEMPLE « En cas de malheur, les familles et les amis qui se serrent les coudes passent mieux au travers, tout comme, lors de tempêtes, les membres de l'équipage qui s'entraident peuvent éviter le naufrage. Cela montre que la solidarité aide à surmonter les épreuves. »	Raisonnement qui établit des ressemblances entre des choses ou des personnes dans le but d'en tirer une conclusion. Plus précisément, l'analogie établit une relation entre deux énoncés. **On y réagit** en se demandant si l'analogie est fondée sur une relation entre deux énoncés qui sont comparables. Par exemple, comparer des animaux qui tuent pour manger à des meurtriers ne serait pas pertinent pour justifier des crimes. En effet, on ne peut comparer des animaux et des humains pour évoquer un comportement proprement humain comme la responsabilité.
L'hypothèse (outil 20)	
EXEMPLE « Depuis que Jamil, Sophia et Diane ont créé un comité d'embellissement de la cour, de plus en plus d'élèves dînent à l'école pour participer à sa décoration. Je prévois que ce comité sera le plus populaire cette année. »	Raisonnement qui consiste, à partir d'un nombre restreint de jugements, à formuler une supposition. **On y réagit** en se demandant si le nombre de jugements justifie de formuler une hypothèse. On doit également s'assurer qu'ils sont acceptables et en lien avec l'hypothèse.

DES LIEUX DE CULTE DANS TOUTES LES RELIGIONS

Aïcha prépare une présentation sur les temples religieux. En comparant différentes religions, elle constate qu'elles ont en commun de comporter des lieux réservés au culte. Elle en arrive à cette conclusion probable par un raisonnement inductif. Elle l'explique devant sa classe.

Aïcha – Pendant ma recherche, j'ai constaté que des lieux de culte existent pour plusieurs religions. **1** C'est le cas bien sûr de la mosquée que je fréquente depuis mon enfance et des églises chrétiennes qu'on peut voir un peu partout au Québec. Mais je sais aussi qu'il existe des temples bouddhiques et des synagogues. J'en suis donc venue à la conclusion qu'il existe probablement des lieux de culte pour toutes les religions. **2**

Ces endroits offrent souvent l'occasion aux fidèles de venir se recueillir et participer à certains rituels. Par exemple, les musulmans vont régulièrement prier à la mosquée alors que les chrétiens assistent à des offices religieux dans leurs églises. Je connais moins les habitudes des adeptes d'autres religions comme le judaïsme et le bouddhisme, mais j'ai l'intention de poursuivre mes recherches et aussi de me renseigner sur l'hindouisme. Finalement, j'ai remarqué que plusieurs lieux religieux abritent des reliques et des objets sacrés. Je crois que John est d'origine amérindienne. Peut-être aurait-il des choses intéressantes à nous apprendre sur les lieux de culte des Amérindiens. **3**

John – J'aimerais d'abord préciser qu'il n'y a pas de religions amérindiennes à proprement parler, c'est pourquoi on préfère parler de spiritualités autochtones [...].

COMMENTAIRES

1   Aïcha présente les jugements de réalité qui serviront de prémisses à son raisonnement inductif.

2   Aïcha formule un raisonnement inductif en notant que sa conclusion n'est pas certaine, mais probable.

3   Aïcha poursuit sa recherche sur les lieux de culte en interrogeant un élève de sa classe.

Qu'est-ce qu'une induction ?

- Une induction est un raisonnement qui mène à une conclusion à partir d'un certain nombre de jugements qu'on qualifie de prémisses.

- La conclusion d'une induction ne peut être une certitude. On dira qu'elle est probable.

- On l'utilise lorsqu'on veut tirer une conclusion probable à partir d'un certain nombre d'observations.

Démarche proposée

- Cernez le sujet de votre raisonnement inductif en précisant les observations ou jugements à partir desquels vous voulez tirer une conclusion.

- Indiquez clairement le point commun aux différents jugements qui servent de base à votre induction. Si nécessaire, tirez certaines conclusions.

- Posez-vous les questions suivantes :

  - Les jugements à la base de mon induction sont-ils vrais ?

  - Existe-t-il véritablement un point commun entre tous les jugements qui servent de base à mon raisonnement ?

  - Ma conclusion est-elle acceptable ?

  - Ma conclusion est-elle formulée de façon à mettre en évidence son caractère probable ?

- Déterminez l'ordre de présentation de votre raisonnement inductif.

  - Établissez les jugements sur lesquels votre raisonnement s'appliquera.

  - Définissez clairement le point commun aux jugements que vous voulez induire par raisonnement.

  - Tirez une conclusion probable.

Des pièges à éviter

- Faire reposer l'induction sur un nombre insuffisant de jugements.

- Comparer des jugements sans vérifier si ceux-ci sont vrais.

- Trouver des points communs qui ne s'appliquent pas à l'ensemble des jugements qui servent de prémisses au raisonnement.

- Tirer une conclusion catégorique qui ne correspond pas au caractère probable de celle d'une induction.

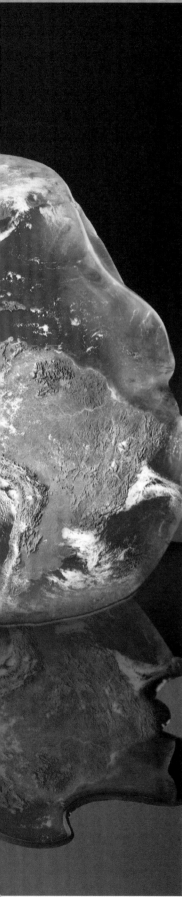

Outil 18 La déduction

LES RISQUES DES CHANGEMENTS CLIMATIQUES POUR L'AVENIR

Après une recherche sur nos responsabilités environnementales face aux générations futures, des élèves présentent à la classe leurs travaux sur le réchauffement climatique et ses conséquences. Nicole parle des effets de ce phénomène sur des populations pauvres qui habitent sans protection en bordure des océans.

Nicole – Vous savez peut-être que les populations les plus pauvres qui habitent les rives de certains océans risquent d'être parmi les plus touchées par les changements climatiques. Ces gens sont affectés par le moindre changement du niveau de la mer et ont peu de moyens de se défendre contre d'éventuelles inondations. **1** Certaines personnes vivent presque au niveau de la mer. Or, le niveau de la mer pourrait augmenter considérablement à cause du réchauffement de la planète. Donc, un pays comme le Bangladesh, dont une partie des habitants vivent sous le niveau de la mer, risque d'être durement affecté par ce réchauffement. **2**

Au Québec, les îles de la Madeleine pourraient connaître un problème semblable, car elles ne sont situées qu'à quelques mètres au-dessus du niveau de la mer.

Par conséquent, nous avons de grandes responsabilités quant à l'avenir des populations côtières et même de notre planète. Heureusement, nous pouvons agir et peut-être éviter le pire. Connaissez-vous des moyens à notre portée qui nous permettraient d'éviter de tels désastres ? **3**

COMMENTAIRES

1 Pour débuter, Nicole présente les jugements de réalité qui serviront de prémisses à son raisonnement déductif.

2 Nicole formule un raisonnement déductif qui la conduit d'une prémisse générale à une conclusion singulière.

3 Nicole poursuit sa réflexion.

Qu'est-ce qu'une déduction?

- Une déduction est un raisonnement qui consiste à appliquer une règle générale à un jugement ou à un ensemble de jugements pour en tirer une conclusion. Le raisonnement déductif va du général au particulier.

- Dans une déduction, si les prémisses sont vraies, la conclusion le sera nécessairement. Contrairement à l'induction, la déduction ne conduit pas à une conclusion probable, mais vraie.

- La conclusion d'une déduction est vraie si les prémisses sont vraies et si le raisonnement logique est valide.

- On l'utilise lorsqu'on veut tirer, d'un jugement général, un jugement sur un cas particulier.

Démarche proposée

- Cernez le sujet de votre raisonnement déductif en énonçant le jugement général à partir duquel vous souhaitez déduire un jugement particulier.

- Formulez clairement le raisonnement logique qui vous conduira à tirer une conclusion sur un cas particulier.

- Posez-vous les questions suivantes :
  - Le jugement général à la base de ma déduction est-il vrai ?
  - L'ordre logique de ma déduction est-il valide ?

- Déterminez l'ordre de présentation de votre raisonnement déductif.
  - Établissez la ou les prémisses à la base de votre raisonnement.
  - Définissez clairement l'ordre logique de l'enchaînement des propositions.
  - Tirez une conclusion.

Des pièges à éviter

- Établir une déduction sans vérifier si les prémisses sont vraies.
- Faire reposer sa déduction sur un raisonnement non valide.
- Tirer une conclusion probable qui ne constitue pas une conséquence logique.

VIVRE EN FAMILLE ET EN SOCIÉTÉ

Lors d'une discussion sur la tolérance, on invite les élèves à observer dans leurs familles des façons d'agir qui pourraient être bénéfiques dans la société en général. Nadia amorce la réflexion en parlant de sa famille.

Nadia – Chez moi, il y a souvent des querelles entre mes frères et ma sœur parce que nous avons des goûts et des âges différents. Nous ne sommes pas assez riches pour répondre à toutes les exigences ; alors il faut partager, mais en respectant les goûts personnels. Ce n'est pas toujours facile. Mon frère écoute une variété de musique insupportable, que je déteste. Cela m'empêche de me concentrer pour faire mes devoirs. Ma sœur lit jusqu'à tard le soir et la lumière m'empêche de dormir. En plus, nous n'aimons pas les mêmes films. **1** Ce n'est pas facile, mais à force de discuter, nous avons trouvé des règles. Par exemple, mon frère doit écouter sa musique au sous-sol et baisser le volume quand je fais mes devoirs. Je me suis maintenant entendue avec ma sœur pour qu'elle lise moins souvent au lit. Et c'est chacun son tour quand on loue des vidéos.

Je crois que nous pouvons tirer des leçons de la vie familiale. Dans la famille, nous pouvons nous donner des moyens pour être plus tolérants entre nous, tout en respectant nos goûts. De même, dans la société, on doit mettre en place des mesures qui favorisent la tolérance entre les individus et les communautés, tout en respectant la diversité de leurs cultures et de leurs besoins. **2**

Hai – Tu as raison Nadia, mais ton exemple a des limites. Toutes les familles ne sont pas aussi tolérantes que la tienne. **3** Pour ma part, je ne voudrais pas que la société fonctionne comme ma famille. Moi, je suis homosexuel et mes parents ne l'acceptent vraiment pas. Ils disent que cela passera avec le temps et ils m'interdisent d'inviter des garçons à la maison. À l'école, on se moque parfois de moi, mais en général, c'est un milieu bien plus tolérant que ma famille.

Karine – Hai, je crois que Nadia prend comme modèle sa famille à elle. Tu as raison d'apporter des nuances, ce n'est pas pareil partout. Mais je pense quand même qu'on devrait s'inspirer des familles tolérantes pour bâtir une société qui accepte mieux les différences. **4**

COMMENTAIRES

1 Dans ce paragraphe, Nadia présente sa situation familiale, qui lui servira à introduire son raisonnement analogique.

2 Nadia formule un raisonnement analogique dans le but de tirer certaines conclusions sur la société à partir de son expérience familiale.

3 Hai témoigne de sa propre expérience et démontre les limites de la conclusion de Nadia.

4 Karine reformule la conclusion de Nadia de façon à tenir compte de l'objection de Hai.

Qu'est-ce qu'une analogie?

- Une analogie est un raisonnement qui établit des ressemblances entre des choses ou des personnes dans le but d'en tirer une conclusion.
- On l'utilise lorsqu'on veut tirer une conclusion à partir d'une comparaison pertinente.

Démarche proposée

- Cernez le sujet de votre raisonnement analogique en précisant les énoncés que vous voulez comparer.
- Assurez-vous que les énoncés permettent une comparaison pertinente et éclairante.
- Assurez-vous que votre conclusion découle logiquement de votre analogie.
- Posez-vous les questions suivantes:
  - Les réalités que je veux comparer sont-elles comparables?
  - Les éléments que je veux comparer sont-ils comparables?
  - La conclusion que j'en tire a-t-elle un lien logique avec mon analogie?
- Déterminez l'ordre de présentation de votre raisonnement analogique.
  - Établissez les termes de comparaison sur lesquels votre raisonnement s'appuiera.
  - Définissez clairement l'ordre logique des propositions.

Des pièges à éviter

- Établir une analogie sans vérifier si les liens entre les éléments comparés sont valides.
- Établir une analogie entre des énoncés qui ne sont pas comparables.
- Tirer une conclusion qui ne constitue pas une conséquence logique du raisonnement analogique.

RÉDUIRE LA VIOLENCE DANS LES SPORTS D'ÉQUIPE

Un groupe d'élèves est préoccupé par la violence dans les sports d'équipe. Claudie leur soumet l'hypothèse qu'elle a formulée pour trouver des moyens efficaces de réduire les comportements agressifs dans les compétitions sportives.

Claudie – La semaine dernière, il y a eu une bagarre générale pendant la partie de handball féminin. Deux jours plus tard, un joueur de soccer s'en est pris à l'arbitre parce qu'il avait annulé son but. Il y a vraiment de plus en plus de violence dans les sports, et je me suis demandé comment on pourrait y mettre fin. On dirait que les moyens traditionnels, qui consistent à punir les personnes fautives, ne font plus autant effet. Alors, j'ai mené une petite enquête et j'ai demandé aux joueurs et joueuses que je connais ce qui, à leur avis, serait le plus efficace comme punition : punir la personne ou toute l'équipe ? Leur réponse était unanime : « Punir l'équipe ! » On pourrait, par exemple, lui enlever des points au classement. Après cette discussion, j'en suis venue à formuler l'idée que, si on punit toute l'équipe au lieu de quelques individus, cela pourrait aider à réduire la violence de façon plus efficace. **1**

Jean-Joseph – C'est une hypothèse intéressante, Claudie, mais il faudrait voir si toutes les équipes sont du même avis. Certaines penseront peut-être que ce moyen n'est pas plus efficace que les punitions individuelles. **2**

Lucas – Je suis d'accord avec Jean-Joseph. Mais ton hypothèse est quand même intéressante parce que, si cette nouvelle règle était appliquée, il y a de fortes chances que l'équipe fasse pression sur les membres violents pour qu'ils apprennent à se contrôler. **3**

COMMENTAIRES

1 Claudie formule un raisonnement hypothétique dans le but de proposer une hypothèse.

2 Jean-Joseph rappelle qu'une hypothèse demande à être vérifiée.

3 Lucas a un point de vue nuancé sur l'hypothèse de Claudie.

Qu'est-ce qu'une hypothèse ?

- Une hypothèse est un raisonnement qui consiste, à partir d'un nombre restreint de jugements, à formuler une supposition.
- On l'utilise lorsqu'on veut élaborer une proposition à partir d'un nombre de cas limité.

Démarche proposée

- Cernez le sujet de votre raisonnement en précisant les jugements qui sont à la base de votre hypothèse.
- Assurez-vous que les jugements sur lesquels repose votre hypothèse sont vrais.
- Assurez-vous que votre hypothèse découle logiquement des jugements sur lesquels elle repose.
- Prévoyez une façon de vérifier votre hypothèse à partir de nouveaux éléments.
- Posez-vous les questions suivantes :
  - Les jugements à partir desquels je formule mon hypothèse sont-ils vrais ?
  - L'hypothèse que je formule est-elle pertinente par rapport aux jugements qui la fondent ?
  - Mon hypothèse pourrait-elle être vérifiée par de nouveaux éléments ?
- Déterminez l'ordre de présentation de votre raisonnement hypothétique.
  - Énoncez les jugements sur lesquels repose votre hypothèse.
  - Formulez votre hypothèse.

Des pièges à éviter

- Fonder son hypothèse sur des jugements non avérés.
- Fonder son hypothèse sur un nombre trop restreint de jugements.
- Établir une hypothèse qui n'est pas pertinente par rapport aux jugements qui doivent la fonder.
- Formuler une hypothèse qui ne pourrait pas par la suite être vérifiée.

Les entraves au dialogue

Certains procédés nuisent à la communication, c'est-à-dire qu'ils font entrave au dialogue. C'est parfois ce qui arrive lorsqu'on fait appel aux autres ou qu'on a recours à des raisonnements erronés.

L'appel aux autres et le raisonnement ne sont toutefois pas toujours nuisibles.

- Faire appel à des autorités qui possèdent un savoir ou des expériences reconnues peut aider à la discussion. Mais il faut prendre soin de clarifier leurs propos avant d'en tirer trop rapidement des conclusions.

- S'appuyer sur l'opinion de groupes tels que la famille, la classe ou les amis est valable dans la mesure où on se réfère aux idées et non à la réputation de ces groupes.

- Généraliser à partir d'un nombre suffisant de cas particuliers, expliquer un phénomène en déterminant sa vraie cause, évoquer des conséquences réalistes et raisonnables pour une action ou une décision, faire des comparaisons ou des analogies entre des éléments véritablement comparables sont autant de raisonnements qui peuvent aider à exprimer et faire comprendre un point de vue.

C'est lorsque le recours à ces procédés démontre un manque d'éthique, de respect et d'honnêteté qu'il peut entraver le dialogue.

COMMENT CONTRER UN APPEL INCORRECT AUX AUTRES ?

Faire appel aux autres incorrectement consiste à se servir de ces personnes ou de leurs opinions pour soutenir ou contredire un point de vue. Le tableau suivant décrit ce genre de procédé et explique comment y réagir.

QUELQUES ENTRAVES AU DIALOGUE FONDÉES SUR L'APPEL AUX AUTRES	
Entraves au dialogue	**Descriptions**
L'attaque personnelle	
EXEMPLE « *Tu dis que l'exercice physique est bon pour la santé. Quelqu'un comme toi est mal placé pour dire cela. Tu n'en fais jamais et tu passes ton temps libre devant ton ordinateur.* »	Argument qui vise à détruire la crédibilité d'une personne afin d'affaiblir son point de vue et de renforcer le nôtre. **On y réagit** en proposant de revenir au sujet discuté sans porter de jugement sur les personnes qui participent à la discussion. Dans cet exemple, poursuivre en parlant de santé, plutôt que bloquer la discussion en jugeant les loisirs personnels de l'autre, et lui demander de justifier son affirmation.
L'appel à la popularité	
EXEMPLE « *Tu es vraiment la seule à suivre cette série télévisée. Tout le reste de la classe écoute la téléréalité qui est diffusée en même temps à l'autre chaîne. Elle est donc bien plus intéressante. Tu devrais faire comme nous et l'écouter aussi.* »	Argument qui laisse croire qu'une chose est exacte ou non, sans l'avoir vérifiée soi-même, en prétendant qu'un grand nombre de personnes l'affirme. **On y réagit** en se rappelant que la valeur d'un point de vue ne dépend pas du nombre de personnes qui appuient ce point de vue. Des opinions populaires n'impliquent pas nécessairement des vérités. Dans cet exemple, même si une seule élève trouve la série intéressante, plutôt que de faire appel aux autres, lui demander pourquoi elle pense ainsi et peut-être aussi écouter la série pour pouvoir établir sa propre opinion.
L'appel au clan	
EXEMPLE « *Tu ne devrais pas partir à 23 h. Tu n'as qu'à dire à tes parents que toutes les filles de notre groupe resteront au moins jusqu'à minuit pour voir la fin du spectacle. Il n'y en a aucune autre qui doive partir si tôt.* »	Argument qui vise à appuyer un point de vue sur l'opinion d'un groupe auquel on accorde une valeur particulière. **On y réagit** en se rappelant que chaque personne dans un groupe peut avoir un point de vue personnel valable, même si le groupe a une opinion contraire. Dans cet exemple, au lieu d'isoler cette fille, on peut lui faire valoir qu'on trouve dommage pour elle qu'elle doive partir, mais qu'elle a sûrement de bonnes raisons de le faire.
L'argument d'autorité	
EXEMPLE « *Tu te trompes royalement si tu penses qu'aller voter est inutile. Un commentateur a dit, à la télé, que c'est très important d'aller voter, sinon on finira par se réveiller dans un régime totalitaire avant longtemps !* »	Argument qui s'appuie incorrectement ou abusivement sur l'autorité pour soutenir son point de vue ou critiquer celui des autres. **On y réagit** en se rappelant que la valeur d'un point de vue ne tient pas uniquement au fait qu'une autorité l'appuie. Il faut aussi faire appel à des arguments pertinents pour défendre son point de vue. Dans cet exemple, au lieu de clore la discussion en s'appuyant sur l'opinion d'un commentateur comme s'il s'agissait d'un spécialiste, la poursuivre en échangeant sur les raisons d'aller voter.

... ➡

QUELQUES ENTRAVES AU DIALOGUE FONDÉES SUR L'APPEL AUX AUTRES (suite)	
Entraves au dialogue	**Descriptions**
Le complot	
EXEMPLE *« Les élèves de 5e secondaire utilisent l'auditorium pour préparer leur spectacle de fin d'année. C'est sûrement à cause d'eux qu'il est maintenant interdit d'y aller le midi pour faire du théâtre. »*	Argument qui consiste à laisser entendre que ceux ou celles qui profitent d'une situation au détriment d'autres personnes en sont la cause. **On y réagit** en se rappelant que la valeur d'un point de vue n'est pas renforcée lorsqu'on laisse croire injustement qu'on a été victime d'un complot. Dans cet exemple, avant d'accuser quelqu'un, chercher les raisons de l'interdiction : Avait-on l'autorisation d'y aller ? Y avait-il assez de surveillance ? Y a-t-il eu des bris d'équipement ? Etc.
L'appel au stéréotype	
EXEMPLE *« Il y a plus de chômage dans cette région que dans ma ville. C'est parce que les gens sont paresseux. »*	Argument qui fait appel à une image négative, figée et réductrice d'un groupe de personnes pour soutenir ou critiquer un point de vue. **On y réagit** en se rappelant que faire appel à des images négatives et figées ne fait pas avancer la discussion, mais contribue au contraire à entretenir des stéréotypes. Dans cet exemple, porter un tel jugement empêche même de comprendre la situation. Il faudrait plutôt chercher à savoir s'il y a eu des fermetures d'usines, si on manque de programmes de formation, s'il n'y a que du travail saisonnier.
La caricature	
EXEMPLE *« Si ça continue, vous allez nous demander de marcher sur la tête pour ne pas déranger les autres classes. »*	Argument qui vise à ridiculiser une proposition ou une opinion en la déformant de façon à la rendre simpliste et non crédible. **On y réagit** en se rappelant que ridiculiser un point de vue en le caricaturant n'apporte aucun argument valable dans la discussion. Dans cet exemple, on laisse entendre qu'on demande l'impossible, alors que le but de la discussion est de chercher ensemble des moyens pour réduire le bruit.

Démarche proposée

- Remarquez, dans vos propos ou ceux des autres, les arguments qui font appel aux autres de manière incorrecte.

- Interrogez-vous ou interrogez les autres pour prendre conscience de la manière dont ce genre de propos nuit au dialogue.

- Assurez-vous que les arguments invoqués dans la discussion ne sont fondés sur aucun des procédés énumérés dans le tableau précédent.

- Repérez et critiquez les opinions provenant d'appels injustifiés aux autres.

- Reformulez vos propos ou amenez les autres à reformuler les leurs d'une manière rigoureuse, qui respecte les points de vue de tous, et revenez au sujet discuté.

COMMENT CONTRER UNE ERREUR DE RAISONNEMENT?

Faire une erreur de raisonnement consiste à se baser sur des opinions ou sur des conclusions mal élaborées pour soutenir ou contredire un point de vue. Le tableau suivant décrit ce genre d'erreur et explique comment y réagir.

QUELQUES ENTRAVES AU DIALOGUE FONDÉES SUR DES ERREURS DE RAISONNEMENT

Entraves au dialogue	Descriptions
La généralisation abusive	
EXEMPLE « Mon arrière-grand-père est mort dans un accident à 82 ans. Il avait fumé toute sa vie et était en pleine forme. Donc, la cigarette ne rend pas malade. »	Erreur qui consiste à tirer une conclusion générale à partir d'un petit nombre de cas non représentatifs. **On y réagit** en se rappelant qu'on ne peut tirer des conclusions générales d'un cas particulier. Dans cet exemple, il faudrait se demander jusqu'à quel point ce cas est exceptionnel et prendre la peine de considérer des études scientifiques et médicales pour pouvoir tirer une conclusion valable.
L'appel au préjugé	
EXEMPLE « C'est inutile de consulter des gens à la retraite pour organiser notre exposition sur le recyclage et l'environnement. Ces personnes ont des idées de vieux. »	Erreur qui consiste à s'appuyer sur une opinion préconçue favorable ou défavorable qui est souvent imposée par le milieu. **On y réagit** en se rappelant qu'on doit réfléchir avant de répéter des idées toutes faites qu'on a entendues fréquemment. Dans cet exemple, on nuit à la discussion dont le but est de chercher des personnes-ressources pour un projet. Pourquoi les personnes âgées auraient-elles nécessairement des idées dépassées?
La double faute	
EXEMPLE « Ce n'est pas juste d'être punie pour avoir copié. Je connais plein d'élèves qui font leurs recherches avec des copier-coller qu'ils trouvent dans Internet. »	Erreur qui consiste à justifier un comportement en affirmant que d'autres font la même chose ou pire encore. **On y réagit** en se rappelant qu'un comportement ne peut être excusé parce que quelqu'un d'autre agit comme nous. Dans cet exemple, se justifier en citant les autres élèves qui utilisent Internet sans mentionner leurs sources évite de discuter des raisons pour lesquelles ce comportement est considéré inacceptable.
Le faux dilemme	
EXEMPLE « Vous avez le choix: ou on organise un lave-auto pour financer le rallye en vélo, ou on le laisse tomber. »	Erreur qui consiste à obliger une personne à faire un choix entre deux possibilités dont l'une est tellement indésirable qu'il ne reste plus qu'à choisir l'autre. **On y réagit** en se rappelant qu'on ne doit pas présenter un choix de façon à piéger l'autre. Dans cet exemple, le faux dilemme consiste à imposer le lave-auto comme seule possibilité, en menaçant d'annuler le rallye, ce que personne ne veut. Cela nuit à la discussion, qui consiste à chercher des moyens pour réaliser un projet.

··· ➡

QUELQUES ENTRAVES AU DIALOGUE FONDÉES SUR DES ERREURS DE RAISONNEMENT (suite)	
Entraves au dialogue	Descriptions
La fausse causalité	
EXEMPLE « L'an dernier, Dominique était souvent malade et trouvait difficile de se diviser entre les cours et le travail. Cette année, juste avec le travail, ça va mieux. Donc, l'école nuisait à sa santé. »	Erreur qui consiste à établir un lien douteux de cause à effet entre deux phénomènes. **On y réagit** en se rappelant qu'un lien entre deux phénomènes n'est pas nécessairement un lien de cause à effet. Dans cet exemple, les deux phénomènes sont réels, mais les relier pour conclure que l'école nuit à la santé constitue une erreur. Il faudrait reprendre la discussion en recherchant la véritable cause de maladie.
La pente fatale	
EXEMPLE « Tu veux emprunter de l'argent pour payer ton dîner ? Après ce sera pour tes vêtements, puis tes sorties. Tu vas finir avec des dettes jusqu'au cou. »	Erreur qui consiste à exagérer les conséquences d'une action en affirmant qu'elle pourrait avoir des effets démesurément désastreux. **On y réagit** en se rappelant que les conséquences d'une action doivent être évaluées prudemment et avec nuances. Dans cet exemple, mentionner que le fait d'emprunter de l'argent un midi ne mène pas à un endettement excessif. Prédire des conséquences catastrophiques nuit au dialogue.
La fausse analogie	
EXEMPLE « Le soir, sauf pour mes travaux, j'ai droit à l'ordinateur juste une heure. Au bureau, ma mère passe toute sa journée devant son écran. Ça ne doit pas être si mauvais. »	Erreur qui consiste à tirer une conclusion à partir d'une analogie entre des choses qui ne sont pas suffisamment semblables pour être comparées. **On y réagit** en se rappelant que, pour être valables, les comparaisons doivent être faites entre des éléments véritablement comparables. Dans cet exemple, il faudrait rappeler la différence entre se servir de l'ordinateur pour le travail et s'en servir pour s'amuser. Tirer une conclusion simpliste détourne du sujet discuté.

Démarche proposée

- Remarquez, dans vos propos ou ceux des autres, les arguments qui constituent des erreurs de raisonnement.

- Interrogez-vous ou interrogez les autres pour prendre conscience de la manière dont ces erreurs nuisent au dialogue.

- Assurez-vous que les conclusions servant à la discussion ne découlent pas d'erreurs comme celles énumérées dans le tableau précédent.

- Reformulez vos conclusions ou amenez les autres à reformuler les leurs d'une manière rigoureuse, qui découle d'un raisonnement logique, et revenez au sujet discuté.

An*n*ex*e*s

Annexe A

Fiches signalétiques des principales traditions religieuses
Ces fiches signalétiques incluent les principaux repères chronologiques.

LE CATHOLICISME

Le catholicisme est la plus ancienne des confessions chrétiennes issues de la tradition prophétique d'Abraham.

Tradition

Religion monothéiste abrahamique.

Nom des fidèles

Catholiques romains.

Lieu de culte

L'église, qui peut aussi être une basilique, une cathédrale ou une chapelle.

Principaux intervenants

Le prêtre, ministre du culte, obligatoirement célibataire.

Le curé, prêtre responsable d'une ou plusieurs paroisses.

L'évêque, prêtre responsable de plusieurs paroisses (diocèse).

L'archevêque, prêtre responsable de plusieurs diocèses, dont le sien (l'archidiocèse).

Le cardinal, dignitaire choisi par le pape pour l'assister.

Le pape, évêque de Rome, chef suprême de l'Église.

Écrits fondamentaux

La Bible catholique (qui comprend l'Ancien Testament et le Nouveau Testament), les édits des conciles et les encycliques papales.

Croyances fondamentales

Dieu est universel, tout-puissant, omniprésent, éternel et créateur de toutes choses.

Dieu est amour et Dieu est juste.

Dieu est unique, mais constitué de trois personnes distinctes : le Père, le Fils et le Saint-Esprit.

Jésus est le Messie annoncé par les prophètes juifs. Il est aussi Dieu le Fils devenu homme.

La mort et la résurrection de Jésus sont les fondements de la foi des chrétiens dans le salut ; sa résurrection le révèle comme le Messie revêtu de la puissance divine.

Tout être humain naît pécheur, mais peut être sauvé par sa foi en Jésus, les sacrements et les bonnes actions.

Il existe, auprès de Dieu, des anges, des saints et des martyrs.

Le pape est l'autorité suprême dans l'Église, guidé par la Bible, la tradition et les conciles.

La basilique Notre-Dame, Montréal, Canada.

Rites importants

La prière, notamment le *Notre Père* et le *Je vous salue Marie*.

Les sept sacrements : baptême, confirmation, eucharistie (ou communion), pénitence, mariage, ordre et onction des malades.

La messe, durant laquelle est célébrée l'eucharistie.

Fêtes importantes

Noël célèbre la naissance de Jésus.

L'Épiphanie rappelle les mages venus rendre hommage à Jésus.

Le Vendredi saint commémore la crucifixion de Jésus.

Pâques, précédée du carême, célèbre la résurrection de Jésus.

L'Ascension commémore la montée de Jésus aux cieux.

La Pentecôte rappelle la descente du Saint-Esprit sur les apôtres.

L'Annonciation rappelle le moment où il a été annoncé à Marie qu'elle porterait le fils de Dieu.

L'Assomption célèbre le jour où Marie est montée aux cieux.

La Toussaint honore tous les saints.

Règles importantes

Aimer Dieu plus que tout, de tout son être et de toutes ses forces.

Aimer son prochain comme soi-même.

Respecter les dix commandements transmis par Dieu à Moïse.

Participer à la messe le dimanche.

Recevoir les sacrements de la communion et de la pénitence (confession) au moins une fois par année.

Débats contemporains

Le rapprochement des différentes confessions chrétiennes.

La foi dans un monde moderne et scientifique.

Les positions de l'Église concernant la procréation : contraception, fécondation, avortement, etc.

La place des femmes et des homosexuels au sein de l'Église.

Repères chronologiques

Vers -5 Naissance de Jésus.

Vers 30 Crucifixion de Jésus.

Vers 40 Conversion de Paul.

Vers 65 à 100 Rédaction des quatre évangiles.

312 Conversion de l'empereur Constantin Ier le Grand.

330 Fondation de Constantinople, sur l'ancienne Byzance.

1054 Séparation de l'Église d'Orient et de l'Église d'Occident.

1534 Fondation de la Compagnie de Jésus, l'ordre des Jésuites.

1615 Établissement en Nouvelle-France des Récollets, suivis en 1625 des Jésuites.

1639 Établissement des Ursulines à Québec.

1642 Fondation de la mission Ville-Marie, sur l'île de Montréal.

1763 Cession de la Nouvelle-France à la Grande-Bretagne et assurance de la liberté de culte. Arrivée de catholiques romains anglophones (immigration irlandaise).

Vers 1841 Première loi scolaire du Canada, qui mènera aux systèmes scolaires confessionnels.

1997 Abolition des commissions scolaires confessionnelles du Québec.

2008 Congrès eucharistique mondial, à Québec.

Fiche 2 Le protestantisme

L'église St. Edward the Confessor, Romford, Angleterre.

Le protestantisme est un ensemble de confessions chrétiennes issues du catholicisme romain.

Tradition
Religion monothéiste abrahamique.

Nom des fidèles
Protestants réformés : luthériens, calvinistes, presbytériens, baptistes, méthodistes, et plusieurs autres.

Lieux de culte
L'église ou la chapelle.

Principal intervenant
Le pasteur, qui instruit les fidèles grâce à sa connaissance de la Bible et, parfois, de l'hébreu et du grec.

Écrits fondamentaux
La Bible protestante (qui comprend l'Ancien Testament et le Nouveau Testament) et certains écrits des fondateurs, tels Martin Luther et Jean Calvin.

Croyances fondamentales
Dieu est universel, tout-puissant, omniprésent, éternel et créateur de toutes choses.

Dieu est amour et Dieu est juste.

Dieu est constitué de trois personnes distinctes : le Père, le Fils et le Saint-Esprit.

Jésus est le Messie annoncé par les prophètes juifs. Il est aussi Dieu le Fils devenu homme.

La mort et la résurrection de Jésus sont les fondements de la foi des chrétiens dans le salut ; sa résurrection le révèle comme le Messie revêtu de la puissance divine.

Tout être humain naît pécheur, mais peut être sauvé par sa seule foi en Jésus.

Il n'existe pas d'intermédiaire entre Dieu et les hommes, hormis Jésus.

La Bible est la seule vérité et le seul guide dans la foi.

Tous les baptisés sont égaux et libres, à la fois fidèles, prêtres et prophètes.

Les interprétations et les institutions peuvent être remises en question.

Rites importants

La prière, notamment le *Notre Père*, enseigné par Jésus lui-même.

Le baptême, qui marque l'entrée dans la vie chrétienne.

La communion, qui rappelle le dernier repas de Jésus et la nouvelle Alliance.

La célébration du dimanche, qui rassemble les fidèles.

Fêtes importantes

Nombre d'Églises protestantes n'ont pas de calendrier liturgique et ne soulignent pas certaines fêtes.

Noël célèbre la naissance de Jésus.

Le Vendredi saint commémore le sacrifice de Jésus.

Pâques célèbre la résurrection de Jésus.

La Pentecôte rappelle la descente du Saint-Esprit sur les apôtres.

La fête de la Réforme commémore, dans certaines Églises protestantes, l'affichage public des 95 thèses de Luther.

Le jour du Seigneur rassemble les fidèles le premier jour de la semaine, le dimanche.

Règles importantes

Aimer Dieu plus que tout, de tout son être et de toutes ses forces.

Aimer son prochain comme soi-même.

Étudier la Bible.

Prier et prêcher l'Évangile.

Débats contemporains

L'histoire religieuse et la science chez une catégorie de croyants conservateurs.

L'unité entre les Églises conservatrices et modernistes.

L'ordination des femmes et des homosexuels.

Le mariage des homosexuels.

La transformation des liturgies pour rejoindre les non-pratiquants.

Repères chronologiques

1400

1434 Invention de l'imprimerie.

1450

1455 Première impression de la Bible par Gutenberg.

1517 Publication des 95 thèses de Martin Luther.

1500

1533 Conversion au protestantisme de Jean Calvin.

1572 Massacre de la Saint-Barthélemy.

1550

1598 Tolérance des protestants en France, grâce à l'Édit de Nantes.

1600

1600 Établissement de Tadoussac par Pierre Chauvin.

1605 Établissement de Port-Royal par le sieur de Monts.

1650

De 1618 à 1648 Guerre de Trente Ans.

1685 Interdiction du culte protestant en Nouvelle-France et en Acadie.

1700

1750

1752 Première assemblée luthérienne au Canada, à Halifax.

1763 Cession de la Nouvelle-France à la Grande-Bretagne et assurance de la liberté de culte. Installation des premières communautés protestantes.

1800

1764 Reconnaissance officielle du protestantisme dans la nouvelle colonie britannique.

1850

1875 Fondation de l'Église presbytérienne du Canada.

1900

1925 Formation de l'Église unie du Canada.

1950

1967 Pavillon Sermons de la Science, contribution des Églises protestantes du Québec à l'Exposition universelle de Montréal.

2000

Fiche 3 — L'anglicanisme

L'anglicanisme est une confession chrétienne qui se situe entre le catholicisme romain et le protestantisme.

Tradition

Religion monothéiste abrahamique.

Nom des fidèles

Anglicans ou épiscopaliens.

Lieu de culte

L'église, qui peut aussi être une cathédrale ou une chapelle.

Principaux intervenants

Le diacre, clerc inférieur du prêtre.

Le prêtre, ministre du culte, homme ou femme, célibataire ou non.

L'évêque, responsable d'un diocèse, souvent élu par le diocèse lui-même.

L'archevêque, grand gestionnaire autour duquel se regroupent les évêques.

Le roi ou la reine d'Angleterre, chef suprême de l'Église.

Écrits fondamentaux

La Bible (qui comprend l'Ancien Testament et le Nouveau Testament), le *Livre de la prière commune* (*Book of Common Prayer*) et les 39 articles de 1563, *The Thirty-Nine Articles of Religion*.

Croyances fondamentales

Dieu est universel, tout-puissant, omniprésent, éternel et créateur de toutes choses.

Dieu est amour et Dieu est juste.

Dieu est constitué de trois personnes distinctes : le Père, le Fils et le Saint-Esprit.

Jésus est le Messie annoncé par les prophètes juifs. Il est aussi Dieu le Fils devenu homme.

La mort et la résurrection de Jésus sont les fondements de la foi des chrétiens dans le salut ; sa résurrection le révèle comme le Messie revêtu de la puissance divine.

Tout être humain naît pécheur, mais peut être sauvé par sa seule foi en Jésus.

Il n'existe pas d'intermédiaire entre Dieu et les hommes, hormis Jésus.

La Bible est la seule vérité et le seul guide dans la foi.

La cathédrale St. Paul, Valletta, Malte.

Tous les baptisés sont égaux et libres, à la fois fidèles, prêtres et prophètes.

Les interprétations et les institutions peuvent être remises en question.

Rites importants

La prière, notamment le *Notre Père*, enseigné par Jésus lui-même.

Le baptême, qui marque l'entrée dans la vie chrétienne.

La communion, qui rappelle le dernier repas de Jésus et la nouvelle Alliance.

Fêtes importantes

Noël célèbre la naissance de Jésus.

Le Vendredi saint commémore le sacrifice de Jésus.

Pâques célèbre la résurrection de Jésus mort sur la croix.

La Pentecôte rappelle la descente du Saint-Esprit sur les apôtres.

Règles importantes

Aimer Dieu plus que tout, de tout son être et de toutes ses forces.

Aimer son prochain comme soi-même.

Participer à la messe le dimanche et y communier par le pain et le vin.

Débats contemporains

L'unité et la diversité de la foi chrétienne.

L'ordination des femmes et des homosexuels.

Le mariage entre conjoints de même sexe.

Repères chronologiques

1521 Défense des sept sacrements par Henri VIII, déclaré «défenseur de la foi».

1530 Refus par le pape d'annuler le mariage d'Henri VIII avec Catherine d'Aragon.

1534 Autoproclamation d'Henri VIII à la tête de l'Église d'Angleterre.

De 1547 à 1553 Règne d'Édouard VI, qui favorise le protestantisme.

De 1553 à 1558 Règne de Marie Tudor, qui persécute les protestants au profit des catholiques.

De 1558 à 1603 Règne d'Élisabeth Ire, durant lequel l'anglicanisme prend racine.

1578 Première célébration d'un office anglican au Canada, par l'aumônier de l'expédition de sir Martin Frobisher.

1763 Cession de la Nouvelle-France à la Grande-Bretagne et assurance de la liberté de culte. Arrivée des premiers colons anglicans.

1783 Fin de la guerre de l'Indépendance américaine et fuite des Loyalistes défaits vers le Canada.

1787 Premier évêché anglican d'Amérique du Nord établi en Nouvelle-Écosse.

1793 Création du diocèse de Québec.

1893 Constitution du synode général de l'Église d'Angleterre au Canada, renommée Église anglicane du Canada en 1955.

1976 Première femme ordonnée prêtre.

1994 Consécration de la très révérende Victoria Matthews, évêque auxiliaire de Toronto.

L'église Saint-Dimitrios, Thessalonique, Grèce.

Fiche 4 · L'orthodoxie

L'orthodoxie est une confession chrétienne issue de la tradition prophétique d'Abraham.

Tradition

Religion monothéiste abrahamique.

Nom des fidèles

Chrétiens orthodoxes.

Lieu de culte

L'église orthodoxe.

Principaux intervenants

L'higoumène, moine élu à vie qui dirige le monastère.

Le diacre, clerc inférieur au prêtre, célibataire ou non.

Le prêtre, ministre du culte, célibataire ou non, responsable d'une paroisse.

L'évêque, moine consacré responsable d'un diocèse, regroupant plusieurs paroisses.

Le patriarche, l'archevêque ou le métropolite, élu, responsable religieux d'un groupe de diocèses ou d'une Église autonome ou métropolitaine.

Écrits fondamentaux

La Bible (qui comprend l'Ancien Testament et le Nouveau Testament), les crédos ainsi que les écrits des théologiens et des conciles d'avant la division de 1054.

Croyances fondamentales

Dieu est universel, tout-puissant, omniprésent, éternel et créateur de toutes choses.

Dieu est amour et Dieu est juste.

Dieu est constitué de trois personnes distinctes : le Père, le Fils et le Saint-Esprit.

Le Saint-Esprit ne tire son origine que du Père.

Jésus est le Messie annoncé par les prophètes juifs. Il est aussi Dieu le Fils devenu homme.

La mort et la résurrection de Jésus sont les fondements de la foi des chrétiens dans le salut ; sa résurrection le révèle comme le Messie revêtu de la puissance divine.

Tout être humain naît pécheur, mais peut être sauvé par sa foi en Jésus, les sacrements et les bonnes actions, et il entre dans un processus de divinisation progressive.

Il existe, auprès de Dieu, des anges, des saints et des martyrs.

Les patriarches forment ensemble l'autorité suprême de l'Église, guidés par la Bible, la tradition et les conciles. Le pape de Rome est égal aux autres patriarches.

Rites importants

La prière, souvent pratiquée à la lumière de bougies et dans la contemplation d'icônes.

Les sept sacrements : baptême, confirmation (ou chrismation), eucharistie (ou communion), pénitence, mariage, ordre et onction des malades.

Fêtes importantes

La Nativité de la Mère de Dieu célèbre la naissance de Marie.

Noël célèbre la naissance de Jésus.

L'Épiphanie fête le baptême de Jésus dans le Jourdain.

Pâques, précédée du carême, célèbre la résurrection de Jésus.

L'Ascension commémore la montée de Jésus aux cieux.

La Pentecôte rappelle la descente du Saint-Esprit sur les apôtres.

La Transfiguration fête l'apparition de Jésus dans son état divin à certains apôtres.

La Dormition de la très Sainte Mère de Dieu commémore la mort de Marie et sa montée aux cieux avec son corps.

Règles importantes

Aimer Dieu plus que tout, de tout son être et de toutes ses forces.

Aimer son prochain comme soi-même.

Respecter les dix commandements transmis par Dieu à Moïse.

Participer à la messe le dimanche, y confesser ses péchés et y communier par le pain et le vin.

S'abstenir de manger de la viande, du poisson et des produits laitiers durant les quatre jeûnes.

Débats contemporains

Le rapprochement des orthodoxes et des catholiques romains.

L'importance de l'écologie pour protéger la création divine.

La prépondérance des valeurs spirituelles et morales sur la production et la consommation.

Repères chronologiques

Vers -5 Naissance de Jésus.

Vers 30 Crucifixion de Jésus.

Vers 40 Conversion de Paul.

Vers 65 à 100 Rédaction des quatre évangiles.

312 Conversion de l'empereur Constantin Ier le Grand.

330 Fondation de Constantinople, sur l'ancienne Byzance.

1054 Excommunication du patriarche de Constantinople par un ambassadeur du pape. Début de la séparation de l'Église d'Orient et de l'Église d'Occident.

1204 Destruction de Constantinople par les croisés. Séparation définitive de l'Église d'Orient et de l'Église d'Occident.

1453 Victoire des Turcs sur Constantinople et essor de l'orthodoxie en Russie.

1794 Arrivée des premiers moines missionnaires russes en Alaska.

1898 Fondation en Alberta de la première église orthodoxe au Canada.

De 1911 à 1916 Construction, à Lachine, de l'église Saint-Jean de Suchawa, le plus ancien lieu de culte orthodoxe toujours actif au Québec.

Fiche 5 | Le judaïsme

La synagogue Ben Zakaï, Jérusalem, Israël.

Le judaïsme est la plus ancienne des religions monothéistes issues de la tradition prophétique d'Abraham.

Tradition

Religion monothéiste abrahamique.

Nom des fidèles

Juifs : orthodoxes, réformés, conservateurs, reconstructionnistes, humanistes et hassidiques.

Lieux de culte

La synagogue et le foyer.

Principaux intervenants

Le sofer, qui est seul habilité à transcrire et à restaurer le rouleau de la Torah.

Le mohel, qui pratique la circoncision.

Le hazan, qui dirige l'office à la synagogue.

Le rabbi, ou rabbin, autorité religieuse et maître spirituel.

Écrits fondamentaux

La Bible hébraïque (le Tanakh), dont le cœur est la Torah, et le Talmud.

Croyances fondamentales

Il n'y a qu'un seul Dieu, sans forme ni figure, universel et éternel, créateur et maître de toutes choses.

Dieu guide, protège et libère le peuple qu'il a élu, celui des descendants d'Abraham, en échange du respect de ses directives et de sa parole.

Principaux rites

La circoncision des garçons (brit mila), à huit jours.

La majorité religieuse des garçons (bar-mitsvah) et des filles (bat-mitsvah).

La profession de foi (Shema), récitée au moins une fois par jour.

Le jour de repos (Shabbat), du vendredi à la tombée du jour au samedi à la tombée du jour.

Le mariage (kiddouchin).

La cérémonie funéraire (halvaya).

Le deuil (shivah), les sept jours qui suivent la cérémonie funéraire.

Principales fêtes

Le Nouvel An (Rosh Hashanah), célèbre la Création du monde.

Le Grand Pardon (Kippour), jour de jeûne et de pénitence.

Les Tabernacles (Soukkôth), rappelle l'errance du peuple d'Israël dans le désert.

Les Lumières (Hanoukkah), commémore la libération de Jérusalem et du Temple.

Les Sorts (Pourim), célèbre la délivrance du peuple.

La Pâque (Pessah), fête la sortie d'Égypte.

Principales règles

Respecter l'ensemble des instructions provenant de la Torah.

Ne jamais représenter le Dieu unique, ni même prononcer son nom.

Respecter le Shabbat et faire les trois prières quotidiennes.

Porter la kippa lors des prières et des offices, et parfois le tallith et les tefillins.

Ne consommer de viande que si elle provient d'oiseaux non carnassiers, de ruminants au sabot fendu en deux ongles et d'animaux aquatiques qui ont des écailles et des nageoires.

Abattre les animaux et préparer leur viande selon le rituel *kasher*.

Ne jamais cuisiner, servir et consommer de la viande et des produits laitiers ensemble.

Débats contemporains

La coexistence des croyances et pratiques traditionnelles et des connaissances et philosophies modernes.

La place des femmes dans les pratiques judaïques.

-2000

-1500

Vers -1800 Voyage d'Abraham vers la Terre promise.

Vers -1100 Retour des 12 tribus d'Israël au pays de Canaan.

-1000

Vers -1000 Couronnement de David, second roi d'Israël.

-500

Vers -960 Construction du premier Temple, sous la royauté de Salomon.

0

70 Destruction du second Temple et début de la deuxième diaspora.

Vers 400 Achèvement du Talmud de Jérusalem.

500

Vers 500 Achèvement du Talmud de Babylone.

1700

1750

1768 Fondation, à Montréal, de la première congrégation juive au Canada, la Shearith Israël.

1800

1777 Édification, à Montréal, de la première synagogue au Canada.

1850

1870 Fondation de nouvelles congrégations juives à Hamilton, à Montréal, à Québec, à Toronto, à Trois-Rivières, à Victoria et à Winnipeg.

1900

Vers 1900 Arrivée en grand nombre au Canada de juifs de l'Europe de l'Est.

De 1933 à 1945 La Shoah : persécution et extermination des juifs d'Europe sous le régime nazi.

1950

1948 Proclamation, le 14 mai, de l'État d'Israël.

2000

Une kiva chez les Pueblos,
parc national Mesa Verde, Colorado,
États-Unis.

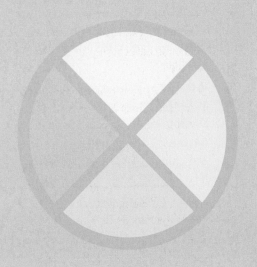

Bien que les croyances et les pratiques spirituelles des peuples autochtones soient très variées, il est possible d'observer certaines similarités entre elles.

Tradition

Spiritualités de type polythéiste et holistique.

Nom des fidèles

Le nom de la nation à laquelle s'identifient les individus.

Lieux de culte

Certains lieux où l'on identifie les quatre directions (nord, sud, est, ouest) et, souvent, un point central, créant les bases d'un cercle ; la hutte de sudation et la maison longue, chez certaines nations de l'est ; parfois aussi, l'église.

Principaux intervenants

Les aînés et aînées, en qui l'on reconnaît une grande sagesse.

Le guérisseur ou la guérisseuse, qui pratique à la fois la guérison physique et spirituelle.

L'homme ou femme, appelé parfois *chaman*, qui crée des alliances avec le monde spirituel, possède des moyens d'y accéder et peut intercéder auprès des diverses puissances.

Éléments fondamentaux

Les mythes fondateurs (création du monde), institutionnels (règles morales et sociales) et rituels, généralement transmis oralement ou sous forme de danses et de chants.

Croyances fondamentales

Un esprit habite toute chose, vivante ou non, et l'unit aux autres dans un cercle de vie.

Le monde a été créé par un esprit universel, à la fois unique et multiple, qui veille sur lui.

Après la mort ou la destruction physique du corps qu'il habite, l'esprit poursuit son existence.

Les humains et les non-humains partagent de nombreux traits communs et communiquent ensemble.

Rites importants

L'attribution d'un nom traditionnel.

Les rites de remerciement, qui consistent à faire des prières et des offrandes aux divers esprits, parfois sur les lieux de culte.

Le rite du calumet, qui transporte les pensées des fumeurs aux esprits.

Les rites de purification et de guérison.

Le rassemblement (pow-wow), qui peut servir à célébrer les solstices, les mariages, les échanges commerciaux ou culturels, ou tout autre événement d'importance.

La quête de visions, pour obtenir des directives de vie de la part d'esprits alliés.

Les funérailles, très diverses, qui consistent à préparer le défunt pour son parcours vers le monde des esprits, et à disposer de son corps adéquatement.

Fêtes importantes

Elles diffèrent selon les traditions. Par exemple, certains passages saisonniers récurrents, comme les solstices, les grandes chasses ou les grandes pêches.

Règles importantes

Respecter la Terre et tous les êtres et les choses qu'elle porte.

Remercier l'esprit des plantes ou des animaux lorsqu'on prend leur vie.

Respecter la famille, surtout les enfants et les aînés et aînées.

Respecter les lieux et les objets sacrés.

Manger certains mets rituels.

Jeûner pour prendre part à certaines expériences spirituelles.

Débats contemporains

La transmission de la tradition alors que les langues disparaissent et que la vie se modernise.

La récupération des traditions spirituelles.

La propriété et la gestion territoriale de certaines nations.

Les types de gouvernance et d'autorité en changement.

Repères chronologiques

-50 000

-40 000

-10 000

-50 000 Présence probable de groupes humains sur les continents américains.

-5000

0

-5000 Début de la culture du maïs.

De -2000 à 1521 Essor des grands empires précolombiens.

1400

1500

1492 Arrivée de Christophe Colomb en Amérique.

1534 Arrivée de Jacques Cartier au Canada.

1600

1700

1701 Traité de la Grande Paix de Montréal, entre la France et les 39 nations amérindiennes.

1800

1857 Adoption de l'Acte pour encourager la Civilisation graduelle des Indiens.

1880 Prohibition de toute cérémonie autochtone sur le sol canadien.

1900

Vers 1885 Début de l'établissement d'un réseau de pensionnats autochtones au Canada.

2000

1951 Fin de la prohibition des cérémonies autochtones au Canada.

1960 Attribution du droit de vote à tous les Amérindiens et Amérindiennes du Canada.

2008 Excuses officielles du gouvernement du Canada à propos des pensionnats.

La mosquée du Sultan Hasan, Caire, Égypte.

Fondée par Muhammad, l'islam est une religion monothéiste issue de la tradition prophétique d'Abraham.

Tradition
Religion monothéiste abrahamique.

Nom des croyants
Musulmans : sunnites et chiites.

Lieu de culte
La mosquée.

Principaux intervenants
Le muezzin, qui appelle les fidèles à la prière.

L'imam, qui dirige la prière et la communauté.

Le recteur, qui dirige la mosquée.

Le cheikh, ou sage.

Le mufti, qui donne des consultations juridiques.

L'ouléma, qui détient la science chez les sunnites.

Le mollah, qui peut être nommé ayatollah, la plus haute autorité religieuse chiite.

Écrits fondamentaux
Le Coran et les hadiths.

Croyances fondamentales
Il n'y a qu'un seul Dieu.

Les anges sont les messagers de Dieu.

Le Coran, les Évangiles, les Psaumes et la Torah sont les livres révélés.

Les prophètes sont les envoyés de Dieu.

Les fidèles seront jugés au jour du jugement dernier.

Tout ce qui se passe dans l'univers a été décrété à l'avance par Dieu (destin).

Rites importants
Les cinq piliers de l'islam, soit :

- la profession de foi (shahâda), récitée régulièrement ;
- la prière rituelle (salât), accomplie cinq fois par jour ;
- le jeûne du ramadan (sawm), qui a lieu une fois l'an et dure un mois ;
- l'aumône obligatoire (zakât), prélevée sur les biens des fidèles ;

- le pèlerinage à La Mecque (hajj), entrepris au moins une fois au cours de sa vie, si la situation financière le permet.

La circoncision, pratiquée avant la puberté du garçon.

Fêtes importantes

La Petite fête (Id al-Saghir) célèbre la fin du jeûne du ramadan.

La Grande fête (Id al-Adha) célèbre, à la fin du pèlerinage à La Mecque, le sacrifice d'Abraham.

L'anniversaire du prophète Muhammad (Id al-Mawlid).

La nuit de l'Ascension (Laylat al-Mirâj) commémore le voyage spirituel de Muhammad.

La nuit du Destin (Laylat al-Qadr) rappelle la première révélation du Coran à Muhammad.

Règles importantes

Respecter les cinq piliers de l'islam.

Se soumettre à la volonté de Dieu, transmise dans le Coran.

Se purifier par l'eau avant la prière et se déchausser à l'entrée d'un lieu saint.

Se rendre à la mosquée le vendredi midi, pour la prière et y écouter le prêche.

Se vêtir convenablement, de façon modeste et pudique.

Porter les vêtements rituels et ne pas couper ongles, poils et cheveux lors du pèlerinage.

S'abstenir de consommer de l'alcool et de la viande de porc.

Abattre selon les règles coraniques les animaux dont la consommation est permise.

Débats contemporains

Les réinterprétations du discours religieux.

Le port du hidjab et, pour certaines communautés, de la burka.

L'éducation contemporaine et l'éducation traditionaliste.

Les pratiques religieuses et les obligations sociales.

Repères chronologiques

571 Naissance de Muhammad.

610 Premières révélations de Muhammad.

622 Migration de Muhammad vers Médine.

630 Conquête de La Mecque par Muhammad.

632 Mort de Muhammad.

634 Début des grandes conquêtes musulmanes.

661 Division de la communauté musulmane en deux grands courants : sunnites et chiites.

De 1096 à 1291 Période des croisades en Terre sainte.

1453 Prise de Constantinople.

1870 Arrivée des premières communautés musulmanes au Canada.

1938 Construction à Edmonton de la première mosquée au Canada.

1965 Construction à Saint-Laurent de la première mosquée au Québec.

1972 Fondation du Conseil de la communauté musulmane du Canada.

1979 Révolution islamiste en Iran.

2005 Vote d'opposition à l'implantation de tribunaux islamiques au Québec et au Canada par l'Assemblée nationale du Québec.

Le temple Wat Phra Chang Khan, Nan, Thaïlande.

Fiche 8 Le bouddhisme

Le bouddhisme est une discipline spirituelle issue de la même tradition ancienne que l'hindouisme, la tradition védique, et des enseignements du Bouddha.

Tradition

Tradition religieuse originaire de l'Inde.

Nom des fidèles

Bouddhistes, répartis en un grand nombre de courants.

Lieux de culte

Le temple, le monastère, le sanctuaire domestique et quelques lieux naturels.

Principaux intervenants

Le laïc assure la subsistance des moines.

Le moine partage son enseignement avec les laïcs.

Le maître supervise la formation des moines.

Le maître accompli (Bodhisattva), bouddha en devenir, aide les autres à s'éveiller.

Le panchen-lama, bras droit du dalaï-lama.

Le dalaï-lama, chef spirituel et politique des Tibétains.

Écrits fondamentaux

Le Tripitaka, ou les Trois corbeilles, composé du Vinaya (les règles monastiques), du Sutta (les sermons du Bouddha), et de l'Abhidharma (les commentaires et analyses des sermons); chez les lamaïstes tibétains, le Kanjur.

Croyances fondamentales

Il y a quatre nobles vérités, enseignées par le Bouddha:

- la vérité de la souffrance: rien n'est permanent, le monde n'est qu'insatisfaction et souffrance;
- la vérité de l'origine de la souffrance: les désirs et les illusions enchaînent l'individu au cycle des renaissances;
- la vérité de l'extinction de la souffrance: il est possible d'éliminer les désirs et les illusions, et de rompre le cycle des renaissances;
- la vérité de la Voie: c'est le Noble sentier octuple, ou Voie du milieu, qui permet l'extinction de la souffrance et l'atteinte de l'éveil (nirvana).

Lors du nirvana, la conscience individuelle se dissout dans la conscience universelle.

Rites importants

Les cérémonies liées à la naissance.

Les rites préfunéraires, pour faciliter le transfert vers la vie prochaine.

Les rites funéraires, très importants puisque liés au cycle des renaissances.

Les offrandes faites aux moines ou au Bouddha.

La pratique assidue d'exercices, qui permettent de suivre le Noble sentier octuple et de créer les conditions propices au nirvana.

Les pèlerinages.

Fêtes importantes

Le jour du Bouddha (Wesak), célèbre à la fois sa naissance, son éveil et sa mort.

L'extinction complète du Bouddha (Parinirvana).

La fête en l'honneur des moines et de la vie monastique (Sangha).

Règles importantes

Respecter les Trois refuges : le Bouddha, son enseignement et la communauté de ceux et celles qui suivent son enseignement.

Respecter les cinq préceptes : ne pas détruire la vie, ne pas voler, ne pas commettre d'adultère, ne pas mentir et ne pas s'enivrer.

Faire des actions justes et sans excès.

Discipliner son esprit.

Chercher la connaissance juste de la nature des choses et de soi.

Suivre le Noble sentier octuple : la parole juste, l'action juste, les moyens d'existence justes, l'effort juste, l'attention juste, la compréhension juste, la concentration juste et la pensée juste.

Débats contemporains

La lutte incessante du 14e dalaï-lama, prix Nobel de la paix en 1989, pour permettre aux Tibétains de pratiquer leur religion librement.

La lutte d'Aung San Suu Kyi, prix Nobel de la paix en 1991, pour établir au Myanmar une démocratie bouddhique.

Repères chronologiques

-566 Naissance de Siddhartha Gautama.

Vers -486 Premier concile et constitution de la doctrine des Trois corbeilles.

Vers -386 Second concile et premier schisme. Début de l'apparition des écoles.

Vers -272 à -232 Règne d'Ashoka, qui favorise la diffusion du bouddhisme en Inde et au Sri Lanka.

Vers -200 Débuts du bouddhisme Mahayana.

Vers 100 Établissement du bouddhisme en Chine.

Vers 550 Établissement du bouddhisme au Japon.

Vers 650 Établissement du bouddhisme au Tibet.

Vers 1200 Disparition presque complète du bouddhisme en Inde.

1904 Première assemblée connue de bouddhistes au Canada.

1955 Fondation de la *Buddhist Churches of Canada* (BCC).

1959 Fuite hors du Tibet du 14e dalaï-lama, Tenzin Gyatso.

1978 Construction du premier temple Theravada au Canada.

L'hindouisme est une religion aux multiples formes, constituée d'un vaste réseau de courants de pensée et de pratiques spirituelles qui partagent une tradition commune.

Tradition

Religion polythéiste védique.

Nom des fidèles

Hindous.

Lieux de culte

Le sanctuaire (qui peut être domestique), les temples, l'ashram et certains lieux naturels.

Principaux intervenants

Le gourou, maître spirituel.

L'acharya et le swami, gourous à la tête d'un groupe ou d'un ashram.

Le sâdhu, qui renonce aux biens matériels pour mener une vie de recueillement.

Le brahmane, spécialiste de la religion, membre de la plus élevée des castes traditionnelles.

Écrits fondamentaux

Les Veda, textes les plus anciens, les Upanishad, le Mahabharata, qui inclut la Bhagavad-Gita, le Ramayana, et plusieurs textes propres à chaque groupe et à chaque courant.

Croyances fondamentales

L'univers est régi par le Brahman, l'Absolu, la réalité suprême, qui n'a ni début ni fin.

Il existe une multitude de divinités, qui sont toutes des aspects différents du Brahman.

Brahma, le principe de création, Vishnu, le principe de conservation, et Shiva, le principe de destruction, sont les trois aspects fondamentaux du Brahman.

L'univers est créé par Brahma et retourne à Brahma dans un cycle sans fin de renaissances, le samsara.

La partie essentielle de tout être humain est l'atman, le souffle, le soi universel, immortel et identifié au Brahman.

L'atman est soumis au cycle des renaissances.

La destinée de l'individu est déterminée par ses actions (karma).

Le temple Sri Srinivasa Perumal, Singapour.

Les quatre buts de la vie sont l'artha, la prospérité sans cupidité, le kama, le plaisir, le dharma, la vertu, et le moksha, la délivrance du cycle des renaissances.

La caste d'un individu, sa catégorie sociale, est héréditaire et déterminée par le karma.

Rites importants

Le culte aux divinités (puja), qui comprend les offrandes, les prières, la contemplation de l'image et l'adoration.

La pratique d'activités qui permettent de s'approcher de la libération : la méditation, le yoga, la récitation de textes ou de mantras, etc.

La pratique de danses et de chants de dévotion.

Les jeûnes, les pèlerinages, les purifications.

Divers rituels, dont la crémation, rituel funéraire.

Fêtes importantes

La fête des Lumières (Divali) célèbre la victoire du bien.

La fête dédiée à Shiva (Shivaratri).

La fête du Printemps (Holi), dédiée à Krishna, à Rama ou à d'autres divinités, selon l'endroit.

La naissance de Krishna (Krishna Jayanti).

Les dix jours (Dussera Durga Puja) célèbrent la déesse Durga.

Règles importantes

Se purifier régulièrement selon les divers rites, le corps et l'esprit.

Retirer ses chaussures à l'entrée des lieux saints.

Observer les règles qui sont celles de sa caste, notamment pour le régime alimentaire. Les hautes castes observent un régime végétarien pur.

Débats contemporains

L'abolition de la discrimination envers les basses castes.

Repères chronologiques

-3000

Vers -3000 Développement de la civilisation de l'Indus.

-2000

Vers -1500 Arrivée des Aryens dans la vallée de l'Indus et début de la période védique.

Vers -1500 à -900 Rédaction des textes les plus anciens du Veda.

-1000

Vers -700 à -500 Rédaction des premières Upanishad et introduction des concepts nouveaux de samsara, de karma et de moksha.

0

Vers -400 à 300 Rédaction des épopées et développement des concepts de caste et de dharma.

1000

Vers 700 Arrivée des musulmans en Inde.

1100

1200

De 1193 à 1526 Sultanat de Delhi (cinq dynasties successives). Début d'un empire musulman en Inde.

1500

De 1526 à 1858 Empire moghol musulman en Inde du Nord.

1600

1800

Vers 1858 Fin de l'Empire moghol et début de la domination britannique.

1869 Naissance de Gandhi, qui élabore la doctrine de l'action non violente.

1900

Vers 1903 Arrivée au Canada des premiers immigrants hindous.

1947 Indépendance de l'Inde ou Partition : une partie du pays devient le Pakistan, le reste devient l'Union indienne.

2000

1950 Interdiction constitutionnelle de toute discrimination fondée sur la caste et la religion.

1967 Fondation à Toronto du premier temple hindou au Canada.

Déclaration universelle des droits de l'homme

Adoptée en 1948 par l'Assemblée des Nations unies, la *Déclaration universelle des droits de l'homme* n'a aucune portée juridique. De nombreuses nations en ont toutefois consacré les principes dans leur constitution.

Préambule

- *Considérant* que la reconnaissance de la dignité inhérente à tous les membres de la famille humaine et de leurs droits égaux et inaliénables constitue le fondement de la liberté, de la justice et de la paix dans le monde ;

- *Considérant* que la méconnaissance et le mépris des droits de l'homme ont conduit à des actes de barbarie qui révoltent la conscience de l'humanité et que l'avènement d'un monde où les êtres humains seront libres de parler et de croire, libérés de la terreur et de la misère, a été proclamé comme la plus haute aspiration de l'homme ;

- *Considérant* qu'il est essentiel que les droits de l'homme soient protégés par un régime de droit pour que l'homme ne soit pas contraint, en suprême recours, à la révolte contre la tyrannie et l'oppression ;

- *Considérant* qu'il est essentiel d'encourager le développement de relations amicales entre nations ;

- *Considérant* que dans la Charte les peuples des Nations unies ont proclamé à nouveau leur foi dans les droits fondamentaux de l'homme, dans la dignité et la valeur de la personne humaine, dans l'égalité des droits des hommes et des femmes, et qu'ils se sont déclarés résolus à favoriser le progrès social et à instaurer de meilleures conditions de vie dans une liberté plus grande ;

- *Considérant* que les États Membres se sont engagés à assurer, en coopération avec l'Organisation des Nations unies, le respect universel et effectif des droits de l'homme et des libertés fondamentales ;

- *Considérant* qu'une conception commune de ces droits et libertés est de la plus haute importance pour remplir pleinement cet engagement ;

L'Assemblée Générale proclame la présente Déclaration universelle des droits de l'homme comme l'idéal commun à atteindre par tous les peuples et toutes les nations afin que tous les individus et tous les organes de la société, ayant cette Déclaration constamment à l'esprit, s'efforcent, par l'enseignement et l'éducation, de développer le respect de ces droits et libertés et d'en assurer, par des mesures progressives d'ordre national et international, la reconnaissance et l'application universelles et effectives, tant parmi les populations des États Membres eux-mêmes que parmi celles des territoires placés sous leur juridiction.

Article premier	Tous les êtres humains naissent libres et égaux en dignité et en droits. Ils sont doués de raison et de conscience et doivent agir les uns envers les autres dans un esprit de fraternité.
Article 2	1. Chacun peut se prévaloir de tous les droits et de toutes les libertés proclamés dans la présente Déclaration, sans distinction aucune, notamment de race, de couleur, de sexe, de langue, de religion, d'opinion politique ou de toute autre opinion, d'origine nationale ou sociale, de fortune, de naissance ou de toute autre situation. 2. De plus, il ne sera fait aucune distinction fondée sur le statut politique, juridique ou international du pays ou du territoire dont une personne est ressortissante, que ce pays ou territoire soit indépendant, sous tutelle, non autonome ou soumis à une limitation quelconque de souveraineté.
Article 3	Tout individu a droit à la vie, à la liberté et à la sûreté de sa personne.
Article 4	Nul ne sera tenu en esclavage ni en servitude ; l'esclavage et la traite des esclaves sont interdits sous toutes leurs formes.
Article 5	Nul ne sera soumis à la torture, ni à des peines ou traitements cruels, inhumains ou dégradants.
Article 6	Chacun a le droit à la reconnaissance en tous lieux de sa personnalité juridique.
Article 7	Tous sont égaux devant la loi et ont droit sans distinction à une égale protection de la loi. Tous ont droit à une protection égale contre toute discrimination qui violerait la présente Déclaration et contre toute provocation à une telle discrimination.
Article 8	Toute personne a droit à un recours effectif devant les juridictions nationales compétentes contre les actes violant les droits fondamentaux qui lui sont reconnus par la constitution ou par la loi.
Article 9	Nul ne peut être arbitrairement arrêté, détenu ou exilé.
Article 10	Toute personne a droit, en pleine égalité, à ce que sa cause soit entendue équitablement et publiquement par un tribunal indépendant et impartial, qui décidera, soit de ses droits et obligations, soit du bien-fondé de toute accusation en matière pénale dirigée contre elle.
Article 11	1. Toute personne accusée d'un acte délictueux est présumée innocente jusqu'à ce que sa culpabilité ait été légalement établie au cours d'un procès public où toutes les garanties nécessaires à sa défense lui auront été assurées. 2. Nul ne sera condamné pour des actions ou omissions qui, au moment où elles ont été commises, ne constituaient pas un acte délictueux d'après le droit national ou international. De même, il ne sera infligé aucune peine plus forte que celle qui était applicable au moment où l'acte délictueux a été commis.
Article 12	Nul ne sera l'objet d'immixtions arbitraires dans sa vie privée, sa famille, son domicile ou sa correspondance, ni d'atteintes à son honneur et à sa réputation. Toute personne a droit à la protection de la loi contre de telles immixtions ou de telles atteintes.
Article 13	1. Toute personne a le droit de circuler librement et de choisir sa résidence à l'intérieur d'un État. 2. Toute personne a le droit de quitter tout pays, y compris le sien, et de revenir dans son pays.

… ➡

Article 14	1. Devant la persécution, toute personne a le droit de chercher asile et de bénéficier de l'asile en d'autres pays. 2. Ce droit ne peut être invoqué dans le cas de poursuites réellement fondées sur un crime de droit commun ou sur des agissements contraires aux buts et aux principes des Nations unies.
Article 15	1. Tout individu a droit à une nationalité. 2. Nul ne peut être arbitrairement privé de sa nationalité, ni du droit de changer de nationalité.
Article 16	1. À partir de l'âge nubile, l'homme et la femme, sans aucune restriction quant à la race, la nationalité ou la religion, ont le droit de se marier et de fonder une famille. Ils ont des droits égaux au regard du mariage, durant le mariage et lors de sa dissolution. 2. Le mariage ne peut être conclu qu'avec le libre et plein consentement des futurs époux. 3. La famille est l'élément naturel et fondamental de la société et a droit à la protection de la société et de l'État.
Article 17	1. Toute personne, aussi bien seule qu'en collectivité, a droit à la propriété. 2. Nul ne peut être arbitrairement privé de sa propriété.
Article 18	Toute personne a droit à la liberté de pensée, de conscience et de religion ; ce droit implique la liberté de changer de religion ou de conviction ainsi que la liberté de manifester sa religion ou sa conviction seule ou en commun, tant en public qu'en privé, par l'enseignement, les pratiques, le culte et l'accomplissement des rites.
Article 19	Tout individu a droit à la liberté d'opinion et d'expression, ce qui implique le droit de ne pas être inquiété pour ses opinions et celui de chercher, de recevoir et de répandre, sans considérations de frontières, les informations et les idées par quelque moyen d'expression que ce soit.
Article 20	1. Toute personne a droit à la liberté de réunion et d'association pacifiques. 2. Nul ne peut être obligé de faire partie d'une association.
Article 21	1. Toute personne a le droit de prendre part à la direction des affaires publiques de son pays, soit directement, soit par l'intermédiaire de représentants librement choisis. 2. Toute personne a droit à accéder, dans des conditions d'égalité, aux fonctions publiques de son pays. 3. La volonté du peuple est le fondement de l'autorité des pouvoirs publics ; cette volonté doit s'exprimer par des élections honnêtes qui doivent avoir lieu périodiquement, au suffrage universel égal et au vote secret ou suivant une procédure équivalente assurant la liberté du vote.
Article 22	Toute personne, en tant que membre de la société, a droit à la sécurité sociale ; elle est fondée à obtenir la satisfaction des droits économiques, sociaux et culturels indispensables à sa dignité et au libre développement de sa personnalité, grâce à l'effort national et à la coopération internationale, compte tenu de l'organisation et des ressources de chaque pays.
Article 23	1. Toute personne a droit au travail, au libre choix de son travail, à des conditions équitables et satisfaisantes de travail et à la protection contre le chômage. 2. Tous ont droit, sans aucune discrimination, à un salaire égal pour un travail égal. 3. Quiconque travaille a droit à une rémunération équitable et satisfaisante lui assurant ainsi qu'à sa famille une existence conforme à la dignité humaine et complétée, s'il y a lieu, par tous autres moyens de protection sociale. 4. Toute personne a le droit de fonder avec d'autres des syndicats et de s'affilier à des syndicats pour la défense de ses intérêts.

... ➡

Article 24	Toute personne a droit au repos et aux loisirs et notamment à une limitation raisonnable de la durée du travail et à des congés payés périodiques.
Article 25	1. Toute personne a droit à un niveau de vie suffisant pour assurer sa santé, son bien-être et ceux de sa famille, notamment pour l'alimentation, l'habillement, le logement, les soins médicaux ainsi que pour les services sociaux nécessaires ; elle a droit à la sécurité en cas de chômage, de maladie, d'invalidité, de veuvage, de vieillesse ou dans les autres cas de perte de ses moyens de subsistance par suite de circonstances indépendantes de sa volonté. 2. La maternité et l'enfance ont droit à une aide et à une assistance spéciales. Tous les enfants, qu'ils soient nés dans le mariage ou hors mariage, jouissent de la même protection sociale.
Article 26	1. Toute personne a droit à l'éducation. L'éducation doit être gratuite, au moins en ce qui concerne l'enseignement élémentaire et fondamental. L'enseignement élémentaire est obligatoire. L'enseignement technique et professionnel doit être généralisé ; l'accès aux études supérieures doit être ouvert en pleine égalité à tous en fonction de leur mérite. 2. L'éducation doit viser au plein épanouissement de la personnalité humaine et au renforcement du respect des droits de l'homme et des libertés fondamentales. Elle doit favoriser la compréhension, la tolérance et l'amitié entre toutes les nations et tous les groupes raciaux ou religieux, ainsi que le développement des activités des Nations unies pour le maintien de la paix. 3. Les parents ont, par priorité, le droit de choisir le genre d'éducation à donner à leurs enfants.
Article 27	1. Toute personne a le droit de prendre part librement à la vie culturelle de la communauté, de jouir des arts et de participer au progrès scientifique et aux bienfaits qui en résultent. 2. Chacun a droit à la protection des intérêts moraux et matériels découlant de toute production scientifique, littéraire ou artistique dont il est l'auteur.
Article 28	Toute personne a droit à ce que règne, sur le plan social et sur le plan international, un ordre tel que les droits et libertés énoncés dans la présente Déclaration puissent y trouver plein effet.
Article 29	1. L'individu a des devoirs envers la communauté dans laquelle seul le libre et plein développement de sa personnalité est possible. 2. Dans l'exercice de ses droits et dans la jouissance de ses libertés, chacun n'est soumis qu'aux limitations établies par la loi exclusivement en vue d'assurer la reconnaissance et le respect des droits et libertés d'autrui et afin de satisfaire aux justes exigences de la morale, de l'ordre public et du bien-être général dans une société démocratique. 3. Ces droits et libertés ne pourront, en aucun cas, s'exercer contrairement aux buts et aux principes des Nations unies.
Article 30	Aucune disposition de la présente Déclaration ne peut être interprétée comme impliquant pour un État, un groupement ou un individu un droit quelconque de se livrer à une activité ou d'accomplir un acte visant à la destruction des droits et libertés qui y sont énoncés.

Charte québécoise des droits et libertés de la personne

Adoptée en 1975 par l'Assemblée nationale, la *Charte québécoise des droits et libertés de la personne* prime sur toutes les autres lois adoptées par l'Assemblée nationale du Québec.

Préambule

- *Considérant* que tout être humain possède des droits et libertés intrinsèques, destinés à assurer sa protection et son épanouissement ;

- *Considérant* que tous les êtres humains sont égaux en valeur et en dignité et ont droit à une égale protection de la loi ;

- *Considérant* que le respect de la dignité de l'être humain, l'égalité entre les femmes et les hommes et la reconnaissance des droits et libertés dont ils sont titulaires constituent le fondement de la justice, de la liberté et de la paix ;

- *Considérant* que les droits et libertés de la personne humaine sont inséparables des droits et libertés d'autrui et du bien-être général ;

- *Considérant* qu'il y a lieu d'affirmer solennellement dans une Charte les libertés et droits fondamentaux de la personne afin que ceux-ci soient garantis par la volonté collective et mieux protégés contre toute violation ;

À ces causes, Sa Majesté, de l'avis et du consentement de l'Assemblée nationale du Québec, décrète ce qui suit :

Libertés et droits fondamentaux		
1.	Tout être humain a droit à la vie, ainsi qu'à la sûreté, à l'intégrité et à la liberté de sa personne.	**Droit à la vie**
	Il possède également la personnalité juridique.	**Personnalité juridique**
2.	Tout être humain dont la vie est en péril a droit au secours.	**Droit au secours**
	Toute personne doit porter secours à celui dont la vie est en péril, personnellement ou en obtenant du secours, en lui apportant l'aide physique nécessaire et immédiate, à moins d'un risque pour elle ou pour les tiers ou d'un autre motif raisonnable.	**Secours à une personne dont la vie est en péril**
3.	Toute personne est titulaire des libertés fondamentales telles la liberté de conscience, la liberté de religion, la liberté d'opinion, la liberté d'expression, la liberté de réunion pacifique et la liberté d'association.	**Libertés fondamentales**
4.	Toute personne a droit à la sauvegarde de sa dignité, de son honneur et de sa réputation.	**Sauvegarde de la dignité**
5.	Toute personne a droit au respect de sa vie privée.	**Respect de la vie privée**
6.	Toute personne a droit à la jouissance paisible et à la libre disposition de ses biens, sauf dans la mesure prévue par la loi.	**Jouissance paisible des biens**

…➡

	Libertés et droits fondamentaux (suite)	
7.	La demeure est inviolable.	**Demeure inviolable**
8.	Nul ne peut pénétrer chez autrui ni y prendre quoi que ce soit sans son consentement exprès ou tacite.	**Respect de la propriété privée**
9.	Chacun a droit au respect du secret professionnel.	**Secret professionnel**
	Toute personne tenue par la loi au secret professionnel et tout prêtre ou autre ministre du culte ne peuvent, même en justice, divulguer les renseignements confidentiels qui leur ont été révélés en raison de leur état ou profession, à moins qu'ils n'y soient autorisés par celui qui leur a fait ces confidences ou par une disposition expresse de la loi.	**Divulgation de renseignements confidentiels**
	Le tribunal doit, d'office, assurer le respect du secret professionnel.	**Devoir du tribunal**
9.1.	Les libertés et les droits fondamentaux s'exercent dans le respect des valeurs démocratiques, de l'ordre public et du bien-être général des citoyens du Québec.	**Exercice des libertés et droits fondamentaux**
	La loi peut, à cet égard, en fixer la portée et en aménager l'exercice.	**Rôle de la loi**

	Droit à l'égalité	
10.	Toute personne a droit à la reconnaissance et à l'exercice, en pleine égalité, des droits et libertés de la personne, sans distinction, exclusion ou préférence fondée sur la race, la couleur, le sexe, la grossesse, l'orientation sexuelle, l'état civil, l'âge sauf dans la mesure prévue par la loi, la religion, les convictions politiques, la langue, l'origine ethnique ou nationale, la condition sociale, le handicap ou l'utilisation d'un moyen pour pallier ce handicap.	**Discrimination interdite**
	Il y a discrimination lorsqu'une telle distinction, exclusion ou préférence a pour effet de détruire ou de compromettre ce droit.	**Motif de discrimination**
10.1.	Nul ne doit harceler une personne en raison de l'un des motifs visés dans l'article 10.	**Harcèlement interdit**
11.	Nul ne peut diffuser, publier ou exposer en public un avis, un symbole ou un signe comportant discrimination ni donner une autorisation à cet effet.	**Publicité discriminatoire interdite**
12.	Nul ne peut, par discrimination, refuser de conclure un acte juridique ayant pour objet des biens ou des services ordinairement offerts au public.	**Discrimination dans formation d'acte juridique**
13.	Nul ne peut, dans un acte juridique, stipuler une clause comportant discrimination.	**Clause interdite**
	Une telle clause est sans effet.	**Nullité**
14.	L'interdiction visée dans les articles 12 et 13 ne s'applique pas au locateur d'une chambre située dans un local d'habitation, si le locateur ou sa famille réside dans le local, ne loue qu'une seule chambre et n'annonce pas celle-ci, en vue de la louer, par avis ou par tout autre moyen public de sollicitation.	**Bail d'une chambre dans local d'habitation**

...➡

15.	Nul ne peut, par discrimination, empêcher autrui d'avoir accès aux moyens de transport ou aux lieux publics, tels les établissements commerciaux, hôtels, restaurants, théâtres, cinémas, parcs, terrains de camping et de caravaning, et d'y obtenir les biens et les services qui y sont disponibles.	**Lieux publics accessibles à tous**
16.	Nul ne peut exercer de discrimination dans l'embauche, l'apprentissage, la durée de la période de probation, la formation professionnelle, la promotion, la mutation, le déplacement, la mise à pied, la suspension, le renvoi ou les conditions de travail d'une personne ainsi que dans l'établissement de catégories ou de classifications d'emploi.	**Non-discrimination dans l'embauche**
17.	Nul ne peut exercer de discrimination dans l'admission, la jouissance d'avantages, la suspension ou l'expulsion d'une personne d'une association d'employeurs ou de salariés ou de tout ordre professionnel ou association de personnes exerçant une même occupation.	**Discrimination par association d'employeurs ou de salariés interdite**
18.	Un bureau de placement ne peut exercer de discrimination dans la réception, la classification ou le traitement d'une demande d'emploi ou dans un acte visant à soumettre une demande à un employeur éventuel.	**Discrimination par bureau de placement interdite**
18.1.	Nul ne peut, dans un formulaire de demande d'emploi ou lors d'une entrevue relative à un emploi, requérir d'une personne des renseignements sur les motifs visés dans l'article 10 sauf si ces renseignements sont utiles à l'application de l'article 20 ou à l'application d'un programme d'accès à l'égalité existant au moment de la demande.	**Renseignements relatifs à un emploi**
18.2.	Nul ne peut congédier, refuser d'embaucher ou autrement pénaliser dans le cadre de son emploi une personne du seul fait qu'elle a été déclarée coupable d'une infraction pénale ou criminelle, si cette infraction n'a aucun lien avec l'emploi ou si cette personne en a obtenu le pardon.	**Culpabilité à une infraction**
19.	Tout employeur doit, sans discrimination, accorder un traitement ou un salaire égal aux membres de son personnel qui accomplissent un travail équivalent au même endroit.	**Égalité de traitement pour un travail équivalent**
	Il n'y a pas de discrimination si une différence de traitement ou de salaire est fondée sur l'expérience, l'ancienneté, la durée du service, l'évaluation au mérite, la quantité de production ou le temps supplémentaire, si ces critères sont communs à tous les membres du personnel.	**Différence basée sur l'expérience non discriminatoire**
	Les ajustements salariaux ainsi qu'un programme d'équité salariale sont, eu égard à la discrimination fondée sur le sexe, réputés non discriminatoires, s'ils sont établis conformément à la Loi sur l'équité salariale.	**Ajustements non discriminatoires**
20.	Une distinction, exclusion ou préférence fondée sur les aptitudes ou qualités requises par un emploi, ou justifiée par le caractère charitable, philanthropique, religieux, politique ou éducatif d'une institution sans but lucratif ou qui est vouée exclusivement au bien-être d'un groupe ethnique est réputée non discriminatoire.	**Distinction fondée sur aptitudes non discriminatoire**

... ➡

Droit à l'égalité (suite)

20.1.	Dans un contrat d'assurance ou de rente, un régime d'avantages sociaux, de retraite, de rentes ou d'assurance ou un régime universel de rentes ou d'assurance, une distinction, exclusion ou préférence fondée sur l'âge, le sexe ou l'état civil est réputée non discriminatoire lorsque son utilisation est légitime et que le motif qui la fonde constitue un facteur de détermination de risque, basé sur des données actuarielles.	**Utilisation non discriminatoire**
	Dans ces contrats ou régimes, l'utilisation de l'état de santé comme facteur de détermination de risque ne constitue pas une discrimination au sens de l'article 10.	**État de santé**

Droits politiques

21.	Toute personne a droit d'adresser des pétitions à l'Assemblée nationale pour le redressement de griefs.	**Pétition à l'assemblée**
22.	Toute personne légalement habilitée et qualifiée a droit de se porter candidate lors d'une élection et a droit d'y voter.	**Droit de voter et d'être candidat**

Droits judiciaires

23.	Toute personne a droit, en pleine égalité, à une audition publique et impartiale de sa cause par un tribunal indépendant et qui ne soit pas préjugé, qu'il s'agisse de la détermination de ses droits et obligations ou du bien-fondé de toute accusation portée contre elle.	**Audition impartiale par tribunal indépendant**
	Le tribunal peut toutefois ordonner le huis clos dans l'intérêt de la morale ou de l'ordre public.	**Huis clos**
24.	Nul ne peut être privé de sa liberté ou de ses droits, sauf pour les motifs prévus par la loi et suivant la procédure prescrite.	**Motifs de privation de liberté**
24.1.	Nul ne peut faire l'objet de saisie, perquisitions ou fouilles abusives.	**Abus interdits**
25.	Toute personne arrêtée ou détenue doit être traitée avec humanité et avec le respect dû à la personne humaine.	**Traitement de personne arrêtée**
26.	Toute personne détenue dans un établissement de détention a droit d'être soumise à un régime distinct approprié à son sexe, son âge et sa condition physique ou mentale.	**Régime carcéral distinct**
27.	Toute personne détenue dans un établissement de détention en attendant l'issue de son procès a droit d'être séparée, jusqu'au jugement final, des prisonniers qui purgent une peine.	**Séparation des détenus attendant l'issue de leur procès**
28.	Toute personne arrêtée ou détenue a droit d'être promptement informée, dans une langue qu'elle comprend, des motifs de son arrestation ou de sa détention.	**Information sur motifs d'arrestation**
28.1.	Tout accusé a le droit d'être promptement informé de l'infraction particulière qu'on lui reproche.	**Information à l'accusé**

...➡

Droits judiciaires (suite)

29.	Toute personne arrêtée ou détenue a droit, sans délai, d'en prévenir ses proches et de recourir à l'assistance d'un avocat. Elle doit être promptement informée de ces droits.	**Droit de prévenir les proches**
30.	Toute personne arrêtée ou détenue doit être promptement conduite devant le tribunal compétent ou relâchée.	**Comparution**
31.	Nulle personne arrêtée ou détenue ne peut être privée, sans juste cause, du droit de recouvrer sa liberté sur engagement, avec ou sans dépôt ou caution, de comparaître devant le tribunal dans le délai fixé.	**Liberté sur engagement**
32.	Toute personne privée de sa liberté a droit de recourir à l'habeas corpus.	**Habeas corpus**
32.1.	Tout accusé a le droit d'être jugé dans un délai raisonnable.	**Délai raisonnable**
33.	Tout accusé est présumé innocent jusqu'à ce que la preuve de sa culpabilité ait été établie suivant la loi.	**Présomption d'innocence**
33.1.	Nul accusé ne peut être contraint de témoigner contre lui-même lors de son procès.	**Témoignage interdit**
34.	Toute personne a droit de se faire représenter par un avocat ou d'en être assistée devant tout tribunal.	**Assistance d'avocat**
35.	Tout accusé a droit à une défense pleine et entière et a le droit d'interroger et de contre-interroger les témoins.	**Défense pleine et entière**
36.	Tout accusé a le droit d'être assisté gratuitement d'un interprète s'il ne comprend pas la langue employée à l'audience ou s'il est atteint de surdité.	**Assistance d'un interprète**
37.	Nul accusé ne peut être condamné pour une action ou une omission qui, au moment où elle a été commise, ne constituait pas une violation de la loi.	**Non-rétroactivité des lois**
37.1.	Une personne ne peut être jugée de nouveau pour une infraction dont elle a été acquittée ou dont elle a été déclarée coupable en vertu d'un jugement passé en force de chose jugée.	**Chose jugée**
37.2.	Un accusé a droit à la peine la moins sévère lorsque la peine prévue pour l'infraction a été modifiée entre la perpétration de l'infraction et le prononcé de la sentence.	**Peine moins sévère**
38.	Aucun témoignage devant un tribunal ne peut servir à incriminer son auteur, sauf le cas de poursuites pour parjure ou pour témoignages contradictoires.	**Protection de la loi**

Droits économiques et sociaux

39.	Tout enfant a droit à la protection, à la sécurité et à l'attention que ses parents ou les personnes qui en tiennent lieu peuvent lui donner.	**Protection de l'enfant**
40.	Toute personne a droit, dans la mesure et suivant les normes prévues par la loi, à l'instruction publique gratuite.	**Instruction publique gratuite**
41.	Les parents ou les personnes qui en tiennent lieu ont le droit d'assurer l'éducation religieuse et morale de leurs enfants conformément à leurs convictions, dans le respect des droits de leurs enfants et de l'intérêt de ceux-ci.	**Éducation religieuse et morale**

	DROITS ÉCONOMIQUES ET SOCIAUX (SUITE)	
42.	Les parents ou les personnes qui en tiennent lieu ont le droit de choisir pour leurs enfants des établissements d'enseignement privés, pourvu que ces établissements se conforment aux normes prescrites ou approuvées en vertu de la loi.	ÉTABLISSEMENTS D'ENSEIGNEMENT PRIVÉS
43.	Les personnes appartenant à des minorités ethniques ont le droit de maintenir et de faire progresser leur propre vie culturelle avec les autres membres de leur groupe.	VIE CULTURELLE DES MINORITÉS
44.	Toute personne a droit à l'information, dans la mesure prévue par la loi.	DROIT À L'INFORMATION
45.	Toute personne dans le besoin a droit, pour elle et sa famille, à des mesures d'assistance financière et à des mesures sociales, prévues par la loi, susceptibles de lui assurer un niveau de vie décent.	ASSISTANCE FINANCIÈRE
46.	Toute personne qui travaille a droit, conformément à la loi, à des conditions de travail justes et raisonnables et qui respectent sa santé, sa sécurité et son intégrité physique.	CONDITIONS DE TRAVAIL
46.1.	Toute personne a droit, dans la mesure et suivant les normes prévues par la loi, de vivre dans un environnement sain et respectueux de la biodiversité.	DROIT À UN ENVIRONNEMENT SAIN
47.	Les conjoints ont, dans le mariage ou dans l'union civile, les mêmes droits, obligations et responsabilités.	ÉGALITÉ DES CONJOINTS
	Ils assurent ensemble la direction morale et matérielle de la famille et l'éducation de leurs enfants communs.	DIRECTION CONJOINTE DE LA FAMILLE
48.	Toute personne âgée ou toute personne handicapée a droit d'être protégée contre toute forme d'exploitation.	PROTECTION DES PERSONNES ÂGÉES
	Telle personne a aussi droit à la protection et à la sécurité que doivent lui apporter sa famille ou les personnes qui en tiennent lieu.	PROTECTION DE LA FAMILLE

	Dispositions spéciales et interprétatives	
49.	Une atteinte illicite à un droit ou à une liberté reconnu par la présente Charte confère à la victime le droit d'obtenir la cessation de cette atteinte et la réparation du préjudice moral ou matériel qui en résulte.	RÉPARATION DE PRÉJUDICE POUR ATTEINTE ILLICITE À UN DROIT
	En cas d'atteinte illicite et intentionnelle, le tribunal peut en outre condamner son auteur à des dommages-intérêts punitifs.	DOMMAGES-INTÉRÊTS PUNITIFS
49.1.	Les plaintes, différends et autres recours dont l'objet est couvert par la Loi sur l'équité salariale sont réglés exclusivement suivant cette loi.	RÈGLEMENT DES PLAINTES
	En outre, toute question relative à l'équité salariale entre une catégorie d'emplois à prédominance féminine et une catégorie d'emplois à prédominance masculine dans une entreprise qui compte moins de 10 salariés doit être résolue par la Commission de l'équité salariale en application de l'article 19 de la présente Charte.	ENTREPRISE DE MOINS DE 10 SALARIÉS
50.	La Charte doit être interprétée de manière à ne pas supprimer ou restreindre la jouissance ou l'exercice d'un droit ou d'une liberté de la personne qui n'y est pas inscrit.	DROIT NON SUPPRIMÉ

50.1.	Les droits et libertés énoncés dans la présente Charte sont garantis également aux femmes et aux hommes.	**DROITS GARANTIS**
51.	La Charte ne doit pas être interprétée de manière à augmenter, restreindre ou modifier la portée d'une disposition de la loi, sauf dans la mesure prévue par l'article 52.	**PORTÉE DE DISPOSITION NON AUGMENTÉE**
52.	Aucune disposition d'une loi, même postérieure à la Charte, ne peut déroger aux articles 1 à 38, sauf dans la mesure prévue par ces articles, à moins que cette loi n'énonce expressément que cette disposition s'applique malgré la Charte.	**DÉROGATION INTERDITE**
53.	Si un doute surgit dans l'interprétation d'une disposition de la loi, il est tranché dans le sens indiqué par la Charte.	**DOUTE D'INTERPRÉTATION**
54.	La Charte lie l'État.	**ÉTAT LIÉ**
55.	La Charte vise les matières qui sont de la compétence législative du Québec.	**MATIÈRES VISÉES**

[...]

Les programmes d'accès à l'égalité		
86.	Un programme d'accès à l'égalité a pour objet de corriger la situation de personnes faisant partie de groupes victimes de discrimination dans l'emploi, ainsi que dans les secteurs de l'éducation ou de la santé et dans tout autre service ordinairement offert au public.	**ACCÈS À L'ÉGALITÉ**
	Un tel programme est réputé non discriminatoire s'il est établi conformément à la Charte.	**PROGRAMME NON DISCRIMINATOIRE**
	Un programme d'accès à l'égalité en emploi est, eu égard à la discrimination fondée sur la race, la couleur, le sexe ou l'origine ethnique, réputé non discriminatoire s'il est établi conformément à la Loi sur l'accès à l'égalité en emploi dans des organismes publics.	**PROGRAMME NON DISCRIMINATOIRE**
	Un programme d'accès à l'égalité en emploi établi pour une personne handicapée au sens de la Loi assurant l'exercice des droits des personnes handicapées en vue de leur intégration scolaire, professionnelle et sociale est réputé non discriminatoire s'il est établi conformément à la Loi sur l'accès à l'égalité en emploi dans des organismes publics.	**PROGRAMME NON DISCRIMINATOIRE**
87.	Tout programme d'accès à l'égalité doit être approuvé par la Commission à moins qu'il ne soit imposé par un tribunal. [non en vigueur]	**APPROBATION**
	La Commission, sur demande, prête son assistance à l'élaboration d'un tel programme.	**ASSISTANCE**

... ▶

	LES PROGRAMMES D'ACCÈS À L'ÉGALITÉ (SUITE)	
88.	La Commission peut, après enquête, si elle constate une situation de discrimination prévue par l'article 86, proposer l'implantation, dans un délai qu'elle fixe, d'un programme d'accès à l'égalité.	PROPOSITIONS
	La Commission peut, lorsque sa proposition n'a pas été suivie, s'adresser à un tribunal et, sur preuve d'une situation visée dans l'article 86, obtenir dans le délai fixé par ce tribunal l'élaboration et l'implantation d'un programme. Le programme ainsi élaboré est déposé devant ce tribunal qui peut, en conformité avec la Charte, y apporter les modifications qu'il juge adéquates.	RECOURS AU TRIBUNAL
89.	La Commission surveille l'application des programmes d'accès à l'égalité. Elle peut effectuer des enquêtes et exiger des rapports.	SURVEILLANCE
90.	Lorsque la Commission constate qu'un programme d'accès à l'égalité n'est pas implanté dans le délai imparti ou n'est pas observé, elle peut, s'il s'agit d'un programme qu'elle a approuvé, retirer son approbation ou, s'il s'agit d'un programme dont elle a proposé l'implantation, s'adresser à un tribunal conformément au deuxième alinéa de l'article 88.	RETRAIT DE L'APPROBATION
91.	Un programme visé dans l'article 88 peut être modifié, reporté ou annulé si des faits nouveaux le justifient.	FAITS NOUVEAUX
	Lorsque la Commission et la personne requise ou qui a convenu d'implanter le programme s'entendent, l'accord modifiant, reportant ou annulant le programme d'accès à l'égalité est constaté par écrit.	ACCORD ÉCRIT
	En cas de désaccord, l'une ou l'autre peut s'adresser au tribunal auquel la Commission s'est adressée en vertu du deuxième alinéa de l'article 88, afin qu'il décide si les faits nouveaux justifient la modification, le report ou l'annulation du programme.	DÉSACCORD
	Toute modification doit être établie en conformité avec la Charte.	MODIFICATION
92.	Le gouvernement doit exiger de ses ministères et organismes dont le personnel est nommé suivant la Loi sur la fonction publique l'implantation de programmes d'accès à l'égalité dans le délai qu'il fixe.	EXIGENCES DU GOUVERNEMENT
	Les articles 87 à 91 ne s'appliquent pas aux programmes visés dans le présent article. Ceux-ci doivent toutefois faire l'objet d'une consultation auprès de la Commission avant d'être implantés.	DISPOSITIONS APPLICABLES

[...]

| 138. | Le ministre de la Justice est chargé de l'application de la présente Charte. |

[...]

Selon mise à jour du 18 février 2009.
Reproduction autorisée par Les Publications du Québec.

CHARTE CANADIENNE des droits et libertés

La *Charte canadienne des droits et libertés* est entrée en vigueur le 17 avril 1982. La Charte a pour fondement le principe de la primauté du droit et enchâsse dans la Constitution du Canada les droits et libertés que les Canadiennes et Canadiens estiment essentiels au maintien d'une société libre et démocratique.

Attendu que le Canada est fondé sur des principes qui reconnaissent la suprématie de Dieu et la primauté du droit:

Garantie des droits et libertés		
1.	La *Charte canadienne des droits et libertés* garantit les droits et libertés qui y sont énoncés. Ils ne peuvent être restreints que par une règle de droit, dans des limites qui soient raisonnables et dont la justification puisse se démontrer dans le cadre d'une société libre et démocratique.	**DROITS ET LIBERTÉS AU CANADA**

Libertés fondamentales		
2.	Chacun a les libertés fondamentales suivantes: **a)** liberté de conscience et de religion; **b)** liberté de pensée, de croyance, d'opinion et d'expression, y compris la liberté de la presse et des autres moyens de communication; **c)** liberté de réunion pacifique; **d)** liberté d'association.	**LIBERTÉS FONDAMENTALES**

Droits démocratiques		
3.	Tout citoyen canadien a le droit de vote et est éligible aux élections législatives fédérales ou provinciales.	**DROITS DÉMOCRATIQUES DES CITOYENS**
4.	**(1)** Le mandat maximal de la Chambre des communes et des assemblées législatives est de cinq ans à compter de la date fixée pour le retour des brefs relatifs aux élections générales correspondantes.	**MANDAT MAXIMAL DES ASSEMBLÉES**
	(2) Le mandat de la Chambre des communes ou celui d'une assemblée législative peut être prolongé respectivement par le Parlement ou par la législature en question au-delà de cinq ans en cas de guerre, d'invasion ou d'insurrection, réelles ou appréhendées, pourvu que cette prolongation ne fasse pas l'objet d'une opposition exprimée par les voix de plus du tiers des députés de la Chambre des communes ou de l'assemblée législative.	
5.	Le Parlement et les législatures tiennent une séance au moins une fois tous les douze mois.	**SÉANCE ANNUELLE**

...➡

	Liberté de circulation et d'établissement	
6.	**(1)** Tout citoyen canadien a le droit de demeurer au Canada, d'y entrer ou d'en sortir.	**Liberté de circulation**
	(2) Tout citoyen canadien et toute personne ayant le statut de résident permanent au Canada ont le droit : **a)** de se déplacer dans tout le pays et d'établir leur résidence dans toute province ; **b)** de gagner leur vie dans toute province.	**Liberté d'établissement**
	(3) Les droits mentionnés au paragraphe (2) sont subordonnés : **a)** aux lois et usages d'application générale en vigueur dans une province donnée, s'ils n'établissent entre les personnes aucune distinction fondée principalement sur la province de résidence antérieure ou actuelle ; **b)** aux lois prévoyant de justes conditions de résidence en vue de l'obtention des services sociaux publics.	**Restriction**
	(4) Les paragraphes (2) et (3) n'ont pas pour objet d'interdire les lois, programmes ou activités destinés à améliorer, dans une province, la situation d'individus défavorisés socialement ou économiquement, si le taux d'emploi dans la province est inférieur à la moyenne nationale.	**Programmes de promotion sociale**

	Garanties juridiques	
7.	Chacun a droit à la vie, à la liberté et à la sécurité de sa personne ; il ne peut être porté atteinte à ce droit qu'en conformité avec les principes de justice fondamentale.	**Vie, liberté et sécurité**
8.	Chacun a droit à la protection contre les fouilles, les perquisitions ou les saisies abusives.	**Fouilles, perquisitions ou saisies**
9.	Chacun a droit à la protection contre la détention ou l'emprisonnement arbitraires.	**Détention ou emprisonnement**
10.	Chacun a le droit, en cas d'arrestation ou de détention : **a)** d'être informé dans les plus brefs délais des motifs de son arrestation ou de sa détention ; **b)** d'avoir recours sans délai à l'assistance d'un avocat et d'être informé de ce droit ; **c)** de faire contrôler, par *habeas corpus*, la légalité de sa détention et d'obtenir, le cas échéant, sa libération.	**Arrestation ou détention**
11.	Tout inculpé a le droit : **a)** d'être informé sans délai anormal de l'infraction précise qu'on lui reproche ; **b)** d'être jugé dans un délai raisonnable ; **c)** de ne pas être contraint de témoigner contre lui-même dans toute poursuite intentée contre lui pour l'infraction qu'on lui reproche ; **d)** d'être présumé innocent tant qu'il n'est pas déclaré coupable, conformément à la loi, par un tribunal indépendant et impartial à l'issue d'un procès public et équitable ; **e)** de ne pas être privé sans juste cause d'une mise en liberté assortie d'un cautionnement raisonnable ; **f)** sauf s'il s'agit d'une infraction relevant de la justice militaire, de bénéficier d'un procès avec jury lorsque la peine maximale prévue pour l'infraction dont il est accusé est un emprisonnement de cinq ans ou une peine plus grave ;	**Affaires criminelles et pénales**

... ➡

Garanties juridiques (suite)

11. (suite)	**g)** de ne pas être déclaré coupable en raison d'une action ou d'une omission qui, au moment où elle est survenue, ne constituait pas une infraction d'après le droit interne du Canada ou le droit international et n'avait pas de caractère criminel d'après les principes généraux de droit reconnus par l'ensemble des nations ; **h)** d'une part de ne pas être jugé de nouveau pour une infraction dont il a été définitivement acquitté, d'autre part de ne pas être jugé ni puni de nouveau pour une infraction dont il a été définitivement déclaré coupable et puni ; **i)** de bénéficier de la peine la moins sévère, lorsque la peine qui sanctionne l'infraction dont il est déclaré coupable est modifiée entre le moment de la perpétration de l'infraction et celui de la sentence.	**AFFAIRES CRIMINELLES ET PÉNALES**
12.	Chacun a droit à la protection contre tous traitements ou peines cruels et inusités.	**CRUAUTÉ**
13.	Chacun a droit à ce qu'aucun témoignage incriminant qu'il donne ne soit utilisé pour l'incriminer dans d'autres procédures, sauf lors de poursuites pour parjure ou pour témoignages contradictoires.	**TÉMOIGNAGE INCRIMINANT**
14.	La partie ou le témoin qui ne peuvent suivre les procédures, soit parce qu'ils ne comprennent pas ou ne parlent pas la langue employée, soit parce qu'ils sont atteints de surdité, ont droit à l'assistance d'un interprète.	**INTERPRÈTE**

Droits à l'égalité

15.	**(1)** La loi ne fait acception de personne et s'applique également à tous, et tous ont droit à la même protection et au même bénéfice de la loi, indépendamment de toute discrimination, notamment des discriminations fondées sur la race, l'origine nationale ou ethnique, la couleur, la religion, le sexe, l'âge ou les déficiences mentales ou physiques.	**ÉGALITÉ DEVANT LA LOI, ÉGALITÉ DE BÉNÉFICE ET PROTECTION ÉGALE DE LA LOI**
	(2) Le paragraphe (1) n'a pas pour effet d'interdire les lois, programmes ou activités destinés à améliorer la situation d'individus ou de groupes défavorisés, notamment du fait de leur race, de leur origine nationale ou ethnique, de leur couleur, de leur religion, de leur sexe, de leur âge ou de leurs déficiences mentales ou physiques.	**PROGRAMMES DE PROMOTION SOCIALE**

Langues officielles du Canada

16.	**(1)** Le français et l'anglais sont les langues officielles du Canada ; ils ont un statut et des droits et privilèges égaux quant à leur usage dans les institutions du Parlement et du gouvernement du Canada.	**LANGUES OFFICIELLES DU CANADA**
	(2) Le français et l'anglais sont les langues officielles du Nouveau-Brunswick ; ils ont un statut et des droits et privilèges égaux quant à leur usage dans les institutions de la Législature et du gouvernement du Nouveau-Brunswick.	**LANGUES OFFICIELLES DU NOUVEAU-BRUNSWICK**
	(3) La présente charte ne limite pas le pouvoir du Parlement et des législatures de favoriser la progression vers l'égalité de statut ou d'usage du français et de l'anglais.	**PROGRESSION VERS L'ÉGALITÉ**

... ➡

Langues officielles du Canada (suite)		
16.1.	**(1)** La communauté linguistique française et la communauté linguistique anglaise du Nouveau-Brunswick ont un statut et des droits et privilèges égaux, notamment le droit à des institutions d'enseignement distinctes et aux institutions culturelles distinctes nécessaires à leur protection et à leur promotion.	**COMMUNAUTÉS LINGUISTIQUES FRANÇAISE ET ANGLAISE DU NOUVEAU-BRUNSWICK**
	(2) Le rôle de la législature et du gouvernement du Nouveau-Brunswick de protéger et de promouvoir le statut, les droits et les privilèges visés au paragraphe (1) est confirmé.	**RÔLE DE LA LÉGISLATURE ET DU GOUVERNEMENT DU NOUVEAU-BRUNSWICK**
17.	**(1)** Chacun a le droit d'employer le français ou l'anglais dans les débats et travaux du Parlement.	**TRAVAUX DU PARLEMENT**
	(2) Chacun a le droit d'employer le français ou l'anglais dans les débats et travaux de la Législature du Nouveau-Brunswick.	**TRAVAUX DE LA LÉGISLATURE DU NOUVEAU-BRUNSWICK**
18.	**(1)** Les lois, les archives, les comptes rendus et les procès-verbaux du Parlement sont imprimés et publiés en français et en anglais, les deux versions des lois ayant également force de loi et celles des autres documents ayant même valeur.	**DOCUMENTS PARLEMENTAIRES**
	(2) Les lois, les archives, les comptes rendus et les procès-verbaux de la Législature du Nouveau-Brunswick sont imprimés et publiés en français et en anglais, les deux versions des lois ayant également force de loi et celles des autres documents ayant même valeur.	**DOCUMENTS DE LA LÉGISLATURE DU NOUVEAU-BRUNSWICK**
19.	**(1)** Chacun a le droit d'employer le français ou l'anglais dans toutes les affaires dont sont saisis les tribunaux établis par le Parlement et dans tous les actes de procédure qui en découlent.	**PROCÉDURES DEVANT LES TRIBUNAUX ÉTABLIS PAR LE PARLEMENT**
	(2) Chacun a le droit d'employer le français ou l'anglais dans toutes les affaires dont sont saisis les tribunaux du Nouveau-Brunswick et dans tous les actes de procédure qui en découlent.	**PROCÉDURES DEVANT LES TRIBUNAUX DU NOUVEAU-BRUNSWICK**
20.	**(1)** Le public a, au Canada, droit à l'emploi du français ou de l'anglais pour communiquer avec le siège ou l'administration centrale des institutions du Parlement ou du gouvernement du Canada ou pour en recevoir les services ; il a le même droit à l'égard de tout autre bureau de ces institutions là où, selon le cas : **a)** l'emploi du français ou de l'anglais fait l'objet d'une demande importante ; **b)** l'emploi du français et de l'anglais se justifie par la vocation du bureau.	**COMMUNICATIONS ENTRE LES ADMINISTRÉS ET LES INSTITUTIONS FÉDÉRALES**
	(2) Le public a, au Nouveau-Brunswick, droit à l'emploi du français ou de l'anglais pour communiquer avec tout bureau des institutions de la législature ou du gouvernement ou pour en recevoir les services.	**COMMUNICATIONS ENTRE LES ADMINISTRÉS ET LES INSTITUTIONS DU NOUVEAU-BRUNSWICK**
21.	Les articles 16 à 20 n'ont pas pour effet, en ce qui a trait à la langue française ou anglaise ou à ces deux langues, de porter atteinte aux droits, privilèges ou obligations qui existent ou sont maintenus aux termes d'une autre disposition de la Constitution du Canada.	**MAINTIEN EN VIGUEUR DE CERTAINES DISPOSITIONS**
22.	Les articles 16 à 20 n'ont pas pour effet de porter atteinte aux droits et privilèges, antérieurs ou postérieurs à l'entrée en vigueur de la présente charte et découlant de la loi ou de la coutume, des langues autres que le français ou l'anglais.	**DROITS PRÉSERVÉS**

...➡

Droits à l'instruction dans la langue de la minorité		
23.	**(1)** Les citoyens canadiens : **a)** dont la première langue apprise et encore comprise est celle de la minorité francophone ou anglophone de la province où ils résident ; **b)** qui ont reçu leur instruction, au niveau primaire, en français ou en anglais au Canada et qui résident dans une province où la langue dans laquelle ils ont reçu cette instruction est celle de la minorité francophone ou anglophone de la province, ont, dans l'un ou l'autre cas, le droit d'y faire instruire leurs enfants, aux niveaux primaire et secondaire, dans cette langue.	**Langue d'instruction**
	(2) Les citoyens canadiens dont un enfant a reçu ou reçoit son instruction, au niveau primaire ou secondaire, en français ou en anglais au Canada ont le droit de faire instruire tous leurs enfants, aux niveaux primaire et secondaire, dans la langue de cette instruction.	**Continuité d'emploi de la langue d'instruction**
	(3) Le droit reconnu aux citoyens canadiens par les paragraphes (1) et (2) de faire instruire leurs enfants, aux niveaux primaire et secondaire, dans la langue de la minorité francophone ou anglophone d'une province : **a)** s'exerce partout dans la province où le nombre des enfants des citoyens qui ont ce droit est suffisant pour justifier à leur endroit la prestation, sur les fonds publics, de l'instruction dans la langue de la minorité ; **b)** comprend, lorsque le nombre de ces enfants le justifie, le droit de les faire instruire dans des établissements d'enseignement de la minorité linguistique financés sur les fonds publics.	**Justification par le nombre**

Recours		
24.	**(1)** Toute personne, victime de violation ou de négation des droits ou libertés qui lui sont garantis par la présente charte, peut s'adresser à un tribunal compétent pour obtenir la réparation que le tribunal estime convenable et juste eu égard aux circonstances.	**Recours en cas d'atteinte aux droits et libertés**
	(2) Lorsque, dans une instance visée au paragraphe (1), le tribunal a conclu que des éléments de preuve ont été obtenus dans des conditions qui portent atteinte aux droits ou libertés garantis par la présente charte, ces éléments de preuve sont écartés s'il est établi, eu égard aux circonstances, que leur utilisation est susceptible de déconsidérer l'administration de la justice.	**Irrecevabilité d'éléments de preuve qui risqueraient de déconsidérer l'administration de la justice**

Dispositions générales		
25.	Le fait que la présente charte garantit certains droits et libertés ne porte pas atteinte aux droits ou libertés – ancestraux, issus de traités ou autres – des peuples autochtones du Canada, notamment : **a)** aux droits ou libertés reconnus par la proclamation royale du 7 octobre 1763 ; **b)** aux droits ou libertés existants issus d'accords sur des revendications territoriales ou ceux susceptibles d'être ainsi acquis.	**Maintien des droits et libertés des autochtones**
26.	Le fait que la présente charte garantit certains droits et libertés ne constitue pas une négation des autres droits ou libertés qui existent au Canada.	**Maintien des autres droits et libertés**
27.	Toute interprétation de la présente charte doit concorder avec l'objectif de promouvoir le maintien et la valorisation du patrimoine multiculturel des Canadiens.	**Maintien du patrimoine culturel**

... ➡

Dispositions générales (suite)

28.	Indépendamment des autres dispositions de la présente charte, les droits et libertés qui y sont mentionnés sont garantis également aux personnes des deux sexes.	ÉGALITÉ DE GARANTIE DES DROITS POUR LES DEUX SEXES
29.	Les dispositions de la présente charte ne portent pas atteinte aux droits ou privilèges garantis en vertu de la Constitution du Canada concernant les écoles séparées et autres écoles confessionnelles.	MAINTIEN DES DROITS RELATIFS À CERTAINES ÉCOLES
30.	Dans la présente charte, les dispositions qui visent les provinces, leur législature ou leur assemblée législative visent également le territoire du Yukon, les territoires du Nord-Ouest ou leurs autorités législatives compétentes.	APPLICATION AUX TERRITOIRES
31.	La présente charte n'élargit pas les compétences législatives de quelque organisme ou autorité que ce soit.	NON-ÉLARGISSEMENT DES COMPÉTENCES LÉGISLATIVES

Application de la charte

32.	**(1)** La présente charte s'applique : **a)** au Parlement et au gouvernement du Canada, pour tous les domaines relevant du Parlement, y compris ceux qui concernent le territoire du Yukon et les territoires du Nord-Ouest ; **b)** à la législature et au gouvernement de chaque province, pour tous les domaines relevant de cette législature.	APPLICATION DE LA CHARTE
	(2) Par dérogation au paragraphe (1), l'article 15 n'a d'effet que trois ans après l'entrée en vigueur du présent article.	RESTRICTION
33.	**(1)** Le Parlement ou la législature d'une province peut adopter une loi où il est expressément déclaré que celle-ci ou une de ses dispositions a effet indépendamment d'une disposition donnée de l'article 2 ou des articles 7 à 15 de la présente charte.	DÉROGATION PAR DÉCLARATION EXPRESSE
	(2) La loi ou la disposition qui fait l'objet d'une déclaration conforme au présent article et en vigueur a l'effet qu'elle aurait sauf la disposition en cause de la charte.	EFFET DE LA DÉROGATION
	(3) La déclaration visée au paragraphe (1) cesse d'avoir effet à la date qui y est précisée ou, au plus tard, cinq ans après son entrée en vigueur.	DURÉE DE VALIDITÉ
	(4) Le Parlement ou une législature peut adopter de nouveau une déclaration visée au paragraphe (1).	NOUVELLE ADOPTION
	(5) Le paragraphe (3) s'applique à toute déclaration adoptée sous le régime du paragraphe (4).	DURÉE DE VALIDITÉ

Titre

34.	Titre de la présente partie : *Charte canadienne des droits et libertés.*	TITRE

Édictée comme l'annexe B de la *Loi de 1982 sur le Canada*, 1982, ch. 11 (R.-U.), entrée en vigueur le 17 avril 1982.

Glossaire

Les mots **soulignés** renvoient aux notions et concepts prescrits.

A

Abside
Extrémité d'une église, de forme arrondie, derrière le chœur.

Absolution
Acquittement, effacement d'une faute par le pardon.

Abstinence
S'empêcher, par choix, de consommer certains aliments ou certaines boissons, souvent pour des raisons religieuses ou médicales. S'applique aussi à d'autres domaines, telle la sexualité.

Accommodement raisonnable
Notion juridique canadienne qui désigne l'assouplissement d'une norme afin de contrer la discrimination qu'elle pourrait engendrer.

Allégorie
Description ou narration qui fait appel à des métaphores pour représenter une idée, des événements ou des sentiments.

Anthropocentrisme
Vision du monde qui place l'être humain au centre de l'univers.

Apôtre
Du grec *apostolos*, qui signifie « envoyé ». Désigne une personne qui propage et défend une idée.

Appel
Sensation qu'a la croyante ou le croyant d'être incité ou invité par le divin à une implication religieuse.

Assigner à résidence
Obliger une personne à résider en un lieu précis, dont elle ne peut s'éloigner.

Athée
Personne qui nie l'existence de toute divinité.

B

Baptême
Purification rituelle par l'eau. C'est par ce rite que les chrétiens de toutes confessions accueillent un nouveau ou une nouvelle fidèle.

Barbare
Du grec *barbaros*, qui signifie « non-Grec, donc étranger ». Pour la chrétienté occidentale, les étrangers étaient les Francs, les Huns, les Angles, les Saxons, les Wisigoths, les Ostrogoths, etc.

Biocentrisme
Vision du monde qui place toutes les formes de vie au centre de l'univers.

C

Caritatif
Dont le but est de venir en aide aux démunis et aux défavorisés.

Catholique
Du grec *katholikos*, qui signifie « général, universel ». Aujourd'hui, il s'applique à la confession des chrétiens qui se soumettent à l'autorité du pape.

Chaman
Issu des langues d'Asie centrale et de Sibérie, désigne la personne qui, au sein du groupe, agit comme intermédiaire entre les humains et le monde des esprits.

Chœur
Partie de l'église où se tiennent les chanteurs et le clergé pendant les offices.

Clémence
Fait, pour une personne en position d'autorité, de pardonner une offense ou d'adoucir un châtiment.

Clivage
Séparation d'éléments en deux groupes distincts.

Code de déontologie
Ensemble des devoirs qu'impose à des professionnels
l'exercice de leur métier.

Coercitif
Qui a le pouvoir de contraindre quelqu'un à se soumettre
à la loi.

Complaisance
Fait de se montrer en accord avec une personne, des idées
ou des événements par politesse ou pour éviter une
confrontation, sans que cet accord soit nécessairement
sincère.

Conscience morale
Conscience qui permet de juger de la valeur morale des
actes humains.

D

Dénoncer
Révéler des faits susceptibles d'incriminer une personne
ou une organisation.

Développement durable
Développement qui s'appuie sur une vision à long terme en
prenant compte du caractère indissociable des dimensions
environnementale, sociale et économique des activités.

Dévotion
Attachement très profond et très sincère à une divinité,
à une croyance et à ses pratiques religieuses.

Diaspora
Dispersion des juifs hors de la région de la Palestine.
Aujourd'hui, *diaspora* désigne toute communauté dont
les membres ont été dispersés.

Discrimination
Séparation ou exclusion d'une personne ou d'un groupe
fondée sur un critère comme l'origine ethnique, les croyances,
le sexe, un handicap, etc.

Duplicité
Caractère de quelqu'un qui feint, qui joue deux rôles.

E

Ecclésiastique
Du grec *ekklêsiastikos*, qui signifie « relatif à l'assemblée
du peuple ou des fidèles ». Aujourd'hui, ce terme désigne
ce qui est propre au clergé.

Église
En grec, *ekklesia* signifie « assemblée des citoyens ».
L'Église désigne d'abord l'assemblée des fidèles, puis
l'institution chrétienne.

Enjeu éthique
Valeur ou norme qui est l'objet d'une question éthique.

Épître
Lettre ou missive constituant des prescriptions,
des explications et des interprétations relatives à
l'enseignement de Jésus.

Évangile
Du mot grec *euangelos*, signifie « bonne nouvelle », l'Évangile
est le message, l'enseignement de Jésus. Les évangiles sont
aussi les quatre livres qui relatent sa vie.

Évêque
Du grec *episkopos*, signifie « gardien ». L'évêque est devenu
un personnage de haut rang dans l'Église catholique romaine.

Excommunication
Exclusion officielle d'une personne de la communauté
chrétienne.

Exode
Déplacement du peuple hébreu hors de l'Égypte, vers la Terre
promise. C'est aussi le titre du livre de la Torah qui relate
cet épisode.

Expression du religieux
Élément (signe, objet, geste, rite, récit, croyance, règle, etc.)
manifestant une ou plusieurs dimensions d'une religion.

Extase
Ce terme désigne l'expérience du transport hors de soi,
et l'état qui en résulte.

F

Fanatisme

Croyance excessive en une doctrine, une cause, et zèle absolu pour la défendre.

Flèche

Partie pyramidale ou arrondie qui surplombe le clocher d'une église.

Foi

Fait de croire à un principe par une adhésion profonde de l'esprit et du cœur, qui emporte la certitude.

H

Hébreu

D'une langue ancienne du Moyen-Orient, identifie le peuple qui parlait cette langue. Devient au XXe siècle la langue officielle d'Israël.

Hérésie

Doctrine ou conviction contraire à celles qui ont cours dans une tradition religieuse donnée.

Hippie

Dans les années 1970, jeune adepte d'un mouvement contestant la société de consommation et les valeurs sociales et morales traditionnelles.

I

Iconoclasme

Mouvement de ceux qui s'opposent à l'utilisation des images dans le culte, et qui les détruisent.

Idéal

Conception que se fait une personne ou un groupe de ce qu'il y a de mieux, qui donnerait entière satisfaction.

Idolâtrie

Culte rendu à une représentation d'une divinité sous forme d'image ou de statue.

Ignominie

Honte, déshonneur extrême causé par une offense.

Illumination

De la même famille que le mot *lumière*, désigne l'action de rendre la vue, de révéler la vérité, d'éclairer et d'instruire.

Imagination

Travail de l'esprit qui consiste à penser avec des images, des symboles. L'imagination est plus visuelle que la conceptualisation qui, elle, est abstraite.

Indicible

Qu'on ne peut exprimer par des mots, par le langage.

Indulgence

Rémission des peines temporelles du péché.

Iniquité

Dans un contexte religieux, corruption, état de péché.

Insondable

Qui ne peut être sondé, qui a un caractère incompréhensible ou énigmatique.

Intégrisme

Attitude qui consiste à refuser toute évolution d'une tradition religieuse et qui impose le respect intégral de son système de croyances.

Intrinsèque

Qui est propre à quelque chose, qui lui est caractéristique.

Israélite

Mot signifiant à l'origine «descendant du patriarche Israël». Aujourd'hui, on emploie *Israélien* pour désigner les personnes habitant le pays d'Israël.

J

Juif

De *Judéen*, Israélite habitant le Royaume de Juda. Aujourd'hui, *juif* signifie «descendant d'Israël, fidèle à sa religion».

K

Kiva

Chez les Pueblos, pièce cérémonielle souterraine, circulaire ou rectangulaire.

L

Louange

Action qui consiste à faire l'éloge de quelqu'un ou de quelque chose et à l'honorer.

M

Marginaliser

Mettre une personne ou un groupe à l'écart, l'exclure ou ne pas l'accepter dans la société.

Messie

Celui qui est désigné et envoyé par Dieu pour accomplir une mission salvatrice et libératrice. «Christ» provient de la traduction grecque du mot hébreu *mashia'h*.

Mise à l'index

Interdiction décrétée par les autorités religieuses de lire des ouvrages jugés hérétiques, obscènes ou portant sur la sorcellerie.

Miséricorde
Pitié par laquelle on accorde le pardon à une personne coupable.

Musulman
Personne adepte de la tradition religieuse musulmane, c'est-à-dire de l'islam.

Mystique
Qui a trait à l'expérience directe du divin. Le mot *mystère* appartient à la même famille.

N

Nef
Corps principal d'une église qui relie la façade au chœur.

Norme
Exigence morale qui balise un comportement. Les principes moraux et les règles morales sont des normes.

O

Occulter
Cacher, dissimuler, rendre obscur ou confus.

Omnipotence
Toute-puissance, puissance absolue.

Omniscience
Connaissance de toute chose.

Ostracisme
Exclusion, rejet hostile par une communauté d'un de ses membres.

P

Païen
Toute personne non adepte du christianisme, du judaïsme ou de l'islam, ou pas encore évangélisée.

Pandémie
Épidémie qui touche un grand nombre de personnes sur un territoire très vaste.

Pape
Titre du chef de l'Église catholique romaine. Du mot latin *pater*, a donné les termes *père*, *patriarche* et *patriote*.

Pâques
Pâques (plur.) est la commémoration de la résurrection de Jésus pour les chrétiens, tandis que Pâque (sing.) est la fête juive qui célèbre l'Exode du peuple d'Israël.

Paradoxe
Proposition qui contient ou semble contenir une contradiction logique, ou qui aboutit à une absurdité.

Parvis
Place située devant la façade d'une église.

Passe-droit
Faveur qu'on accorde à une personne ou à un groupe à l'encontre d'une règle ou d'une loi.

Péché
Acte par lequel une personne choisit de désobéir à une loi religieuse ou offense la volonté divine.

Philanthrope
Personne qui cherche à améliorer le sort des gens, sans vouloir obtenir de récompense en retour.

Point de fuite
Point imaginaire vers lequel convergent des lignes afin de créer un effet de profondeur sur une surface plane.

Portail
Grande porte permettant l'entrée dans un édifice.

Prière
Du latin *precari*, qui signifie « supplication » ou « demande ». Mots, formules et mouvements de l'âme qui servent à s'adresser à une divinité ou à quelqu'un qui peut le faire pour les autres.

Principe
Règle générale qui permet de guider notre façon d'agir.

Principe moral
Norme qui définit ce qu'il est nécessaire de faire ou de ne pas faire pour atteindre ce qui est tenu pour le bien.

Q

Question éthique
Question portant sur un sujet de réflexion ou un problème à résoudre concernant des valeurs et des normes que se donnent les membres d'une société ou d'un groupe pour guider et réguler leur conduite. Ce type de question soulève toujours un ou plusieurs enjeux éthiques.

R

Récidiver
Commettre de nouveau un crime pour lequel on a déjà été condamné.

Recueillement
État du corps, de l'esprit et de l'âme qui permet de s'isoler de toute distraction et de faire un espace en soi pour se concentrer sur la spiritualité.

Règle morale
Norme morale qui précise comment un principe moral devrait s'appliquer dans une situation donnée.

Réhabilitation
Rétablissement de l'estime, de la considération et des droits suspendus à la suite d'une condamnation pénale.

Relique

Corps ou fragment du corps d'une personne défunte vénérée, ou objet ayant un lien avec celle-ci.

Repère

Ressource de l'environnement social et culturel à laquelle on se réfère pour alimenter et éclairer une réflexion éthique. Les repères peuvent être d'ordre moral, religieux, scientifique, littéraire ou artistique.

S

Sacrifice

Offrande rituelle dont la caractéristique est d'être détruite, immolée réellement ou symboliquement, ou abandonnée volontairement.

Salut

Fait d'accéder à la vie éternelle bienheureuse ou d'échapper à la damnation éternelle. Le mot *salut* est de la même famille que le verbe *sauver*.

Scélérat

Qui a commis ou est capable de commettre des crimes, de mauvaises actions.

Schisme

Séparation entre les membres d'une tradition religieuse à la suite de différences de point de vue sur des questions de croyances ou d'autorité.

Ségrégation raciale

Séparation absolue, organisée et réglementée de la population de couleur d'avec les Blancs. Par extension, ségrégation peut renvoyer à toute mesure d'exclusion sociale.

Sérénité

Du latin *serenus*, qui signifie « pur, sans nuage », en parlant du ciel. Qualité ou caractère de ce qui est calme, d'une paix morale sans trouble.

Spoliation

Action de déposséder, par la violence et par l'abus de pouvoir, une personne ou un groupe de personnes de ce qui lui revient.

Suffragette

De suffrage, acte par lequel on exprime son opinion, un vote. Femme qui militait pour le droit de vote féminin.

Système de valeurs

Ensemble cohérent et hiérarchisé de valeurs.

T

Transept

Construction transversale qui coupe perpendiculairement la nef, donnant à l'édifice une forme de croix.

Trompe-l'œil

Technique qui permet de créer, par des effets de perspective, l'illusion du relief dans un objet en deux dimensions.

Tympan

Espace triangulaire au-dessus d'un portail d'église romane ou gothique, généralement décoré de sculptures.

U

Usufruitier

Se dit d'une personne qui a la jouissance d'un bien sans pour autant avoir le droit d'en disposer comme elle l'entend.

Utopie

Mot inventé par Thomas More en 1516, et qui signifie « en aucun lieu ». Ce mot évoque aujourd'hui un idéal politique ou social qui ne tient pas compte de la réalité.

V

Valeur

Caractère attribué à des choses, à des attitudes ou à des comportements qui sont plus ou moins estimés ou désirés par des personnes ou des groupes de personnes.

Vision du monde

Regard qu'on porte sur soi et sur son entourage. Ce regard forme les pensées, les sentiments et les comportements de chaque individu et se façonne à partir des expériences de vie, des relations humaines, de valeurs, de normes, de croyances ou de convictions.

Vision instrumentale de la nature

Conception selon laquelle la nature est considérée ou analysée d'un point de vue strictement utilitaire.

Vocation

Mouvement intérieur par lequel une personne se sent destinée à la vie religieuse. L'appel est souvent à l'origine de la vocation.

Vœu

Promesse faite librement à une divinité, à Dieu, au moment de joindre une communauté religieuse ou une tradition religieuse.

Index

Les folios en **bleu gras** renvoient aux pages où ce mot est défini en marge.
Les folios <u>soulignés</u> renvoient aux notions et concepts prescrits.

INDEX DES AUTEURS CITÉS

Sources photographiques

h = haut ; **b** = bas ; **g** = gauche ; **d** = droite.

Chapitre 5

p. **6** © Alfred Eisenstaedt/Getty Images ; p. **7** © Maurice Branger/Roger-Viollet/The Image Works ; p. **8 h** © Sergey Lavrentev/Shutterstock Images LLC ; **b** Domaine public ; p. **9** © Erwin Wodicka/Shutterstock Images LLC ; p. **10** Domaine public ; p. **11** © Amanda Koster/CORBIS ; p. **12** © ARTSILENSEcom/Shutterstock Images LLC ; p. **13** Domaine public ; p. **14** © Gouvernement du Canada. Reproduit avec la permission du ministre des Travaux publics et Services gouvernementaux Canada (2009) BAC/e000990931 ; p. **15** BAC/C-046350 ; p. **16** Domaine public ; p. **17 h** © Yvan Deweerdt/Gamma/PONOPRESSE ; p. **17 b** Domaine public ; p. **18** © Robert Clay/Alamy ; p. **19** © L. Zacharie/Alamy ; p. **20** © Bettmann/CORBIS ; p. **21** © Deborah Jaffe/CORBIS ; p. **22** © nubephoto/Shutterstock Images LLC ; p. **23** © La Presse canadienne/Ryan Remiorz ; p. **24 h** © Ludovic Fremaux ; **b** BAC/C-005611/John Woodruff ; p. **25** BAC/C-107943 ; p. **27** © zentilia/Shutterstock Images LLC.

Chapitre 6

p. **32** © Images.com/CORBIS ; p. **33 h** © Katrina Leigh/Shutterstock Images LLC ; **b** © NASA ; p. **34 h** © CH. Bois ; **b** *La salissante livraison de charbon*, M982.530.5036 © Musée McCord, Montreal ; p. **35 h** © Armin Rose/Shutterstock Images LLC ; **b** © Rita Januskeviciute/Shutterstock Images LLC ; p. **36** © FREDERIC REGLAIN/GAMMA/PONOPRESSE ; p. **37** © Stéphane Bidouze/Shutterstock Images LLC ; p. **38** © Photos 12/Alamy ; p. **39 h** © Hackmann/dpa/CORBIS ; **b** © Foto-Ruhrgebiet/Shutterstock Images LLC ; p. **40 h** © Jiri Klogel/Shutterstock Images LLC ; **b** © Phillip W.Kirkland/Shutterstock Images LLC ; p. **41** © Susi/Shutterstock Images LLC ; p. **42** © Martin Rowe ; p. **43** © NOAA ; p. **44** © Robert Mailloux, La Presse ; p. **45** «Frozen Assets» by artist Matthew Farley. A 2009 outdoor installation sculpture is composed of recycled water bottles around the Chi Omega fountain on the campus of the University of Kansas. ©The University of Kansas/Office of University Relations, Photo by Jaclyn Lippelmann/KU

University Relations ; p. **46 h** Domaine public ; **b** © L. Shyamal/Creative Commons 3.0 ; p. **47** © age fotostock/SuperStock ; p. **48** © Vatikaki/Shutterstock Images LLC ; p. **49** © scherbet/Shutterstock Images LLC ; p. **50 h** © SVLumagraphica ; **b** © Eric Fougère/VIP Images/CORBIS ; p. **51** © Yann Arthus-Bertrand/CORBIS.

Chapitre 7

p. **58** © NASA ; p. **59** © Dr. Mike Parker Pearson ; p. **60 h** © akg-images/Andrea Baguzzi ; **b** © Ken Welsh/Alamy Images/Getstock ; p. **61 h** Domaine public ; **b** Joseph Csáky, Adam and Eve/Le Couple, 1930 © Whitford Fine Art, Londres ; p. **62** © vadim kozlovsky/Shutterstock Images LLC ; p. **63** © David Ho, 2001 ; p. **64** Domaine public ; p. **65** © cliff1066TM/Carl Clifford ; p. **66** © Peter Willi/SuperStock ; p. **67** © faberfoto/Shutterstock Images LLC ; p. **68** © NASA ; p. **69** Domaine public ; p. **70** © Photononstop/SuperStock ; p. **71** © Charles Taylor/Shutterstock Images LLC ; p. **72** ©Tim Graham/GetStock.com ; p. **73** Domaine public ; p. **74** Domaine public ; p. **75** 25271751 © 2010 Clipart.com, groupe de Getty Images ; p. **76-77** © oksana.perkins/Shutterstock Images LLC.

Chapitre 8

p. **82 hg** © The Print Collector/GetStock.com ; **hc** © Heather James Fine Art ; **hd** © Wojtek Kryczka/iStockphoto ; **bg** © The Peter Barritt/GetStock.com ; **bd** Domaine public ; p. **83 hd** Domaine public ; **cg** 95509941 © 2010 Photos.com, groupe de Getty Images ; **bd** © June Marie Sobrito/Shutterstock Images LLC ; **c** 94369819 © 2010 Photos.com, groupe de Getty Images ; p. **84 cg** © James Steidl/Shutterstock Images LLC ; **cd** © AGNI/Shutterstock Images LLC ; **bg** © Remzi/Shutterstock Images LLC ; **bd** 88337314 © 2010 Photos.com, groupe de Getty Images ; p. **85 hg** Domaine public ; **hd** Domaine public ; **b** © Michel Rabagliati, 2006 ; p. **86 hg** Domaine public ; **hd** © LHF Graphics/Shutterstock Images LLC ; **bg** © Haydn Hansell/GetStock.com ; **c** © Rozaliya /Shutterstock Images LLC ; **c** © LHF Graphics/Shutterstock Images LLC ; **bd** © Georgios Kollidas/Shutterstock Images LLC ; p. **87** Domaine public ; p. **88 hg** © iStockphoto ; **hd** © Bryan Busovicki/Shutterstock

Images LLC; **bg** © Demid/Shutterstock Images LLC; **bd** © jeff gynane/Shutterstock Images LLC; p. **89 hd** © iStockphoto; **hg** © Roland Lorente; **bg** © Rafael Laguillo/iStockphoto; **bd** © Michel PONOMAREFF/PONOPRESSE, 3 novembre 1998; p. **90 g** © Ghyslaine Vary, artiste verrier/Suzanne Tremblay, conceptrice; **d** Domaine public; p. **91 h** © Pascal Deloche/Godong/CORBIS; **bd** © Lilya/Shutterstock Images LLC; p. **92 hd** Domaine public; **bd** Domaine public; **bg** © Hervé Gyssels/Photononstop; p. **93 hg** Domaine public; **hd** © The Art Gallery Collection/Alamy; **bg** © Roland Schlager/APA/CORBIS; **bd** © OSA Images; p. **94 hg** Domaine public; **hd** Domaine public; **c** Domaine public; **b** Domaine public; p. **95 h** Domaine public; **c** Domaine public; **b** Domaine public; p. **96 h** © akg-images/Electa; **b** Domaine public; p. **97 cg** Domaine public; **cd** © Anatoly Sapronenkov/SuperStock; **bg** © SuperStock/SuperStock; **bd** © Bob Collier/Sygma/CORBIS; p. **98 hg** Domaine public; **hd** Domaine public; **bg** Domaine public; **bd** © Musée du désert; p. **99 h** © akg-images/VISIOARS; p. **99 b** © akg-images; p. **100 h** Domaine public; **bg** © Massimo Pizzotti/GetStock.com; **bd** © Sumono Company ~ Symbols in Art; p. **101 hd** © Muthuraman/SuperStock; **bg** © Dmitry Rukhlenko/Shutterstock Images LLC; **bd** Domaine public; p. **102 hg** © Paul Prescott/Shutterstock Images LLC; **hd** © Brigitte de Thélin; c © BESTWEB/Shutterstock Images LLC; **bd** © SvetlanaR/Shutterstock Images LLC; p. **103 hd** 92187343 © 2010 Photos.com, groupe de Getty Images; **bg** © Jesse Kunerth/Shutterstock Images LLC; **bc** © Aldean Wholesale, Estero, Florida; **bd** © Tihis/Shutterstock Images LLC; p. **105 bg** © iStockphoto; **bd** © Alena Chirko/Shutterstock Images LLC.

Dialogue

p. **112** 8742509 © 2009 Photos.com, a division of Getty Images; p. **114** © Frans Lemmens/zefa/CORBIS; p. **116** © Denise Laferte; p. **118** 8619976 © 2009 Photos.com, a division of Getty Images; p. **120** 9022121 © 2009 Photos.com, a division of Getty Images; p. **122** 10814672 © 2009 Photos.com, a division of Getty Images; p. **124** © Mike Goldwater/Alamy; p. **128** © David Pearson/Alamy; p. **130** © Shutterstock Images LLC/Dallas Events Inc; p. **132** © Shutterstock Images LLC/Johannes Compaan; p. **134** © Shutterstock Images LLC/ollirg; p. **136** © CORBIS; p. **140** 12071879 © 2009 Photos.com, a division of Getty Images; p. **142** © iStockphoto; p. **144** © iStockphoto; p. **146** © iStockphoto; p. **150** © iStockphoto; p. **152** © iStockphoto; p. **154** 11946800 © 2009 Photos.com, a division of Getty Images; p. **156** © Shutterstock Images LLC/Darko Novakovic.

Annexe A

p. **166** © Shutterstock Images LLC/Chris Howey; p. **168** © Mike Booth/Alamy; p. **170** © Shutterstock Images LLC/Laszlo Szirtesi; p. **172** © Shutterstock Images LLC/Panos Karapanagiotis; p. **174** © Shai Ginott/CORBIS; p. **176** 10677670 © 2009 Photos.com, a division of Getty Images; p. **178** © akg-images/James Morris; p. **180** © Whitehead Images/Alamy; p. **182** © Shutterstock Images LLC/Dmitry Rukhlenko.

Annexe B

p. **184** © Shutterstock Images LLC/Igor Karon.

Annexe C

p. **188** © Shutterstock Images LLC/Mary Lane; p. **190** © Shutterstock Images LLC/André St-Louis.

Annexe D

p. **196** © Shutterstock Images LLC/Vlad Ghiea; p. **198** © Shutterstock Images LLC/Chad Willis.